丛书主编 谷 力

概念主题式综合实践活动课程丛书

U0731298

跟着汉字去旅游

主 编 林 虹 郭晓露

南京大学出版社

《跟着汉字去旅游》编委会

主　　编：林　虹　　郭晓露

编　　委：谷　力　　林　虹　　郭晓露　　程婧婧
　　　　　肖　娴　　赵会平

编写成员：周菊芳　　赵　丹　　程婧婧　　甘　蕾
　　　　　姚　梅　　肖东梅　　朱舟舟　　吕　芳
　　　　　何菲菲　　吴　卓　　肖　娴　　韩冰冰
　　　　　何　云　　李雪琴　　林　虹　　赵会平
　　　　　汪　谦　　钱　烨　　余鸿瑞　　林　涛
　　　　　程畛畛　　徐晓蓓　　徐文姝　　许方玉
　　　　　谷　力　　高　琦　　郭晓露　　刁京京
　　　　　陈　静　　翟　莉　　石光翠

前 言

谷 力

汉字,是记录汉语的文字。它是中华民族智慧的结晶,是中华文明的载体和基础。独特的方块汉字具有独特的魅力、鲜活的生命,蕴藏着丰富的审美和诗意,有着深厚的文化意蕴和魅力,是世界文明宝库中独一无二的艺术瑰宝。随着中国的对外开放,汉字不再仅仅是汉字文化圈使用的文字,汉字也具有了世界性的意义。

我们一直希望每一个孩子在"读好书,写好字"的过程中努力学习、探究、传承中华传统文化,形成中华传统智慧和美德,把自己"书"写成认认真真、堂堂正正、勇于创新的中国人。然而很多人觉得汉字难学,如何让"写字"不再枯燥单调、对儿童富有吸引力? 如何让儿童通过汉字学习对祖国的传统文化充满浓厚的兴趣与真挚的感情,且有深入而系统的了解? 这长期以来是一个困扰教育工作者的问题。

1999 年,我提出了"概念主题式综合实践活动课程研发理念",原珠江路小学的"玩转汉字"课程研发小组的老师们通过他们四年多的研究,给我们带来了全新汉字教学和汉字文化教学的新天地。

在博大精深的汉字文化中,他们选择了与学生的生活密切相关,又充满趣味的 36 个与"汉字"这一概念相关联的内容,梳理成为九大板块,初步建构了课程的模型。在我的多次头脑风暴式的理论培训下,教师们更新了课程与教学的理念。

每一位教师都参与了这样的课程建设活动。教师们将枯燥的汉字学习转化为一个个令人兴奋、生动、快乐的主题活动。为了了解汉字的变化,老师请孙悟空来帮忙,让汉字变变变;为了让学生认识各种流派的书法家,老师就召开一场书法作品拍卖会;为了认识当代网络文化中的汉字,老师组织了一个"囧"字的生日 party;为了了解汉字与其他文字的异同,老师就带着大家捡起一只漂流瓶,跟着汉字漂洋过海去冒险……教师们用汉字画画,用汉字接"威客"任务,参观淘宝店铺"宝砚斋"……甚至,老师们还和孩子一起穿越到了秦始皇的宫殿,为他设计传国玉玺!

一节节情境生动有趣、形式丰富多彩的"玩转汉字"概念主题探究课引得孩子们全情投入。课堂上,极尽逼真的情境渲染,配合着动态的画面、优美的音乐,在游戏中,在猜想和实验中,学生们用耳朵听、用眼睛看、用手触摸、用心感受……调动一切感官,立体、全方位地体验着学习的过程,遨游在汉字文化的海洋里……在这样的课堂上,孩子们时而开怀大笑,时而屏息欣赏,时而率性而做,时而奇思妙想……课堂,更像是游戏的场所;教学,更像是一次冒险……在"玩转汉字"的概念主题探究课程中，每一个孩子的智慧被激活了！

《玩转汉字》学生用书，是引导学生在课堂和课外学习汉字文化的好帮手。学生们可以通过独立学习、同伴互助，合作探究，去学习结绳记事、穿贝壳，学仓颉造字；用漂流瓶了解文字，到文字海洋去探险；去山洞里面探秘，"画"出汉字；拍卖会上鉴宝，学会欣赏古代著名字画；点起酒精灯，一起来造纸；学孙悟空七十二变，揭开象形文字的奥秘……通过对《跟着汉字去旅游》的阅读学习，不仅能够增强孩子们对汉字文化的深入了解，而且也进一步培养出孩子们爱汉字、爱汉语文化、爱民族、爱国家的深厚情感。

愿《跟着汉字去旅游》的出版，能让更多的汉字教师得到指导和帮助，愿更多的孩子能够从此开始喜欢汉字，对中华文化产生热爱之情。

目　　录

第一单元　汉字的起源 ··· 1

　第一课　文字起源：我们一起去考古 ······························ 1

　第二课　汉字产生：我们学仓颉去造字 ··························· 6

　第三课　汉字演变："兔"字认祖归宗 ···························· 11

第二单元　汉字与象形 ··· 16

　第一课　象形文字：象形字变脸大会 ···························· 16

　第二课　表示动物的象形字：跟孙悟空去动物园 ············ 21

　第三课　表示植物的象形字：植物汉字"大战僵尸" ········· 26

　第四课　表示大自然的汉字：象形字故事大赛 ················ 30

第三单元　汉字的书写工具 ··· 34

　第一课　文房四宝：宝砚斋游记 ································· 34

　第二课　毛笔：挑支毛笔来申遗 ·································· 42

　第三课　汉字的载体：乘坐汉字之舟，溯游历史长河 ······ 50

第四单元　汉字的艺术 ··· 57

　第一课　汉字的形态美：带着汉字去画画 ···················· 57

　第二课　音乐中的汉字：欣赏古典谱中的汉字标识 ········· 62

　第三课　汉字篆刻：送个印章给友人 ···························· 67

第五单元　汉字文化 ··· 74

　第一课　儒家文化中的汉字：我来做个小儒生 ··············· 74

　第二课　汉字崇拜：汉字，我是你的 fans！ ················· 82

　第三课　汉字之"罪"：写一封古代家书 ······················· 88

　第四课　节日汉字：我和会翻跟头的"福"字交朋友 ········· 93

　第五课　网络汉字：参加"囧"字的生日 party ··············· 97

　第六课　年度汉字：我们来评选年度汉字 ···················· 103

　第七课　汉字国际化：跟着汉字环游世界 ···················· 106

　第八课　中外文字比较：文字海洋寻宝记 ···················· 111

第六单元　汉字与科技 ·· 116

　　第一课　造纸技术:我们一起来造纸 ······························ 116

　　第二课　电子书:制作我的第一本电子书 ························· 120

第七单元　汉字与经济社会 ··· 124

　　第一课　汉字的社会管理:"汉字诊所"求医记 ················· 124

　　第二课　汉字商品:开办汉字商品超市 ························· 129

　　第三课　书法作品的价值:书法作品拍卖 ······················ 136

　　第四课　网络汉字小铺:我学哥哥做"威客" ················· 144

　　第五课　汉字邮票:逛邮票市场 ································· 152

第八单元　汉字学习 ··· 163

　　第一课　会徽设计:亲子运动会会徽我设计 ···················· 163

　　第二课　汉字传承:我考古,安阳墓 ····························· 170

　　第三课　汉字记忆:汉字记忆大王 ······························ 176

　　第四课　方言保护:举办方言文艺晚会 ························· 183

第九单元　汉字与人 ··· 190

　　第一课　"二王":我与"二王"交朋友 ························· 190

　　第二课　唐宋书法家:唐宋书法家大集合 ······················ 195

　　第三课　汉字普及:我做扫盲小达人 ·························· 198

　　第四课　汉字的性格:人人争当小侦探! ······················ 203

第十单元　汉字概念的整理与总结 ······························ 207

后　记 ·· 218

第一单元　汉字的起源

第一课　文字起源

领　　域:汉字的起源

概　　念:文字起源

主题事件:我们一起去考古

一、教学背景

在学生心目中,"字"只是一种书写的工具、一种交流的符号,会写、会用足够了,学生对字缺乏整体的了解和感情上的认识。因此,本课立足深远的历史背景,设计了"我们一起去考古"实践操作、探寻、研究考古活动,让学生在"追根寻源,解读奥秘"中了解文字的起源、发展及特点,让学生感受文字与生俱来的历史温度和生命气息,凝聚升华对汉字的真诚的爱。

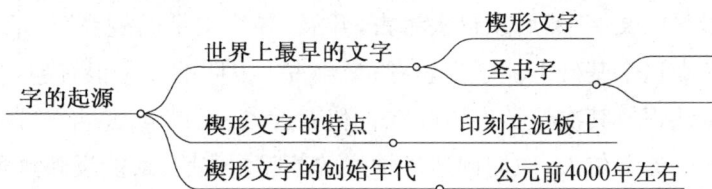

```
                                          楔形文字
                     世界上最早的文字
                                          圣书字
        字的起源
                     楔形文字的特点      印刻在泥板上

                     楔形文字的创始年代    公元前4000年左右
```

二、学生学习力达成度

我想:学生通过对世界上最早的文字——楔形文字(古代西亚使用的文字)发明过程的学习,思考并归纳出楔形文字的特征,对字的起源产生浓厚的兴趣和探知欲望。

我会:学生通过寻找文字的故乡,学会在认识事物中寻根求源,学会探究学习。

我知:学生了解不同民族文字的起源及特点,了解文字是符号,是人类对自然界和生活认识的反映。

三、教学内容及重难点

1. 学生通过"我们一起去考古"实践活动,了解文字的发源地和古代西亚的楔形文字,以及古老文字的特点及其意义。

2. 使学生了解文字产生的作用及如何正确对待文字这一人类文化遗产;初步培

养学生运用历史唯物主义观点正确对待与分析人类文明的传承。

四、教学方法

图片展示、体验思考、讨论交流、自主探究。

五、教学时数

1 课时。

六、教师课前准备

文字故乡景点图,楔形文字图,音乐 *EnnioMorr*、*Ishtar* 等,课件,考古导游牌,扮演的服装。

七、学生课前准备

学生自备纸、笔。

我感受:看看我们常用的汉字。

我了解:了解文字的类型。

我思考:文字的是怎么分类的? 它们来自哪里?

八、教学过程

【教学过程设计总体思路】

本节课以"我们一起去考古"这个实践活动为主要线索,首先让学生观察并了解古人发明的最早的文字,然后亲自去考古,开展"寻找文字的故乡"的活动,去了解文字的发源地。在这个基础上让学生思考、交流古人发明的文字很有趣,从而得出对最早文字的初步认识。其次让学生体验在古代西亚,公元前 4000 年左右,这里就有了最早的居民——苏美尔人,他们创造了灿烂的苏美尔文明,最能反映这种文明特征的是他们的文字——楔形文字。用泥板或铭刻为载体体验书写的不同感受,体会出楔形文字的特征。通过阅读资料了解西亚各国曾对楔形文字略加改造,来作为自己的书写工具。由于它极为复杂,到公元 1 世纪就完全消亡了,但要明确文字的发明对汉字发展的重要意义。最后,通过思维导图启发学生探究文字的发展、文字的起源与汉字之间的关系,进一步体会最早的字对于文字的传承和发展所发挥的巨大作用。

情境一:创建考古队,探寻文字的发源地

我观察

师:同学们,你们看看图上画的像什么? 你觉得像什么就说什么。

(课件展示图片)

1. 引出考古队(体验游戏活动)

师:同学们真聪明,想象力真丰富! 其实,这是古人发明的最早的文字。很有趣噢! 这些字诞生的故乡在哪里? 有许多奇妙的故事想了解吗?

师:今天咱们班就将组织一支"寻字考古队",一起到一个古老的地方去探险,去寻找文字的故乡。我呢,就做队长。

师:好!下面就请大家戴上帽子随同队长出发吧!

我体验

[课件中出现幼发拉底河、底格里斯河、亚洲西部的亚美尼亚高原——古代西亚、苏美尔人等图片,播放背景音乐 *EnnioMorr*,网址:http://www.hnclvd.com/nhac/anh/ChiMai(EnnioMorricone).mp3,教师旁白介绍。]

考古队长(师):考古队员们,你们猜猜看我们来到了什么地方?你们看到了什么?这里有什么东西呢?

学生交流。

考古队长(师):古代西亚有那么多的人,同学们,你们认识他们吗?知道他们发明了什么?哪位同学把你知道的来介绍一下?

学生交流。

教师旁白:这是世界上最早文字的发源地。大家看,这是幼发拉底河和底格里斯河,他们都发源于亚洲西部的亚美尼亚高原(古代西亚),这是著名的埃奇米阿津教堂,这是亚美尼亚"种族灭绝"纪念碑、乌尔南姆庙塔,这些是西亚美丽的景色。公元前4000年左右,这里就有了最早的居民——苏美尔人。他们是勤劳、聪明的苏美尔人,他们创造了灿烂的苏美尔文明,最能反映这种文明特征的就是他们的文字。

(图片见《玩转汉字》①学生用书第1—2页。)

考古队长(师):我先给你们看一看我前一阵子考古的初步成果。

(课件展示:楔形文字,配上背景音乐 *Ishtar*,网址:http://mp3.blog.163.com/mu_l/FhpkbIC5hKtyHVnhnloQxw==/77968568548857213.mp3?f=blog.)

教师旁白:这就是苏美尔人他们创造的世界最灿烂的文字——楔形文字,它大约出现在5 000年前,是世界上发现的最早的字。

(图片见《玩转汉字》学生用书第2页。)

考古队长(师):这些字非常有趣,是吗?想要进一步了解,请大家阅读学生用书。

考古队长(师):你们再从画面上去仔细观察一下,还发现了这些字有什么特别之处?

2.考古队员观察、交流

教师:对呀,你们看得真是仔细。那是什么呢?看看书上的资料能不能帮助我们。(学生阅读学生用书)

那也叫"钉头文字"或"箭头字",是古代西亚所用的文字。它们多刻写在石头和

_____

① 林虹、郭晓露主编:《玩转汉字》,南京:南京大学出版社,2014年。下同。

泥板(泥砖)上,笔画成楔状,颇像钉头或箭头,是苏美尔人所创造的,也是各古国间交换外交文书的通用文字。考古学家发现了大批各种楔形文字泥板或铭刻,19世纪以来这些泥板被陆续译解,从而形成一门研究古史的新学科——亚述学。

师:从资料中你了解到什么?你的脑海里还有哪些疑问呢?

3. 学生质疑,进一步探究(学生尽情交流)

师:到书本中去找找资料吧!(学生看书—小调查)

师:你发现了什么?有什么收获?

4. 学生交流

师:同学们提出的一些疑问非常有价值,我想这也是很多同学心里想问的。

5. 师小结:(展示地图)找找字的发源地在哪里?(学生看地图)

(地图见《玩转汉字》学生用书第1页。)

师:西亚的巴比伦、亚述、赫梯、叙利亚等国都曾对楔形文字略加改造,来作为自己的书写工具。甚至腓尼基人创造出的字母也含有楔形文字的因素。楔形文字是世界上最早的文字,可是,由于它极为复杂,到公元1世纪,就完全消亡了。

古人是怎样写字的呢?同学们肯定想了解吧!下面我就继续给大家介绍!

师:古代的苏美尔人拿着芦秆或木棒做成的尖头呈三角形的笔,在泥板上写字。这种字从左到右横着写,每一个笔画总是由粗到细,像木楔一样。这就是苏美尔人留给后世西方文明的三大珍贵礼品之一的"楔形文字"(展示:楔形文字泥板)。

师:听了我的介绍,你们对楔形文字是不是有了进一步了解呢?

师:同学们,这节课我们走进了奇妙的古国,寻找到了文字的故乡,探究了世界最早的文字——楔形文字。我们的考古队员收获真不小啊!

情景二:探究字是怎么发展的?

我探究

师:同学们,刚才我们探究了字的创造历史,随着历史的发展和民族文化水平的提高,文字也在不断发展演变。现在就让我们进一步来探究它的发展好吗?

师:请同学们阅读课文,同时老师想考大家这样一个问题:在汉字还没产生的远古时期,人们要把事情记录下来都采用了什么方法呢?

(师生交流)

师:(展示结绳、刻木、画图记事图片,图片见《玩转汉字》学生用书第3页。)这三种记事方法绝不是同一时期发生的。(板书:记事)

师:你们想不想追溯历史,尝试着用这些古老的记事方法来记录事情呢?

我尝试

师:每个小组桌上都有一个信封,里面记录着远古时期部落里发生的几件事,请同学们拿出准备好的学具尝试着用这些古老的记事方法把这些事情记录下来吧,准备好的同学可以操作了。

师:最先记录好的小组派代表把记录拿到前面展示。我们一起比较这三种记事方法的优点与不足。

我交流

我总结

同一件事情,记录方法从结绳记事一直到画图记事,虽然一个比一个进步,但仍然很难适应人类发展的需求。为了能够清楚准确地把事情表达出来,人类就开始动脑筋尝试着用更简捷,又能让所有人一看就明白的符号来表情达意,这就是文字。是不是文字一出现就是我们现在使用的汉字呢?希望大家进一步到文字的海洋中去探究汉字的创造吧!

情境三:怎么制作字的名片呢?

我尝试

1. 为了让大家能更详细地了解文字,下面请同学们课后为自己的字设计一张小名片。(教师发字名片纸)

提醒:制作名片时,大家要写清各国最早文字的名称、文字的创始人、所处的时代、创制的方法、使用的原料用途。

2. 可以加上些个性的小边框或语言。

3. 学生制作字的名片:

(字的名片见《玩转汉字》学生用书第 4 页。)

引导学生课后拓展的思维导图

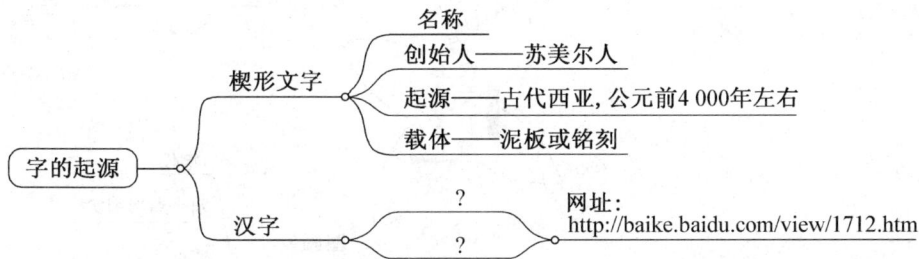

```
                              名称
                 楔形文字 ——— 创始人——苏美尔人
                           ——— 起源——古代西亚,公元前4 000年左右
                           ——— 载体——泥板或铭刻
字的起源 ———
                                  ?        网址:
                 汉字  ———             http://baike.baidu.com/view/1712.htm
                                  ?
```

本课重点让学生在活动中了解到最早的文字是楔形文字,发源地是美索不达米亚平原、亚美尼亚高原。让学生在体验活动中探究文字的创始人、起源和载体,对文字有了更深入的了解,也能在课后继续探究汉字的起源,从而爱上祖国的文字。

(设计者:程婧婧　周菊芳)

第二课 汉字产生

领　　域：汉字的起源
概　　念：汉字产生
主题事件：我们学仓颉去造字

一、教学背景

在世界文明史上,中国的汉字与埃及的圣书字、苏美尔人的楔形字,并称为三大古字。然而,随着历史的演变,汉字是世界上唯一还"活着"的最古老的文字。在学生心目中,"汉字"只是一种书写的工具、一种交流的符号,会写、会用足够了,作为炎黄子孙,我们对汉字的了解有多少呢? 汉字是怎么产生的呢? 今天,我们就一起走近汉字。

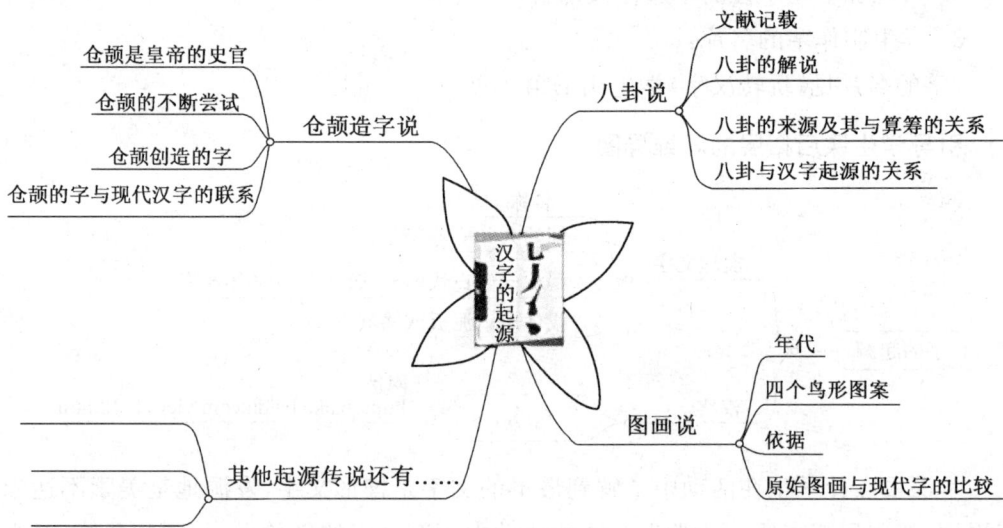

仓颉是皇帝的史官
仓颉的不断尝试
仓颉创造的字 ── 仓颉造字说
仓颉的字与现代汉字的联系

文献记载
八卦的解说
八卦说 ── 八卦的来源及其与算筹的关系
八卦与汉字起源的关系

汉字的起源

其他起源传说还有……

年代
四个鸟形图案
图画说 ── 依据
原始图画与现代字的比较

二、学生学习力达成度

我想：学生在体验造字、小组合作、自己设计的过程中探索古代汉字与现实事物之间的联系,领会汉字产生的历程。

我会：学生能感受汉字文化的无穷魅力以及中国人的创造力和智慧,对汉字充满喜爱和欣赏的情感,并进一步发扬中华民族的创造精神。

我知:通过仓颉造字说,学生对汉字的起源有初步的了解,初步感知古代文字与现代文字的不同特点,对文字产生浓厚的兴趣。

三、教学内容及重难点

1. 在体验"仓颉造字"的过程中,对汉字的起源有初步的了解,体会仓颉造字的伟大,并会自己动手学仓颉造字。

2. 感受到汉字的产生与发展中所体现出的中国人的聪明才智和无穷的创造力,促进学生进一步发扬中华民族的创造精神。

四、教学方法

图片展示、体验思考、讨论交流、自主探究。

五、教学时数

1课时。

六、教师课前准备

幻灯片、贝壳、麻绳。

七、学生课前准备

我感受:自己试试造字。

我了解:了解造字的方法。

我思考:仓颉是怎么造字的? 又是怎么传递下去的?

八、教学过程

【教学过程设计总体思路】

本节课以"学仓颉造字"这个实践活动为主要线索,第一步让学生走近仓颉,了解他生活的时代,对他管理的事情有初步的了解。第二步,学生在体验结绳记事、了解汉字产生及参与造字的活动中,思考、交流为什么结绳这个方式记事费时、费力,而仓颉用字记事的方法非常简便,而且容易清楚地把事情表达出来,体会中国汉字的伟大。第三步,在自己实践体验造字的过程中探索古代汉字与现实事物之间的联系,领会汉字产生的历程。

情境一:仓颉是怎么造字的?

师:今天让我们一起乘着时光穿梭船,穿越到远古时期,闭上眼睛!

到喽! 睁开你们的眼睛。(配音:我是仓颉,生活在远古时期,我是黄帝的史官。)

师:看,他走过来了。

("仓颉"扮演者出场:黄帝派我专门管理圈里牲口的数目和屯里食物的多少,这可把我难住了!)

师:在汉字还没产生的远古时期,没有笔,没有纸,仓颉如何将这些事情记录下来呢?

这是他今天需要记录的内容,展示图片(比如"圈里有羊2只,牛1头,猪3头"这样一个信息),你们看,仓颉真聪明啊,他想到了一个好办法。

学生体验1

"仓颉"扮演者演示:我想到了结绳记事。我用这根绳子代表羊,想记录2只羊,就在绳子上打2个结;用这根绳子代表牛,1头牛,就打1个结,用结的个数代表这个事物的数量。

师:你们看懂了吗? 对这样的记事方法感兴趣吗,想不想尝试一下?

师:现在,让我们一起尝试着用仓颉的方法来记录这个信息。

(6人小组)小组合作,1号负责打绳结,2、3号负责固定绳子的两段,4、5号说想法,6号汇报。

比比哪个小组既安静,做得又快又好。

(记好之后展示)

师:如果我们要增加一些数量,在绳子上再打个结很方便,如果说,有的动物被吃掉或者跑掉了,在绳子上解掉一个个结就很麻烦。那又怎么办呢? 你们有没有好的办法?

自由发言。

("仓颉"扮演者出场:哈哈! 我有个好办法,在绳子上打圈圈,在圈子里挂上各式各样的贝壳,来代替我所管的东西,增加了就添一个贝壳,减少了就去掉一个贝壳。)

师:你们说说这个办法好不好?

学生体验2

师:小组合作,先讨论讨论你们打算记录一件什么事情? 再用身边的绳子和贝壳学着仓颉的记事方法试一试。

小组汇报。

师:你们觉得仓颉想到的办法怎么样? 方便吗?

同学们自由说。

小结:正像你们说的那样,用这样结绳的方式记事费时、费力,还不容易清楚地把事情表达出来。仓颉也犯愁了。

情境二:汉字是怎么产生的?

师:瞧,黄帝见仓颉这样能干,叫他管的事情越来越多了,凭着添绳子、挂贝壳已不管用了,聪明的仓颉是怎么办的呢?

("仓颉"扮演者讲故事)一次,我参加集体狩猎,走到一个三岔路口时,几个老人正在争辩往哪条路走。一个老人坚持要往东,说有羚羊;一个老人要往北,说前面不远可以追到鹿群;一个老人偏要往西,说有两只老虎,不及时打死,就会错过机会。我不明白了,他们怎么知道往哪边走有什么动物呢? 我一问,原来他们都是看着地下野兽的脚印才认定的。我心中猛然一喜:原来每个东西都有图形代表它的意义。

(图片见《玩转汉字》学生用书第6页。)

师:呀,用图形来表示真有趣!

师:(课件展示3张图)你能看懂吗? 这三个图形其实是仓颉造出来的字,仔细观察,你们猜猜看,它像什么? 是现在的什么汉字呢?

揭示答案,交流感想。(山、目、田)

小结:这个办法太好了,我们的汉字就这样诞生了,让我们把掌声送给伟大的仓颉。(揭示课题:仓颉,伟大的仓颉)

情境三:我们来学仓颉造字

1. 做一做(引导同学们动手"学仓颉造字")

师:其实你们也很聪明,起初,仓颉只造了一部分的字,下面就请你们开动脑筋,也来学仓颉造字的方法,用图形来造一个字,想画什么就画什么,但是要能清楚地说明你自己的想法,表达一个意思。

(每人一张纸)(展示同学们的作品,让大家评价、参观、学习)

2. 说一说

师:进入21世纪,有人提出要挑选一种最能代表中国的事物,经过大家的投票,这四种事物呼声最高,展示四种图片(汉字、长城、大熊猫、茶),如果是你,你选什么? 为什么?

学生自由说。

师:汉字文化具有无穷的魅力,汉字的产生与发展体现了中国人的聪明才智和无穷的创造力。

当然,仓颉造字只是一个传说,有关汉字起源的传说还有很多种哦,有兴趣的,课后可以去找找资料。

引导学生课后拓展的思维导图

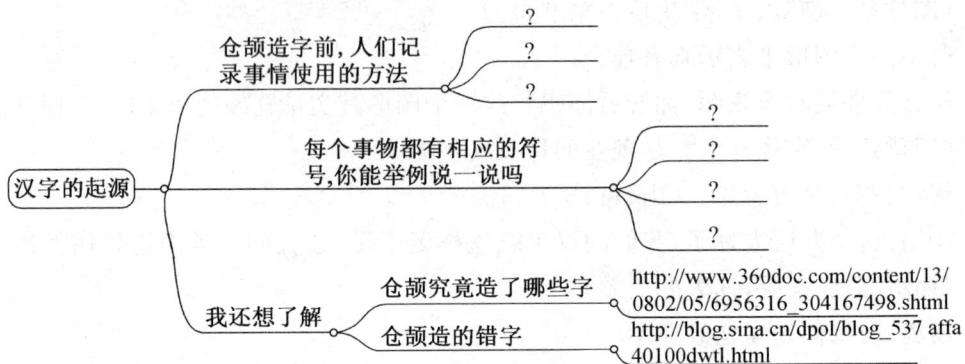

```
                                    ┌── ?
          仓颉造字前,人们记 ──────────┼── ?
          录事情使用的方法            └── ?

                                            ┌── ?
          每个事物都有相应的符 ──────────────┼── ?
汉字的起源 ─┤ 号,你能举例说一说吗              ├── ?
                                            └── ?

                        仓颉究竟造了哪些字 ──── http://www.360doc.com/content/13/
          我还想了解 ──┤                       0802/05/6956316_304167498.shtml
                        仓颉造的错字 ────────── http://blog.sina.cn/dpol/blog_537 affa
                                              40100dwtl.html
```

本课重点让学生在活动中体验文字是一种传递信息的符号,在体验活动中了解汉字大多是根据事物的外形创造出来的,让学生学仓颉造字,并在课后进一步探究仓颉造字背后的故事。

(设计者:程婧婧 赵 丹)

第三课　汉字演变

领　　域：汉字的起源
概　　念：汉字演变
主题事件："兔"字认祖归宗

一、教学背景

汉字的起源可以追溯到甲骨文,随着时代的变迁,需要改革和统一汉字。在汉字漫长的演变过程中,演变的总趋势是简化。汉字从甲骨文演变为现在的楷书主要经历了三次大的改变:从殷商古文(甲骨文、金文)变为小篆;从小篆变为隶书;从隶书变为楷书。对于汉字的演变,孩子们只需要初步了解时代背景,本课重在引导孩子们发现汉字演变的总趋势。

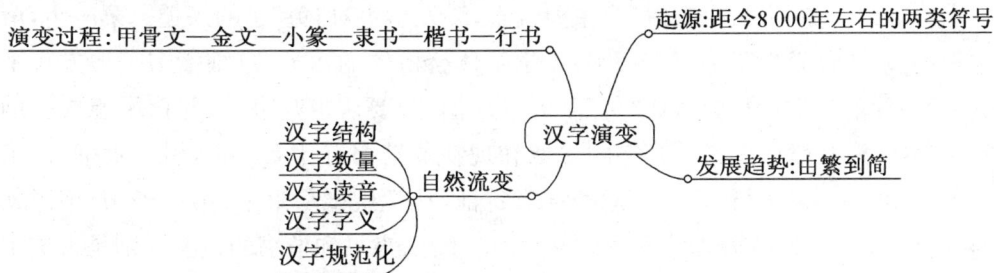

演变过程:甲骨文—金文—小篆—隶书—楷书—行书
起源:距今8 000年左右的两类符号

汉字结构
汉字数量
汉字读音　自然流变　汉字演变
汉字字义
汉字规范化
发展趋势:由繁到简

二、学生学习力达成度

我想:通过观察、比较,激发学生想要深入了解汉字演变规律的兴趣,使学生开动脑筋总结演变过程和时代背景的关系,总结汉字在演变过程中的发展总趋势。

我会:学生通过观察、思考、想象,会分辨殷商古文、小篆、隶书、楷书的汉字特征,并且通顺、完整、有条理地结合时代背景介绍自己判断的理由。在活动中激发学生的创造力,激发学生对汉字追根溯源的好奇心。

我知:学生初步了解汉字是经过不同时代的历史变迁慢慢演变的。

三、教学重难点

1. 了解汉字经历了三次大的变革。
2. 通过观察不同时期的字形特征,判断其各属于殷商古文、小篆、隶书、楷书中的哪一种。

3. 激发学生的创造能力。

四、教学方法

视频资料展示、PPT 展示、学生介绍、课堂讲授、作品启示、讨论交流、反思评价、自主探究。

五、教学时数

1 课时。

六、教师课前准备

视频片段、铅笔、稿纸等。

七、学生课前准备

我感受: 写写"兔"字,想想兔子的外形特征。

我了解: 了解"兔"字是按兔的外形特征造字的。

我思考: 为什么同样的字笔画发生了变化?

八、教学过程

【教学过程设计总体思路】

本节课以"'兔'字认祖归宗"为主要线索,激发学生对"兔"字的兴趣。第一步,请出主角小兔子,让学生写一写"兔"字,让学生体会楷体的运笔,总结楷书字形方正平直、书写简便的特征;第二步,让"兔"字诉说烦恼,想要认祖归宗,激起孩子想要帮助"兔"字的欲望,让学生思考"兔"字的父辈和现在的楷书有什么区别,引出隶书,总结隶书字形扁平、一波三折、蚕头燕尾的字形特征,让学生试写隶书;第三步,介绍秦朝的时代背景,引出小篆,让学生试写,"兔"字的小篆、隶书和楷书的最大区别是古文字和今文字的区别;第四步,让"兔"字认祖归宗,引出殷商古文的象形造字特征,让学生明白汉字的起源只是一种最直接表示其含义的符号;第五步,展示"兔"字的演变过程,让学生对比从殷商古文到小篆到隶书到楷书的演变过程,以"鱼、羊"字为例,检查学生是否掌握了演变的规律,并让学生总结汉字演变的原因和趋势,进一步巩固本节课的重点难点。

情境一:变魔术,探寻"兔"字是怎么变化的?

1. 师:小朋友们,这是什么?(展示一只活的小白兔)喜欢它吗? 我们来摸一摸。

2. 师:摸完了,我们来写一个个大大的"兔"字吧! 你能在这个字上找到小兔子吗?(兔头、兔身、兔尾)

3. 师：你在写"兔"字的过程中,有什么感觉?(学生随意说)

是啊!写起来特别简便,知道这种字体是什么吗?

4. 师：你能说说楷体的笔画特征吗?让我们一起来感受一下楷书的横竖撇捺点的运笔,一起来写写"兔"字。

5. 变魔术

师：现在我们看到这个字就能知道这是兔,表示兔子的意思,但是过去的人可不认识,过去的兔怎么表示呢?我们来变个魔术!

一变：PPT 展示汉朝的历史背景(图、视频)

(1) 时光机器,带我们来到了汉朝,这时的人是怎么书写"兔"字的呢?

(2) PPT 展示：隶书"兔"。

(3) 师：看看这个"兔"字,你觉得笔画有哪些特征呢?

(4) 师：和楷书相比,这个"兔"字写得十分扁平,运笔"一波三折、蚕头燕尾",这样的字体,我们称为"隶书"。隶书在汉朝达到了高潮,来,咱们来欣赏几幅隶书的作品。

(5) PPT："兔"字说话

"兔"：原来我的父辈是扁扁的,运笔"一波三折、蚕头燕尾"啊!

隶书"兔"：我只是你的父辈,你还要继续去寻找祖辈呢!

二变：PPT 展示秦朝的历史背景(图、视频)

介绍：秦始皇统一六国,建立了一个多民族的封建国家——秦王朝。

师：咱们来到了秦朝,秦朝全国统一,其中,秦始皇统一了文字,来问问,这时的"兔"字怎么写呢?

(1) PPT 展示：小篆"兔"。

(2) 师：咦,隶书的"兔"我们还能认识,怎么这个"兔"字都不像了呢!

是啊!从小篆到隶书就是古文字和今文字的分水岭,小篆还是一些线条构字,而隶书已经体现出汉字的笔画特征了呢!

(3) 师：小篆使文字统一了,它笔画圆转,有一定的符号性,我们一起来写一写,什么感觉?

（4）师：是啊！比隶书要难写一些呢！从小篆到隶书的转变，你发现了什么呢！

（5）师：你的小眼睛真亮！看来我们找到"兔"字的祖辈啦！太好了！

（6）PPT：小篆"兔"说话

小篆"兔"：虽然我历史悠久，可还有比我资格更老的"兔"字呢！小朋友们，继续去探索吧！

三变：PPT展示殷商时期的历史背景（图、视频）

师：那我们继续出发，来到殷商时期，这个时代距今三四千年啊！那时可以称为字的符号都刻在龟甲、兽骨、青铜器、钟鼎上，我们称这样的字为甲骨文、金文，统称"殷商古文"。咱们来看看！

（1）PPT展示：殷商古文"兔"

（2）师：这时，你又发现什么相同和不同的地方呢？

（3）师：是啊！殷商古文和小篆都属于古文字，都是由简单的线条构成的。但是，从殷商古文到小篆，书写更简单了一些，我们一起来写一写！

（4）师：我们终于找到"兔"字的祖辈啦！太有成就感啦！

情境二：为什么汉字有这样的变化呢？

1. 师：让我们一起来回忆一下我们的探索过程：

殷商古文 ⟹ 小篆 ⟹ 隶书 ⟹ 楷书

2. 师：按照从古至今的顺序，我们一起来写一写！你发现什么？

3. 师：为什么人们会造出那么多的"兔"字呢？

4. 总结：是的，每到一个时代，表示同样意思的汉字有不同的写法，人们难以交流，需要统一汉字、便于书写，于是，汉字越写越简，演变成我们今天所用的楷体，现在你能用四个字来概括汉字演变的趋势吗？

5. 对！汉字的演变过程就是从繁到简啊！

6. 展示书写的载体变化。

（图片见《玩转汉字》学生用书第11页。）

补充资料：

秦始皇统一汉字

公元前230年至公元前221年，秦国灭掉了齐、楚、燕、韩、赵、魏六国。秦始皇建立了中国历史上第一个大一统的国家——秦朝后，下令统一六国文字。

情境三:你能分辨出"羊""鱼"的演变吗?

1.师:通过探究,小朋友们真的能分辨出汉字的演变顺序吗? 小兔子请出了它的好朋友"鱼"和"羊"来考考大家。

2.PPT 展示:

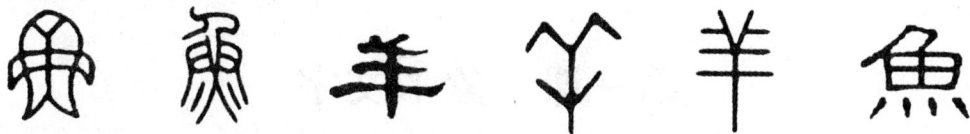

3.师:你能给它们找到自己的位置吗,试着写一写?

殷商古文　→　小篆　→　隶书　→楷书

(　　　　　)—→(　　　)—→(　　　　)—→(鱼)

(　　　　　)—→(　　　)—→(　　　　)—→(羊)

引导学生课后拓展的思维导图

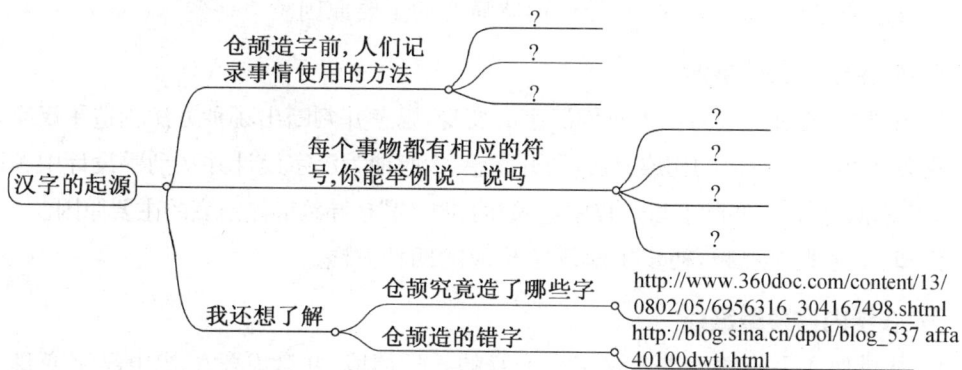

本课重点让学生体会随着时代的变迁,同一个字也发生了巨大的变化,每一个时期都有每一个时期的书写特点,但字的主要特征仍保留着,重点引导学生体会汉字笔画由繁变简、由曲变直的过程。

(设计者:程婧婧)

第二单元　汉字与象形

第一课　象形文字

领　　域:汉字与象形
概　　念:象形文字
主题事件:象形字变脸大会

一、教学背景

汉字是记录汉语的文字,它已有三千四百多年的历史。通过前面的学习,学生们已经了解了汉字的起源及演变,本课重在采用新颖的"象形字变脸大会"的环节来激发学生学习汉字的兴趣,使学生了解汉字的构成方法,知道文字作为书面符号,在实际书写过程中追求"简、明、快"是导致形体演变的主要原因。

二、学生学习力达成度

我想:学生通过游戏与动手辨别汉字的变身,思考并判断出哪种方法构造了汉字。

我会:学生根据汉字的构成方法,展开联想,大胆地为汉字设计并从动手设计中领悟文字作为书面符号,在实际书写过程中追求"简、明、快"是导致形体演变的主要原因。

我知:学生观看视频,初步了解汉字构成的四种方法。

三、教学内容及重难点

1. 从录像入手使学生进入汉字会变身的教学情境,并激发学生找出汉字变身方法的兴趣及思考。

2. 利用游戏与动手促使学生辨别汉字的变身,并判断出哪种方法构造了汉字。

3. 引导学生大胆地为汉字设计,领悟文字作为书面符号,在实际书写过程中追求"简、明、快"是导致形体演变的主要原因,并激发学生对汉字学习的兴趣,热爱祖国的文字。

四、教学方法

视频资料展示、PPT 展示、游戏互动,动手设计,讨论交流、自主探究。

五、教学时数

1 课时。

六、教师课前准备

视频片段、铅笔、稿纸等。

七、学生课前准备

我感受:找找大自然中有特点的事物,说说它们的特点。

我了解:了解象形字是根据事物外形特征造出来的字。

我思考:如果事物特征不明显,还可以怎么造字?

八、教学过程

【教学过程设计总体思路】

本节课以"象形字变脸大会"为主要线索,激发学生对汉字构造方法的兴趣。第一步,以"猪、鹿、鸟"的甲骨文、金文、小篆、隶书为例,让学生表演变脸,在情境中了解象形字的造字规律,激发学习兴趣。第二步,以"指事,会意,形声"等为例,检查学生是否掌握了汉字的造字方法,通过做游戏的方法来巩固汉字的构造方法。第三步,通过总结,学生自己感悟出文字作为书面符号,在实际书写过程中追求"简、明、快"是导致形体演变的主要原因。

情境一:象形字是怎么演变的?

1. 看过变脸吗?(展示京剧变脸视频)

2. 今天我们也来模拟一下象形字变脸大会,先一起看看汉字的演变(欣赏电脑动画《汉字变身》)。

(1) 你看到了哪个汉字宝宝变身?

(2) 它是怎么变的?

小结:古时候文字没有发明的时候,古人就把要讲的事画下来,我们现代的人把这些像图画一样的文字叫象形字。汉字最初是从象形字变身的。世界上有一些国家,比如日本、朝鲜人用的文字就是根据我们的汉字创造的。我们中国人很了不起吧!

3. 今天我们班就请来了3位变脸演员(请学生扮演变脸演员,带着猪、鹿、鸟的面具)。

4. 一变:甲骨文的猪、鹿、鸟,这些甲骨文和动物形状像吗?

5. 二变:金文的猪、鹿、鸟,这些金文和动物形状像吗?

6. 三变:小篆的猪、鹿、鸟,这些小篆和动物形状像吗?

7. 四变:隶书的猪、鹿、鸟,这些隶书和动物形状像吗?

8. 小组讨论:汉字演变的规律。

9. 小组汇报:保留了动物的大体形状,简化了笔画。

情境二:表达更复杂意思的汉字又是怎样出现的呢?

1. 展示一些较简单的汉字如日、月、水等,让学生在小组内动手画一画,再和古人的象形字对比一下,在组内讨论一些象形字有什么优点和缺点。

2. 过渡:同学们都发现画画很麻烦,也很占地方,也不容易明白这个字的意思,这时聪明的古人又想到了一些好办法。

3. 猜一猜:展示 猜一猜是什么汉字?(上)
(在象形字的相应部位加上一些标志符号,以指示所表示的局部的范围。)

4. 那这个字呢一定也认识了。展示 （下）

5. 对,为了表达一下更复杂的汉字,我们也可以这样表达。(展示"手")你们看这是什么字?那两只手呢?(学生自由画)

6. 公布正确答案,原来,就是画了两只手呀!那么,手拉手、友好互助呢?小组讨论一下。

7. 小组汇报,由学生上台做小老师,为大家展示并进行简单的解说。

8. 再来玩一玩!这里有2幅图,一、张网捕鸟,罗网难逃(展示一幅鸟被网捕捉的图)二、田里的农作物长出嫩芽来了(展示田间农作物的图),你会用象形字表达这个意思吗?选择一幅图,试试看?

9. 学生汇报,解说理由。

情境三:总结,这些文字是如何变化而来的? 说说这些文字的构字方法。

1. 出图(《玩转汉字》学生用书第16页)。

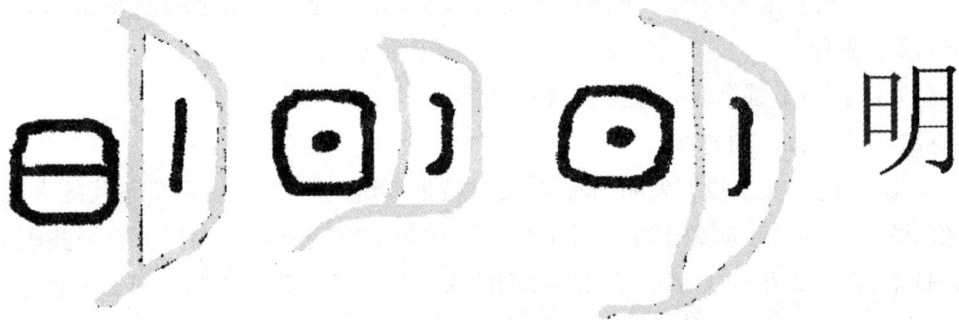

明,会意字。日、月是人们所见天宇中最明亮的物体,所以日、月合为"明"。成语:光明磊落、光明正大、明察暗访、明辨是非等。明作偏旁的字:盟、萌。

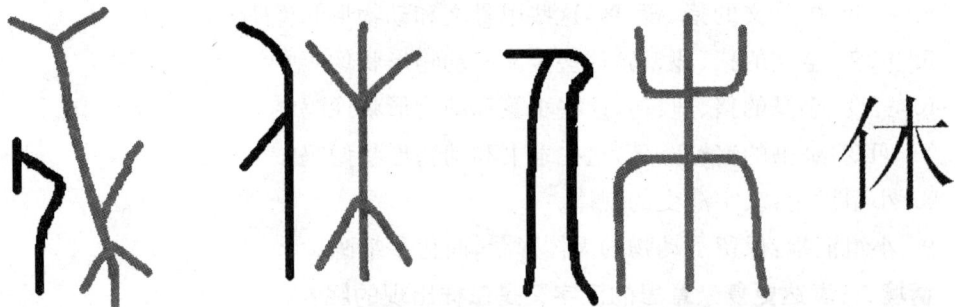

休,会意字,本义是人在木下歇息。引申为休养、停止。成语:休养生息。形近字:沐、体等。

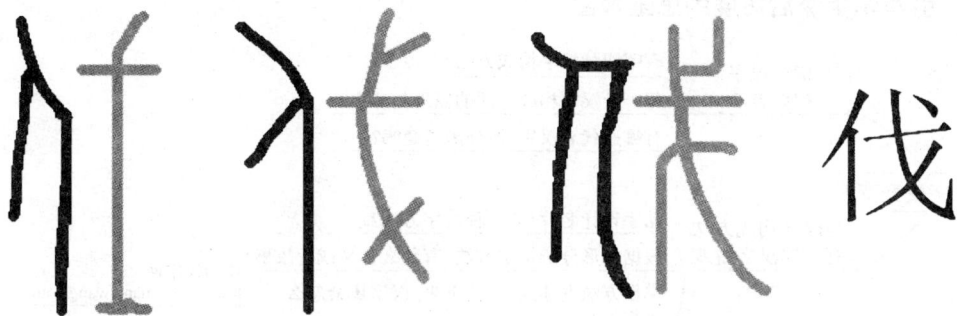

伐，会意字。人持戈，所以伐的本义是武力攻打。形近字：找、划、戏等。

（这些就是会意字：会意字有一个特点是把两个或两个以上的字组合起来，成为一个新的字而且这个字一看就知道表示了什么意思。）

2. 汉字要进行最后一次变身了，这次变身啊，汉字决定让小朋友看到它都能读出它的音，知道它的意思，想试试吗？

3. 展示"叨"，看到这个字，你知道这个字的读音和意思吗？（念"dao"）

叨，形声字。表示口如刀——嘴巴厉害，这嘴巴的厉害不是指说话厉害，而是指吃得多，所以叨(tāo)的本义是贪吃。贪吃就含有劳少食多之意，所以又引申为自谦之词，如叨光。也引申指贪婪，如叨冒、叨天之功。也读 dāo，唠叨。

4. 动脑思考：这样的字有意思吧，一看到它就知道它的读音和意思，这就是形声字。你还能找到哪些字是形声字吗？（花、妈、爸、功等，小朋友的名字中也有很多形声字）

5. 总结：在实际书写过程中追求"简、明、快"是导致字体演变的主要原因。汉字就像一个变化多端的魔方，原来组成汉字的居然是些我们已经比较熟悉的部件。见到象形字、指事字、会意字，我们可以遥想远古人们的生活场景，碰到形声字，我们可以分析其意义和读音，我们找到了探究汉字奥妙的钥匙，进入方便之门。那么，汉字接下来又会变成什么样子呢？课后同学们可以以小组合作的方式上网继续探究。

引导学生课后拓展的思维导图

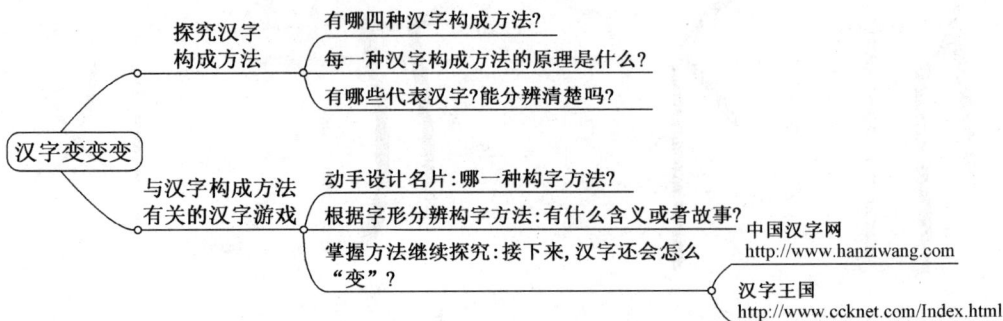

探究汉字构成方法
- 有哪四种汉字构成方法?
- 每一种汉字构成方法的原理是什么?
- 有哪些代表汉字?能分辨清楚吗?

汉字变变变

与汉字构成方法有关的汉字游戏
- 动手设计名片:哪一种构字方法?
- 根据字形分辨构字方法:有什么含义或者故事?
- 掌握方法继续探究:接下来,汉字还会怎么"变"?

中国汉字网 http://www.hanziwang.com

汉字王国 http://www.ccknet.com/Index.html

本课重点让学生通过看一看,比一比,描一描,画一画,体会象形字就是根据事物外形特征来造字的,再引导学生思考,如果不能通过画外形的方法,还能有什么方法造字去传递信息呢?

（设计者：程婧婧）

第二课 表示动物的象形字

领 域:汉字与象形
概 念:表示动物的象形字
主题事件:跟孙悟空去动物园

一、教学背景

象形字是现代汉字的雏形,是老祖宗们最原始的描摹事物的记录方式。汉字与象形字之间千丝万缕的关系可以帮助学生深入了解汉字文化。其中,表示动物的象形字最初就是来自对身边动物形体的描摹,它们与动物外形特征是对应的,个个形神兼备生动活泼,描绘出了各类动物最典型的特征。对于这些汉字,孩子们大多已经认识,本课重在引导孩子们发现象形字和现代汉字的内在联系。

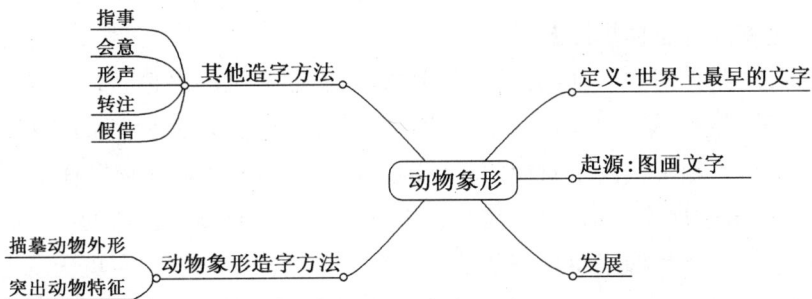

二、学生学习力达成度

我想:通过观察、比较,激发出学生想要深入了解象形字的造字规律的兴趣,并开动脑筋总结动物、古代汉字、现在汉字之间的内在联系,从而产生自己造象形字的想法。

我会:学生能通过观察、思考、想象,大胆设计动物的象形字,并且通顺、完整、有条理地介绍自己设计的意图。在活动中激发孩子的创造力和动手制作的能力,激发其在生活中对象形字进一步探究的好奇心。

我知:学生能初步了解象形字及表示动物的象形字及动物本身的联系。

三、教学重难点

1. 了解象形字是根据事物外在特征表达其含义的。

2. 通过观察动物特征能判断其古代文字和现在文字,从而迁移到掌握一些不熟悉的象形字。

3. 激发学生的创造能力和动手制作的能力。

四、教学方法

视频资料展示、PPT展示、学生介绍、课堂讲授、作品启示、动手操作、讨论交流、反思评价、自主探究。

五、教学时数

1课时。

六、教师课前准备

视频《36个字》片段、彩笔、铅笔,稿纸等。

七、学生课前准备

我感受:去动物园看看可爱的小动物。

我了解:找找哪些小动物的外形和现在使用的汉字很像。

我思考:表示动物的汉字都是象形字吗?

八、教学过程

【教学过程设计总体思路】

本节课以"跟孙悟空去动物园"为主要线索,引起学生的兴趣,激发学生对表示动物的象形字的兴趣。第一步,以"马、鸟"字为例,让学生体会马、鸟的叫声、外形、特征,再结合象形字和现代汉字对比,总结初造汉字只能通过对动物形体的描摹,从而了解象形字的造字规律。第二步,接受孙悟空的挑战激起孩子创造的欲望,以"龟"字为例,检查学生是否掌握了象形字的造字规律,再结合"羊、鱼"二字巩固练习,接着引出一些较为复杂的象形字,让学生找出动物的最典型的特征与象形字一一对应的关系。第三步,用悟空送书签的有趣形式激发学生想象创造的能力,动手制作一张有个性的书签,进一步巩固本节课的重点难点。

情境一:动物象形字是怎么演变的?

1. 师:小朋友们,喜不喜欢看动画片啊? 瞧! 谁来啦!(PPT展示孙悟空图片)孙悟空有许多本领呢! 你知道他有什么本领吗?

孙悟空最有名的就是七十二变啦!(播放视频动画片段)今天,孙悟空想带小朋友们去动物园去玩,想去吗?

2. 师:孙悟空带我们去了动物园,大家看,这是什么?(马)

3. 师:我们来认识马,这是马头,这是马身,这是马尾,这是马腿。

孙悟空:我来变一个,你们还认识吗?

PPT:

4. 师:他又变成了什么? 你怎么知道的?

5. 这一个图片和上面的马特别像,让我们用手去感受一下,这是马头,这是马身,这是马脚。(生描写)

6. 多像啊! 其实这幅图片是一个字,有小朋友知道他是什么种类的字吗?

7. 师:是啊! 像这样画物的形状特征,以此形状表达含义的字就是象形字。(师贴字卡)

8. 看来难不倒大家! 孙悟空又要变啦!

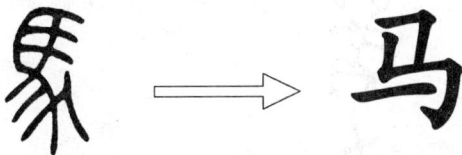

9. 师:你们真厉害! 还认识呢! 这 2 个马有什么区别呢? 我们再次去感受一下,这是马头,这是马身,这是马脚。

10. 孙悟空又带我们去了鸟园,你们看这是什么呀?

(图片见《玩转汉字》学生用书第 17 页。)

11. 谁来带我们认识小鸟?(鸟头、鸟身、鸟腿、鸟眼睛)

12. 孙悟空:我也变,你还认识吗?

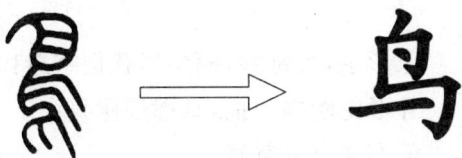

12. 伸出我们的手,一起描!谁来说说它和鸟像在哪儿呢?

13. 接着,孙悟空带着我们看到了牛、羊。

14. 哎,他又要变了,你看!

这是?(羊)你发现了吗?这个字是通过羊的哪里造出来的?(羊头)

15. 那这个一定难不倒你们?

总结:原来,象形字有时候通过动物的整体外形去造,有时候也会突出动物的特征去造。

16. 连线:

豕(猪)

象

鹿

犬(狗)

虎

17. 象形字真有趣啊!我们来一起拍手唱个儿歌吧!

PPT 音乐儿歌:

象形字,真奇妙,模仿形状把字造!

外形轮廓描一描,掌握规律我会认,

象形文字真奇妙!

情境二：怎么设计一个动物象形字呢？

1. 你最喜欢哪种小动物，你想为它造一个动物的logo吗？小组合作，选择一种动物，共同设计一个logo，让大家一看就明白，你设计的是什么小动物？（展示图：兔、羊、牛、鱼、龟、鸟、豕、象、鹿等）

2. 小组汇报：为什么这么造？（外形、特征）

3. 同学猜，你是从哪些地方猜出是这个动物的呢？说说你的想法吧！

4. 象形字多么神奇、多么形象啊！据说孔子在见到这些象形文字后，惊叹不已："牛羊之字，以形举也。"就是夸咱们的祖先造字真形象啊！

情境三：表示动物的汉字全是象形字吗？还会是什么类型的字？

（图片见《玩转汉字》学生用书第20页。）

1. 猴是什么字？（形声字）反犬旁表示动物。

2. 还有哪些字也是反犬旁？

3. 师：今天咱们的汉字研究真有成就啊！其实与动物有关的汉字可多了，除了象形字，还有很多其他种类的字，这些字的背后，有的有着有趣的含义，有的有着有趣的故事，同学们，你们去找一找吧！下课！

引导学生课后拓展的思维导图

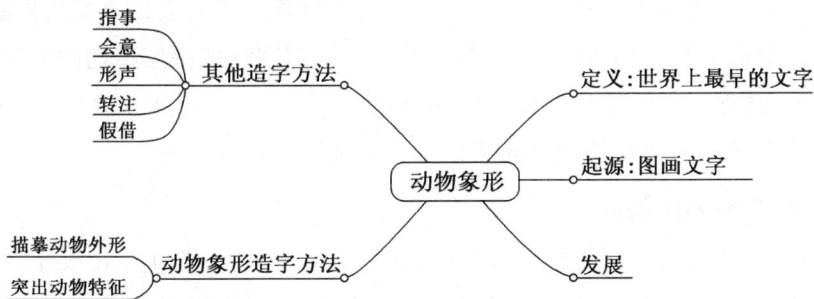

本课重点让学生通过课外实践活动——逛动物园，先去观察动物的外形和特征，再通过"学孙悟空七十二变"这个主题事件让学生描一描古代和现代文字感受动物象形字的造字规律，再引发孩子们思考，并不是所有的动物都能通过画外形的方式来造字。

（设计者：程婧婧）

第三课　表示植物的象形字

领　　域：汉字与象形
概　　念：表示植物的象形字
主题事件：植物汉字"大战僵尸"

一、教学背景

中国文化博大精深，我国劳动人民充满智慧和想象力。印度前总理尼赫鲁曾对他女儿说："世界上有一个伟大的国家，她的每一个字，都是一首优美的诗，一幅美丽的画，你要好好学习。我说的这个国家就是中国。"在识字教学中依据字理析形索义、因义记形，学生学习汉字才会是在朗读"一首优美的诗"，在欣赏"一幅美丽的画"，才能形成自我识字的能力。我国劳动人民利用自己的智慧和想象力，根据事物的特点，如植物的形状，用线条画出物体的形状，这种用一个象形符号去描摹实物形象的字就叫象形字。象形字都是独体字，不能再加拆分。我们往往能根据事物的形象，来记住它们的字形；根据它们的字形，理解它们的意思。

植物的形状——植物象形字的字形——字义——字音。

二、学生学习力达成度

我想：学生通过象形字认识、了解什么叫作象形字，激发学生学习汉字的兴趣。

我会：通过我国古代劳动人民根据植物创造象形字过程，启发学生观察自然，发展想象力和创造力。

我知：学生能初步了解植物象形字和植物之间的联系。

三、教学内容及重难点

1. 使学生了解不同象形字造字过程。

2. 使学生对象形字的发展史产生初步的了解与兴趣。

四、教学方法

PPT 展示、学生介绍、课堂讲授、实物展示、讨论交流、反思评价、自主探究。

五、教学时数

1 课时。

六、教师课前准备

植物图片、植物象形字卡片等。

七、学生课前准备

我感受:去植物园看看植物。

我了解:找找哪些植物的外形和现在使用的汉字很像。

我思考:表示植物的汉字都是象形字吗? 你还知道哪些字?

八、教学过程

【教学过程设计总体思路】

本节课以孩子们感兴趣的"植物汉字大战僵尸"为主题事件,引起学生的兴趣,激发学生对表示植物的象形字的兴趣。第一步,创设僵尸要侵略植物王国的情境,让学生去植物王国找各种植物一起齐心协力大战僵尸,再以"木""禾"字为例,让学生体会植物象形字和植物本身特别相像,理解古人是通过植物的特征来区分"木"和"禾"的。第二步,继续让学生看金文找植物"谷""竹""果""麦",每找到一种植物就多了一个大战僵尸的战士,并让孩子们说说这 4 个植物象形字的意思。第三步,继续寻找更多的植物象形字来大战僵尸,引出"米""叶""瓜""桑",并引导孩子理解植物外形有时太相像,现在我们为了书写方便,简化了一些笔画。第四步,让孩子发挥想象力,自己创造一些表示植物的汉字,并引发孩子思考,现在我们更多地通过偏旁来表示植物,例如"木字旁""草字头"等。

情境一:植物象形字是怎么造出来的?

1. 师:同学们,你们玩过这个游戏吗?(展示植物大战僵尸图)

2. 师:恩,植物通过他们的力量打败了僵尸,保住了主人的家! 可是僵尸又要来入侵了。(学生扮演僵尸,配音:我要占领你们的房子,哈哈哈哈哈!)

师:我们必须找到更多的植物来帮忙才行! 这节课,你们愿意跟老师去植物王国找植物来帮忙吗?

3. PPT 配音:我是植物王国的国王,你们要猜出这些植物象形字,我才能让它们帮助你们去大战僵尸! 出图(木、禾)

4. 学生猜,说原因。

5. 师:木和禾的区别是什么?

6. 恭喜你们找到"木""禾"这 2 个帮手,树木可以挡住僵尸,禾苗虽然现在还很小,等它长大就有用处了,继续寻找帮手吧!

情境二:植物象形字是怎么演变的?

1. 师:我们的助手还不够多,我们继续寻找吧!

2. 你们看禾苗慢慢长大啦! 出"麦""谷"的演变图,一种植物的不同时期我们也要通过不同的文字去区分! 你们看!

3. 禾苗长大,变成麦子,麦子成熟变成谷子可以堆在粮仓里,它们可以怎么对付僵尸呢?

4. 生:投射谷粒,射击僵尸!

5. 师:恭喜你们没有放弃禾苗,得到一个战斗力特别大的帮手。我们继续寻找!

6. 展示"米""竹",这是什么? 可以帮助我们吗?

7. 生:米也可以投射僵尸,竹子可以用竹叶当飞镖射击僵尸。

8. 小组合作:找植物"桑""瓜""果""叶"。

要求:你找到了哪些植物,你是怎么猜到的? 它有什么作用能对付僵尸呢?

9. 小组汇报。

10. 学生表演:僵尸被一次次打败。

情境三:表示植物的汉字都是象形字吗? 还可能是什么样子的呢?

1. 师:象形字大多是独体字,你们看看,今天找的植物帮手,哪些不是独体字?

2. 师:恩,古时候的"叶"这么写——

（叶）

3. 古人把每片树叶都画了出来,但是树叶实在太多了,如果让我们这么写会觉得很不方便,所以,为了能方便书写,我们就简化了这个字,但是我们仍然能知道它是植物! 你从哪能发现?（右边的"木"）

4. 是啊,植物和动物不同,长得很相像,都有枝干和叶子,为了能书写方便,也为了能区别开了,我们就用一些偏旁来表示这些植物,你知道哪些植物是这样表示的呢?

5. 生:花、草、芹、芦、苇、树、林、棵……

6. 师:像草字头、木字旁都是表示植物的偏旁,以这些偏旁为主的汉字大多和植物有关,但他们不是象形字,而是形声字。

7. (《玩转汉字》第 22 页)那么,你能看看图,造一个朵字吗?

朵,象形字。其古文字像木上开花。几是盛开的花,字形本应朝上像一朵喇叭花,但因为花瓣肥大,所以花重而下垂。朵作偏旁的字:剁、垛、躲、躲等。

8. 同学们,对古时候的植物象形字我们已经有了大概的了解,如果你还想找更多的植物帮忙大战僵尸,就需要你课后去上网了解一下啦!来看看,我们这节课找到多少帮手——木、禾、谷、竹、果、麦、米、叶、瓜、桑、朵。(读黑板上的字)

9. 展示动画片段,植物汉字大胜,僵尸被打败啦! 恭喜同学们闯关成功!

引导学生课后拓展的思维导图

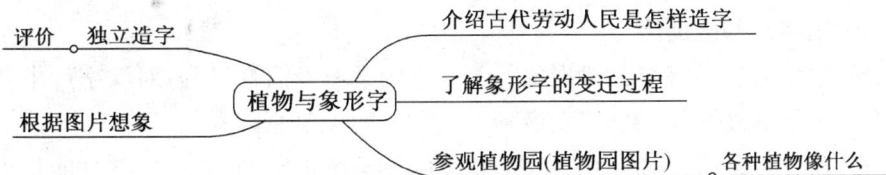

评价 —— 独立造字 ╲ 介绍古代劳动人民是怎样造字
　　　　　　　　　　 植物与象形字 —— 了解象形字的变迁过程
根据图片想象 ╱ 　　　　　　参观植物园(植物园图片) —— 各种植物像什么

本课重点通过"植物汉字大战僵尸"这个游戏情节引导孩子们去观察植物的外形和特征,感受一下植物象形字的变化过程,再引发孩子们思考,并不是所有的植物都能通过画外形的方式来造字。

(设计者:程婧婧)

29

第四课　表示大自然的汉字

领　　域：汉字与象形
概　　念：表示大自然的汉字
主题事件：象形字故事大赛

一、教学背景

汉字是世界上最古老的文字之一，它是记录汉语的书写符号。象形字由图画符号演化而来，这种图画符号就是古代先民对自然界的客观描摹，因而，象形字之形成皆源于观象取象。先人将大自然的运作规律自发形成的某种状况，如"山""水""云""雨"等完全不受人为主观能动性影响的现象，形象地摹画成能反映自身特点的符号，于是就有了这些与自然现象有关的象形字。对于这些字，孩子们大多已经认识，本节课重在引导学生了解部分汉字中与自然现象有关的象形字及其演变过程，增强学生对汉字和中华文化的了解和热爱。

二、学生学习力达成度

我想：学生通过了解与自然现象有关汉字的学习及演变过程，对汉字产生喜爱之情，知道汉字字形慢慢从"象形"发展到了"表意"的主要原因。

我会：通过想象力、创造力的发挥，学生能够编个造字的小故事，并且能与小伙伴交流。通过拓展训练，增强学生对所学知识的整合能力。

我知：学生知道表示与自然有关的汉字及它们与其相对应的现象特征的关系。

三、教学内容与重难点

1. 初步感悟字理及识字的方法。

2. 了解与自然现象有关的几个象形字及其相关的知识，开拓学生创新思维。

3. 使学生了解更多的自然现象并能联系到自己的生活中。

四、教学方法

PPT 展示、学生介绍、课堂讲授、作品启示、动手操作、讨论交流、反思评价、自主探究。

五、教学时数

1 课时。

六、教师课前准备

图片等。

七、学生课前准备

我感受：观察生活中的事物特点。

我了解：了解象形字是根据事物的外形和特征造出来的。

我思考：生活中有哪些象形文字是与自然现象有关的？

八、教学过程

【教学过程设计总体思路】

本课以"象形字故事大赛"为主要线索，激发学生对与自然现象有关的汉字的学习兴趣。首先，按顺序展示"与天气相关的象形文字""与人体相关的象形文字""与土地相关的象形文字""与水相关的象形文字""与用具相关的象形文字""与兵器相关的象形文字"，模仿"一站到底"的竞赛形式，让孩子们认识"与天气相关的象形文字""与人体相关的象形文字""与土地相关的象形文字""与水相关的象形文字""与用具相关的象形文字""与兵器相关的象形文字"，猜对后可以选择一种情境的模式。其次，展示一幅用金文大篆写的故事，让学生试着理解故事的内容。最后，让孩子们自己选择一个自己猜对的字进行编故事大赛，看谁编的最好．

情境一：与大千世界相关的象形字是如何演变的？

1. 江苏卫视有一档综艺节目，叫"一站到底"。有人看过吗？我们今天也仿照这个节目的形式，来一个"象形故事竞赛"，怎么样？想玩吗？

2. 首先我们来看游戏的规则：1. 小组为单位，推选一个代表；2. 竞猜时，可以向队友求助，3 次机会；3. 猜对的象形字成为本组的成果；4. 在自己小组得到的象形字里，选择 6 个象形字编一个故事。看谁能一站到底！

3. 小组讨论，推选代表。

4. 游戏：

第一关：与天气相关的象形文字

（图片见《玩转汉字》学生用书第 25 页。）

（1）猜字（先出字再出图）。

（2）为什么这么猜，这些字是怎么演变的？

（3）小组竞赛，获得猜对的象形字。

第二关：与人体相关的象形文字

（图片见《玩转汉字》学生用书第 26 页。）

（1）猜字（先出字再出图）。

（2）为什么这么猜，这些字是怎么演变的？

（3）小组竞赛,获得猜对的象形字。

第三关:与土地相关的象形文字

（图片见《玩转汉字》学生用书第 26 页。）

（1）猜字(先出字再出图)。

（2）为什么这么猜,这些字是怎么演变的?

（3）小组竞赛,获得猜对的象形字。

第四关:与水相关的象形文字

（图片见《玩转汉字》学生用书第 27 页。）

（1）猜字(先出字再出图)。

（2）为什么这么猜,这些字是怎么演变的?

（3）小组竞赛,获得猜对的象形字。

第五关:与用具相关的象形文字

（图片见《玩转汉字》学生用书第 27 页。）

（1）猜字(先出字再出图)。

（2）为什么这么猜,这些字是怎么演变的?

（3）小组竞赛,获得猜对的象形字。

第六关:与兵器相关的象形文字

（图片见《玩转汉字》学生用书第 28 页。）

（1）猜字(先出字再出图)。

（2）为什么这么猜,这些字是怎么演变的?

（3）小组竞赛,获得猜对的象形字。

情境二:古人是怎么使用象形文字记录事情的?

1. 我们通过竞赛获得了这些象形文字,并且知道了这些字的意思,那么古人造出了这些字,又是怎么使用的呢?

2. 小组讨论

3. 说故事：

大意：一个风雨交加的夜晚，一只可怜的小兔子迷失在青葱的麦田禾苗中。它害怕地哭起来，碰巧一头梅花鹿经过，带着小兔子走上回家的路。

情境三：你能使用象形文字编一个故事吗？生活中还有哪些象形文字是与自然现象相关的？

1. 刚刚我们在"一站到底"的竞赛中认识了一些象形文字，来比比看，哪个小组获得的字最多？

2. 宣布竞赛结果。

3. 使用小组获得的象形文字，编一个故事。

4. 小组汇报。

5. 今天这节课我们认识了大千世界里的象形字，小朋友不仅知道它们是如何演变的，还编了一个有趣的故事呢！

6. 那么，生活中还有哪些象形文字是与自然现象相关的呢？课后去查查资料吧！

引导学生课后拓展的思维导图

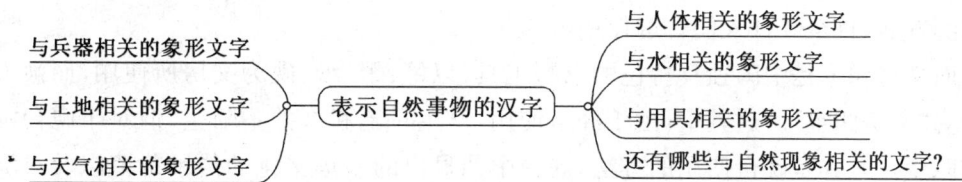

本课重点通过游戏竞赛的形式让学生对比大千世界各种事物的特征，了解这些字的造字方法，认识这些象形文字，并根据象形文字的意思编一个小故事，巩固对这些文字的理解。

（设计者：程婧婧）

第三单元　汉字的书写工具

第一课　文房四宝

领　　　域：汉字的书写工具

概　　　念：文房四宝

主题事件：宝砚斋游记

一、教学背景

说到汉字的书写工具，大家最先想到的可能是毛笔，但是在毛笔出现以前，其实人们早已开始用文字来记录生活。比如青铜时期著名的司母戊鼎上的字，是用质地坚硬的契刻工具刻上的。在距今六千年的陶文中，使用的契刻工具可能是玉石或动物的牙齿，之后，还相继出现了在石头、龟壳、竹简上刻字，在丝帛、布、纸上书写，随着时代的发展，直至今日人们普遍使用电脑。

而文房四宝是中国独具特色的书写工具，以笔、墨、纸、砚为文房所使用，而被人们誉为"文房四宝"。这其中，由于经常使用，学生对笔和纸并不陌生，但对于砚台则比较陌生。尤其是砚台使用的方法，砚台中凸显出的中华文化的传承价值以及对汉字的影响，学生基本上一无所知。基于上述学情，本课将以"游览宝砚斋"为核心事件，让学生入情入境交流自己所了解的知识，在探究性学习和互动交流中，引导学生了解砚台这融绘画、书法、雕刻、装饰等为一体的汉字书写工具，给人类及汉字发展带来的深远影响。

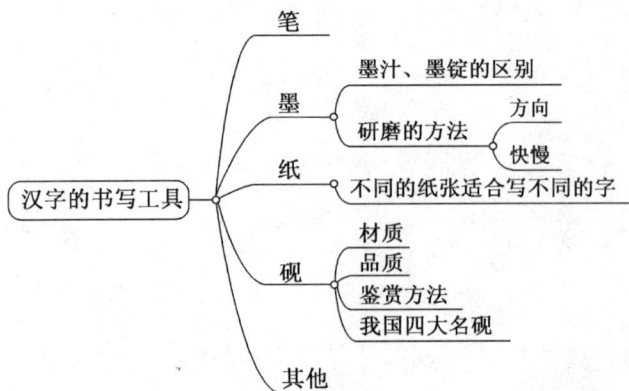

二、学生学习力达成度

我想：学生在情境教学中，投入学习状态，激发学习兴趣，全身心投入到小组交流、合作学习的氛围中，被课堂教学的趣味设计吸引，产生强烈的学习需要。有条理地介绍自己所了解的有关于汉字书写工具的内涵及砚台的相关知识，说话通顺、完整，并将砚台与汉字的关系链进行趣味延伸、迁移。

我会：学生能在教师引导和生生互动交流的基础上，具体了解砚台的相关知识，互相激发各自的知识储备，并学会运用不同方法，会观察、善思考、敢想象，能探究、体验古人研墨的乐趣，感受汉字书写工具对汉字发展的促进作用，解决问题的行动能力呈现出由低到高的层级提升。

我知：学生在"宝砚斋游记"的情境中知道汉字的书写工具是什么以及文房四宝具体指哪些，通过对其中之一砚的深入研究，讨论思考文房四宝对中华文化的传承价值以及对汉字的发展所带来的深远影响。概念思维水平从经验概念水平上升到抽象概念水平。

三、教师教学重点与难点

1. 通过精彩的教学活动场景，形成学生们乐于接受，充满童真和新意的学习事件，使学生充分了解汉字书写工具中每件物品的质地、作用和历史发展。

2. 认真选择本课中汉字书写工具——文房四宝的相关知识链接，将最重要的相关知识，融于学习事件之中。

3. 实现学生在玩中学，在体验中学习，在探究中学习。

4. 善于引导学生将本概念的经验认识总结概括为抽象理性认识，激发学生进一步学习了解汉字书写工具与汉字发展历史的愿望，掌握一定的学习途径和方法，并积极引导学生拓展学习兴趣，将学习范围及知识点继续延伸。

四、教学方法

PPT 展示、学生介绍、课堂讲授、作品启示、观察学习、动手操作、讨论交流、自主探究、体验学习、反思评价。

五、教学时数

1 课时。

六、教师课前准备

1. 教学课件（PPT）。

2. 准备四大名砚的相关知识。

3. 课前分四小组分别全面收集和了解笔墨纸砚的相关知识及图片。

4. 准备研磨的墨和砚以及纸（铅画纸、复印纸、宣纸等）和笔。

七、学生课前准备

我感受: 在书法教室或者相关商店看一看笔墨纸砚,感受它们的不同种类。

我了解: 搜集资料,了解砚台的大致分类,尤其是中国"四大名砚"的基本知识。

我思考:

1. 文房四宝给汉字的发展带来什么影响?

2. 文房四宝对中华文化的传承有什么价值?

八、教学过程设计

【教学过程设计总体思路】

以"宝砚斋游记"为核心事件,带领学生了解汉字的书写工具——文房四宝。首先是"我观察"的环节,带领学生参观宝砚斋,通过宝砚斋的商品图鉴知道文房四宝是什么,以及文房四宝是汉字的书写工具这两个知识点。

其次是"我尝试"环节。动画人物胖掌柜邀请同学们参加"宝砚斋小掌柜技能大考验"活动,通过"品砚小专家"和"研墨 PK 秀"两个活动,学生进一步熟悉和认识墨和砚,尤其对其中一宝——砚进行深入了解和探究,并体会古人研墨写字的乐趣。

最后一个环节是"我思考",让学生用自己研的墨来写字,重温古人写字的感受。然后以"宝"发问,让学生讨论思考文房四宝对中华文化的传承价值以及对汉字的发展所带来的深远影响。

(一)选择主题事件,创设情境——宝砚斋游记,竞聘宝砚斋小掌柜

1. 同学们,愉快的周末你们通常会到哪里逛逛?(超市、商场、书店……)小宝想带你们一起上网去淘宝商城逛"宝"斋!(展示宝砚斋图片)你想去吗?

(二)学生的探索与体验

情境一:观察宝砚斋的商品,阅读文房四宝介绍

1. 猜猜这家铺子里都有些什么?(卖的都是文房四宝)

2. 对不对呢?我们一起进去看看吧。(点击进入店铺,古乐响起)

(课件展示宝砚斋网页)

3. 在音乐声中观赏商品图片。发现了吗?这里卖的都是些什么东西呢?(笔墨纸砚)

4. 为什么只卖这四个种类的东西呢?看看你们手上的店铺简介吧。

(阅读《玩转汉字》学生用书 29 页中的"我欣赏",简要介绍文房四宝。)

5. 再读一读文房四宝资料补充:

文房四宝宝贝详情

在我国历史文化长河中,很早就已有"文房"之称,笔、墨、纸、砚则被誉为"文房四宝"。在用于书法、绘画的文化艺术工具中,仅这四样宝,就已备受文人的喜爱和珍藏。

品名:笔(毛笔)

宝贝详情:笔的使用在我国已有四五千年的历史了,今天仍有不可取代的作用。由于笔为文房四宝之首,在林林总总的笔类制品中,毛笔可算是中国独有的品类了。传统的毛笔不但是古人必备的文房用具,而且在表达中华书法、绘画的特殊韵味上具有与众不同的魅力。不过由于毛笔易损,不好保存,故留传至今的古笔实属凤毛麟角。

品名:墨

宝贝详情:三千年前,墨就产生了。墨给人的印象似稍嫌单一,但却是古代书写中必不可缺的用品。借助于这种独创的材料,中国书画奇幻美妙的艺术意境才能得以实现。墨的世界并不乏味,而是内涵丰富。

品名:纸

宝贝详情:纸是我国古代科学技术的四大发明之一,它与指南针、火药、印刷术一起,给我国古代文化的繁荣提供了物质技术的基础。它的应用要晚于笔和墨,产生于东汉。纸的发明结束了古代简牍繁复的历史,大大地促进了文化的传播与发展。

品名:砚

宝贝详情:作为与笔、墨、纸并称"文房四宝"的砚,如果要探究起中国砚的起源,可能要追溯到原始社会人类打造工具的研磨器了。中国历代的文化人将砚台视若珍宝。刻砚、赏砚、藏砚,是一种时尚的风气。砚台随着社会历史的演变,浓缩了中国各个朝代文化、经济乃至审美意识的各种信息。

6. 看完了这些商品的简介,相信你对这些宝贝又多了一些了解。古代文人基本上都是或能书,或能画,或既能书又能画的,所以他们是离不开笔墨纸砚这四件宝贝的。那现在我们又可以用这些宝贝做些什么呢? 还是到柜台上仔细看看吧!

情境二:竞聘"宝砚斋小掌柜"

1. 请出动画人物胖掌柜,和大家打招呼。(配以不同地区的方言)

嗨! 亲爱的同学们,你们好,欢迎到我的铺子里来做客!

我,可是宝砚斋的当家掌柜,呵呵,体态有点胖,大家都叫我胖掌柜。

2. 刚才同学们一定在我的铺子里看花了眼,有这样一间琳琅满目的铺子让你们羡慕吧,想不想也来当当"宝砚斋小掌柜"? (激发学生参与的热情)

3. 掌柜先出题,请你们猜猜看,你知道笔墨纸砚中的"墨"指什么吗?

(自由回答,可能会出现墨水、墨汁……)

公布谜底:其实墨是指中国古代书写和绘画用到的墨锭。通过在砚上用水研磨,可以产生用于毛笔书写的墨汁,而不是我们今天所见到的墨水。

看来,墨在古代是指墨锭,在砚台里加水研磨后,用于书写及绘画。发展到今天,为了方便使用,才出现了直接使用的墨水、墨汁。

(PPT 展示图片,见《玩转汉字》学生用书第 31 页。)

4. 不要小看了我这个掌柜,不是那么好当的,要对铺子里的每一件宝贝的性能、质地了如指掌,下面胖掌柜就带着大家来一个"宝砚斋小掌柜技能大比拼"!

考验一:砚台材质猜猜猜

(1) 在你的印象中,砚台是由哪些材料制成的?

(2) PPT 展示图片,简要介绍:玉砚、水晶砚、象牙砚、陶砚、瓷砚、铁砚、铜砚、木砚、漆砚、瓦砚、竹砚等。

考验二:砚台品质辨辨辨

(1) 虽然砚台的材质多样,但是其中有四种砚台最为出名。哪四种呢?为什么出名呢?让我们一起来品味。

(2) 展示四张名砚鉴定书。

(3) 喜欢吗? 这些砚台雕刻精美,独具匠心,大家伙儿好像都看呆了! 想认识它们吗? 快读一读《玩转汉字》上有关于这几方砚台的宝贝鉴定书吧!

(图片见《玩转汉字》学生用书第 30 页。)

石砚的品种很多,其中以端砚、歙砚最为名贵。

<table>
<tr><td>

名砚鉴定书

名称:端砚
产地:端州(今广东肇庆)
颜色:紫、青、白
优点:下墨,发墨,不损毫

</td><td>

名砚鉴定书

名称:歙砚
产地:歙州婺源(今江西婺源)
颜色:青黑、红、青、黄和绿
优点:易发墨,最宜笔锋

</td></tr>
<tr><td>

名砚鉴定书

名称:澄泥砚
产地:虢州(今河南灵宝县南)
颜色:鳝鱼黄、蟹壳青和玫瑰紫
优点:坚而不脆,光面不滑;
　　　磨墨既快且细,水墨交融均匀

</td><td>

名砚鉴定书

名称:洮砚
产地:洮州(今甘肃临潭县)
颜色:呈绿蓝色,近似绿松石的颜色
优点:质地细腻但不坚,制砚极佳

</td></tr>
</table>

5. 看了图片和鉴定书，你有什么想法？（自由发言）

6. 你最希望在你的书桌上摆上哪一方砚台？（小组讨论，交流）

7. 哈哈，看来，古人也是这样想的，雕刻得这么漂亮，就是为了让主人练习写字的时候心情更好呀！这可比我们现在简单地用一瓶墨水的感觉好多了！

8. 中国人练字需要笔墨纸砚样样不少，而你们看，外国人书写只要一支鹅毛笔加一瓶墨水就够了。你是不是觉得中国人书写的方式太麻烦了？说说你们的想法。

小组内相互交流，汇报。

9. 小结：虽然近似烦琐，但汉字的发展之所以能够源远流长，成为世界上最古老的文字之一，都是由于文房四宝的使用，才使汉字得以在世界上文化殿堂里流芳百世。

10. 还想一饱眼福再看看吗？（展示图片，尽情欣赏）

11. 看得眼馋了吧，你想不想也收集一方砚呢？你知道怎样选择砚台吗？阅读《玩转汉字》。

鉴宝攻略之砚

玩砚台历来有三诀：观色、听声、辨质。

观色就是看砚台的材质、工艺、品相、铭文等，一般来说，石质越黑、分量越重的，越好。如果还有活眼、泪眼、金星、金晕等点缀，那就更难得了。

辨质就是用手抚摩砚台，感觉是否滑润细腻。

听声也很有门道，托住砚台，用手指轻击之，侧耳听声，端砚以木声为佳，瓦声次之，金声为下。歙砚则以声音清脆为好。

12. 这三招你学会了吗？老师给每个小组分别准备了一方砚台，小掌柜们想不想来品鉴一下？

13. 四组分别展示交流。同学们觉得他的鉴赏水平怎样？有补充吗？

考验三：研磨 PK 秀

1. 品鉴了这么多名砚，刚才又认识了墨锭，你想学着古人的样子来研墨写字吗？

研磨前，胖掌柜想请教你们一下：研墨时哪种方法是正确的？

A：先快后慢　　　B：先慢后快

2. 对！应该是先慢后快，下面两人一组来研墨。（古乐响起）

交流在研墨的过程中你有什么感受？

※打圈研磨或拉锯式研磨，这两种研墨方法各有优点，可根据各人的方便和习惯使用。

※研墨时墨锭应该垂直,重按轻转,先慢后逐渐加快,不能急于求成。

※研墨一定要用清水,切忌用开水。也不可用茶或污水,加水时勿贪多求快,要一点点地添加,加水研磨,可使用砚滴。

※不要将墨锭浸在墨堂中待其发软才研磨,这样既损墨又伤砚,研出的墨不仅没有光泽,且浓淡不匀。

通过三场大考验,恭喜我们全班同学都顺利过关,被胖掌柜录用!大家正式成为宝砚斋小掌柜!

情境三:感受不同纸张书写的特点

1. 除了砚台种类多样,纸张也有很多种呢!它们又有什么不同?让我们来写一写,去思考,去发现。

2. 老师发纸(有铅画纸、复印纸、宣纸等),信手写写"宝砚斋"的大招牌吧!(铺纸练习"宝砚斋")

3. 用刚刚研磨的墨来写字,你觉得应该选用什么纸呢?研磨练写的同时,体会古人写字心境,全班分享。

交流你写字用不同纸张的感受。(发一头饰找一同学扮胖掌柜下位随机采访)

4. 交流讨论不同纸张的特点。

(三)学生的课后延伸

1. 小掌柜们,现在你们明白笔墨纸砚为什么被称为文房四"宝"了呢?(自由交流、发言)

2. 说得真不错!人类文明自诞生起,人们便以各种方式将文明的果实保留下来,使我们能够领略到先辈的风采与创造,同时也使我们的文化得以延续和发展。在这一过程中,文房用品尤其是"文房四宝",作为文明的载体起着重要的作用,对我们的汉字流传、发展也起到了决定性的推动作用!

3. 这节课我们在宝砚斋里重点研究了"砚",使用了"墨",其实纸和笔也是很有讲究的,同学们感兴趣的话,可以试着继续进行探究哦!

提供研究课题

1. 文房四宝给汉字的发展带来什么影响?

2. 文房四宝对中华文化的传承有什么价值?

……

引导学生课后拓展的思维导图

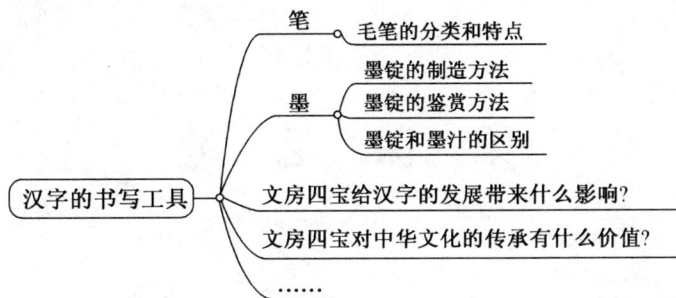

汉字的书写工具
- 笔 —— 毛笔的分类和特点
- 墨
  - 墨锭的制造方法
  - 墨锭的鉴赏方法
  - 墨锭和墨汁的区别
- 文房四宝给汉字的发展带来什么影响?
- 文房四宝对中华文化的传承有什么价值?
- ......

(设计者:姚 梅 肖 娴)

第二课　毛　笔

领　　域:汉字的书写工具
概　　念:毛笔
主题事件:挑支毛笔来申遗

一、教学背景

汉字是中国特有的文字符号,也是中国文化传承与发展、中国文化与世界文化交流的重要载体。文房四宝的发明更是方便了文字的记载与流传,迅速促进了汉字文化的更大发展。在学生心目中,"毛笔"只是一种书写的工具,会用足够了,作为炎黄子孙,我们对毛笔的了解有多少呢? 今天,我们就一起走近毛笔。

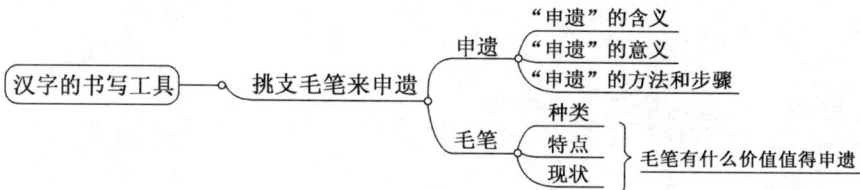

```
                                   "申遗"的含义
                             申遗  "申遗"的意义
                                   "申遗"的方法和步骤
汉字的书写工具 —— 挑支毛笔来申遗
                                   种类
                             毛笔  特点
                                   现状  } 毛笔有什么价值值得申遗
```

二、学生学习力达成度

我想:对探索毛笔的特点感兴趣,对毛笔其他部分有探究的欲望。

我会:以"会观察、会思考、会想象、会探究"为主,在课堂中通过创设情境、自主参与、小组合作、探究学习,使学生领会毛笔的发明是中国古代人民的智慧,感受毛笔的诞生对中国汉字的巨大影响,并为毛笔申遗贡献自己的一份力量。

我知:知道不同的毛笔能写不同的汉字,能根据自己的需要选择合适的毛笔,知道毛笔是世界上独一无二、个性化的书写工具。

三、教学内容及重难点

1. 通过"挑支毛笔来申遗"实践活动,了解最早的毛笔和不同时期的毛笔特征。

2. 毛笔产生的作用及如何正确对待毛笔这一人类文化遗产;感受毛笔的产生对汉字发展的影响和重要性。

四、教学方法

PPT展示、学生介绍、课堂讲授、作品启示、动手操作、讨论交流与实践练习相结合、反思评价、自主探究。

五、教学时数

1 课时。

六、教师课前准备

幻灯片、采访记录表。

七、学生课前准备

资料搜集、问卷设计、问卷调查、数据统计。

我感受：搜集资料，感受毛笔的历史悠久、种类多样。

我了解：搜集资料，了解什么是申遗，如何申遗。

我思考：

1. 毛笔有哪些价值值得申遗？

2. 毛笔为什么要申遗？

八、教学过程设计

【教学过程设计总体思路】

本节课以"挑支毛笔来申遗"这个实践活动为主要线索，主要分为课前研究，课上汇报、讨论，课后继续探究这三个步骤。

在课前，由同学们围绕"挑支毛笔来申遗"的主题进行讨论，确立子课题研究，并进行分组。建议分为四个小组：(1)"申遗"面面观：主要研究什么叫"申遗"，申遗的步骤，为什么要申遗。(2)毛笔的诞生：主要研究毛笔的起源和历史；(3)毛笔的特点：主要研究毛笔的种类和特点；(4)毛笔的现状：在现代，人们使用毛笔的情况。

课堂上，各小组分别用各种形式对自己的研究成果进行汇报，其余小组进行提问和建议。

课后，根据课堂上的建议，进行后续探究。

(一)选择主题事件，创设情境——挑支毛笔来申遗

1. 前段时间，我们班的同学分享了两则新闻，引起了我们的热烈讨论。还记得吗？

（预设：一则是书法申遗，一则是宣纸被提名为世界非物质文化遗产）

2. 当时，这两则新闻引起了我们什么样的思考？

（预设："中国书法"可以申遗，那么作为书法载体的工具可不可以申遗呢？）

3. 因此，我们将实践活动主题确立为——挑支毛笔来申遗。

我们要通过对这个主题的研究，推动毛笔申遗这项工作。因此，围绕这个主题，同学们形成了几个子课题规划小组。谁来汇报一下，你们的子课题是什么？

4. (1)"申遗"面面观；(2)毛笔的诞生；(3)毛笔的特点；(4)毛笔的现状。

5. 小组汇报。

（二）学生的探索与体验

情境一："申遗"知识我介绍——"申遗"面面观

1. 学生课前分组搜集资料，进行汇报：

主要从三方面来介绍：

（1）什么是"申遗"？

（2）为什么要"申遗"？

（3）怎样"申遗"？

资料阅读

"申遗"指的是世界上的国家和地区以某一地区的特殊遗产价值向联合国教科文组织遗产委员会申请加入世界遗产的行为。

世界遗产主要分为如下几类：自然遗产、文化遗产、自然遗产与文化遗产混合体（也就是双重遗产）、文化景观以及近年设立的非物质遗产。

1972年，联合国教科文组织在巴黎通过了《保护世界文化和自然遗产公约》，成立联合国教科文组织世界遗产委员会，宗旨是促进各国和各国人民之间的合作，为合理保护和恢复全人类共同的遗产做出积极的贡献。

左图为世界遗产的标志，其中正方形代表人类的创造，圆圈代表大自然，象征着文化遗产与自然遗产之间相互依存的关系。整体是圆形，象征全世界，也象征着要进行保护。

目前随着我国旅游业的发展，很多文化遗产由于客流量较大等各种原因，遭到了不同程度的破坏。因此，申遗的最大原因，便是为了保护文化遗产。

要想申遗，还需要经过很多步骤，简要来说，我国首先要签署《保护世界文化和自然遗产公约》，列出一个预备名单，筛选要列入《世界遗产名录》的遗产，再把填写好的提名表格寄给联合国教科文组织世界遗产中心。联合国教科文组织世界遗产中心会检查提名是否完全，并送交世界自然保护联盟和国际古迹遗址理事会评审，接着专家会到现场进行评审、评估，并提交评估报告。最后世界遗产中心会审查提名评估报告，提交推荐名单，最终决定入选、推迟入选或淘汰的名单。

2. 刚刚这个小组用了哪些研究方法？

（板书：搜集、筛选）

3. 对这一小组的研究,其他小组有什么建议?

(预设:这些资料,仅仅通过网上搜集可能不够准确。)

4. 那还有什么建议?(我们可以采访一些专业人士。比如书法家,比如相关部门)

5. 大家可以帮他们想一想,如果要去采访这些专业人士,我们可以做哪些准备呢?[预设:采访需要有礼貌;准备适当的道具(纸、笔、录音笔等);事先列好提纲]

6. 采访的时间、地点如何确定?(打电话预约)

(展示采访工作计划表)

研究课题	挑支毛笔来申遗
研究主题	"申遗"面面观
采访对象	
采访时间、地点	
采访的问题	1. 2. 3. (可另附纸)
人员分工	联系: 提问: 录音: 记录: 摄像:
采访需要工具	笔和笔记本　　(　　　) 照相机　　　　(　　　) 摄像机　　　　(　　　) 录音器　　　　(　　　)

◆ 围绕"'申遗'面面观"研究主题,我们可以问哪些问题呢?小组讨论。

◆ 预设:

(1) 毛笔如果想要申请世界文化遗产,属于哪种类别呢?

(2) 如果我们想要推荐毛笔申遗,应该按照怎样的程序进行?

(3) 哪些形式可以体现毛笔申遗的价值?

(4) 我们的行动还可以得到哪些部门的支持?

(关键点:重点围绕"申遗"、围绕自己不能解决的问题)

小结:(1) 同学们的建议非常好,相信你们小组在下一阶段的研究一定会更深入。

(2)"'申遗'面面观"小组的汇报对于推动毛笔申遗很重要,也给其他小组的研究指明了方向。无论哪个小组的研究,都是为毛笔申遗服务的。

接下来,哪个小组继续汇报?

情境二:情景剧表演——毛笔的起源

1. 小组队员采用各种形式介绍毛笔的起源,主要介绍流传最广的"蒙恬造笔说"。(建议:可以采用讲故事、情景剧等方式介绍)

参考剧本:

旁白:公元前223年,秦国大将蒙恬带领兵马在中山地区与楚国交战,双方打得非常激烈,战争拖了很长时间。为了让秦王能及时了解战场上的情况,蒙恬要定期写战况报告送给秦王。那时,人们通常是用竹签蘸墨,然后再在丝做的绢布上写字,书写速度很慢。所以蒙恬总想着,能不能改进一下书写工具。

旁白:一天蒙恬去森林里打猎,打到了许多猎物。

小兵:哎呀,这几只兔子可真重啊!(弯着腰,一手拖着一只猎物。地上留下痕迹。)

旁白:大家高兴地回到了营地。

蒙恬:哎呀,地上全是血,去打点水来,把地面冲干净!

(动作:转身要走,忽然想到了什么,可以一拍脑袋,可以托着下巴……)

蒙恬:这兔子尾巴将地上划得全是血痕,如果用它来写字,不知道行不行?(对小兵们说)去找个粗点的树枝来! 你去拿绢布来!

(蒙恬拔出身边的刀,割下兔尾巴。)

小兵:(双手捧着树枝)将军,树枝!

(蒙恬接过树枝,用刀将中间劈开小缝,把兔尾巴插了进去,试着写字。)

蒙恬:断断续续的,这笔,不行! 还浪费了一块好绢!(顺手扔掉)

蒙恬想:怎么办呢,得赶快造出一支好用的笔啊!

(蒙恬走来走去,思考。可以双手摆在背后。)

旁白:到了第二天清晨。蒙恬走出帐篷透透气。

(看见了扔掉的那只毛笔,走过去捡了起来,看一看,摸一摸。)

蒙恬:哎? 这兔尾巴怎么变软了? 回去蘸墨试试看!

(赶紧走回帐篷蘸墨试试,发现很好用。)

蒙恬:妙啊! 妙啊! 蘸上墨水,就能写得流畅啊! 但是为什么现在好写了呢?

旁白:蒙恬觉得很奇怪,就回到扔毛笔的地方仔细观察,发现这个石坑附近有石灰。再几经研究之后,蒙恬终于改进了毛笔。

旁白:古时候用竹签做成的笔,名字叫作"聿"。蒙恬经过改进,用竹管做笔杆,后人就在聿字上加上了竹字头,于是就出现了"笔"(展示)。

2. 此刻,假如你是申遗员,你认为他们小组的汇报给毛笔申遗增添了什么有利证据呢?

(预设:历史悠久;凝结了先人的智慧;在当时使用很方便——确实,在古代,用毛笔在布或者竹简上写字会更方便……)

情境三:毛笔价值我介绍

1. 小组成员以多种形式汇报毛笔的特点,介绍毛笔的不同分类。

资料阅读

毛笔的种类很多,据统计,有 200 多种。根据不同的标准,可以有不同的分类方法。

比如说,根据毫毛的种类来分,最常见的有四种。主要为羊毫、狼毫、紫毫、兼毫。羊毫,不用说是指羊毛,那狼毫是狼身上的毛吗?其实,是黄鼠狼尾巴上的毛。(当然,如果要再细分,狼毫笔也可能是黄鼠狼的尾毫和其他动物的毛混合而成的。)紫毫是指兔子毛,而兼毫是用两种毛做成的,比如兔子毛和山羊毛可以做成兼毫,根据两种毛的比例不同,还分为"七紫三羊""五紫五羊",等等。还有一些很特别的毛笔:鼠须笔,用家鼠的髭须制成;鸡毫笔,用鸡的胸毛做成;猪鬃笔,用猪的鬃毛制作而成。不同的作品,可以选用不同毫毛的笔。

毛笔还可以按照大小来分。最大的叫楂笔,笔杆比碗口还粗,有几十斤重;其次是提斗、条幅;再次是大楷、中楷(寸楷)和小楷;最小的是"圭笔",笔头一般不到一厘米长。瞧,这支圭笔,只有 7 毫米长,直径只有 1 毫米。笔毫用羊毫制作就称为"羊圭"或"白圭",用狼毫制作就叫"狼圭",用紫毫制作就是"紫圭"。

虽然种类多样,但是好毛笔都具有共同的特点,概括为四点:"尖",笔锋尖锐;"齐",修削整齐;"圆",笔头圆润;"健",毛笔弹性强,写出的字锐利矫健。

2. 小组互动:根据介绍,看图判断毛笔的种类。

3. 老师拿出事先准备的毛笔,让同学们摸一摸,蘸墨汁写一写。

4. 现在,作为毛笔申遗员,你又有什么想说的?

(毛笔的种类多样;能创作各种艺术品——这可不仅是古人的智慧,现代人也在创作呢!毛笔本身也是一种艺术品……)

情境四:毛笔现状我调查

1. 小组成员汇报自己研究的过程和结果。

(课前老师可以着重指导本小组,去附近的文具店进行实地调查,进行问卷设计、问卷发放,以及数据统计、分析等。)

2. 参考问卷:

毛笔在人们心中的地位

各位朋友:

您好!为了更好地弘扬和延续中华文化精髓,进一步发挥毛笔在日常学习、工作中的作用,我班特意开展"毛笔在人们心中的地位"的调查活动,希望您在百忙之中抽出一点时间,协助我们完成以下这份调查问卷,您的意见对我们很重要,谢谢您的合作!

请在合适的选项上画"√"。

1. 您最近用过毛笔吗?

A. 用过　　　　　　B. 没有　　　　　　C. 记不得

2. 您认为在现代化的今天还需要毛笔吗?

A. 需要　　　　　　B. 不需要　　　　　C. 无所谓

3. 您认为学习毛笔字重要吗?

A. 重要　　　　　　B. 一般　　　　　　C. 不重要

4. 您对毛笔的知识了解多少呢?

A. 很多　　　　　　B. 一般　　　　　　C. 没有

5. 您平时使用毛笔练字吗?

A. 经常　　　　　　B. 偶尔　　　　　　C. 不用

6. 若您有孩子,愿意让孩子学写毛笔字吗?

A. 愿意　　　　　　B. 不愿意　　　　　C. 看情况

7. 您认为孩子学习毛笔字的同时需要了解中国书法传统文化吗?

A. 需要　　　　　　B. 不需要　　　　　C. 无所谓

　　　　　　　　　　　　　　　　(　　)学校(　　)年级(　　)班

---

3. 追问:第四小组用了什么研究方法?(问卷调查法)

4. 在问卷调查过程中,有没有遇到什么困难?

5. 如果我们发的问卷是这样的,你觉得人们还愿意填写吗?(展示另一张问卷,对比)其实,这两种问卷类别不同,问卷调查的题型一般分为:选择题、判断题、表格题、填空题和问答题。这么多题型中,你最喜欢做哪种题型,为什么?

6. 选择题和判断题,方便填写,适合短时间调查,只是不能完全反映被调查人的想法;填空题和问答题能比较全面地反映被调查者的想法,只是不方便填写,耗费时间,对于街头行人,我们应当选择前两种题型。

7. 作为毛笔申遗员,此刻,你又有什么新想法?

(大多数人还是很希望了解中国的传统文化的;毛笔和书法都是中国的传统艺术,值得我们继承,值得我们学习……)

(三)学生的课后延伸

1. 同学们,我们进行了研究、汇报,还学习了其他小组的研究。下一阶段,要推动毛笔申遗工作,我们还可以做什么呢?

(预设:去街头发放宣传小报——很有可行性;

利用微信朋友圈——效率很高、与时俱进;

去社区布告栏张贴海报——至少可以辐射一个社区;

联系媒体——这样就能扩大宣传了;

拍摄微电影、微视频——很新颖!一定会引人注目的!

……)

提供研究课题

(1)毛笔的发明对汉字的发展有什么影响?

(2)你认为毛笔申遗的可能性大吗?列表总结理由。

(3)各种现代笔的发明以及网络的发展对毛笔有怎样的影响?

……

引导学生课后拓展的思维导图

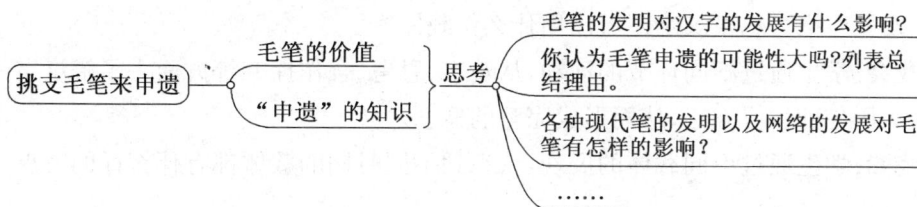

(设计者:肖　娴　肖冬梅)

第三课　汉字的载体

领　　域:汉字的书写工具
概　　念:汉字的载体
主题事件:乘坐汉字之舟,溯游历史长河

一、教学背景

　　汉字作为书写符号需要通过一些物质载体,呈现在读者眼前。从古至今,汉字的载体也是五花八门,种类繁多。纸张作为目前最常用的汉字的载体,对学生来说并不陌生,但对于华夏历史上的其他汉字载体,学生却并不太了解。本课处于课题初级阶段,要引导学生多了解汉字的载体,从而对中华文字的发展有更多的了解。

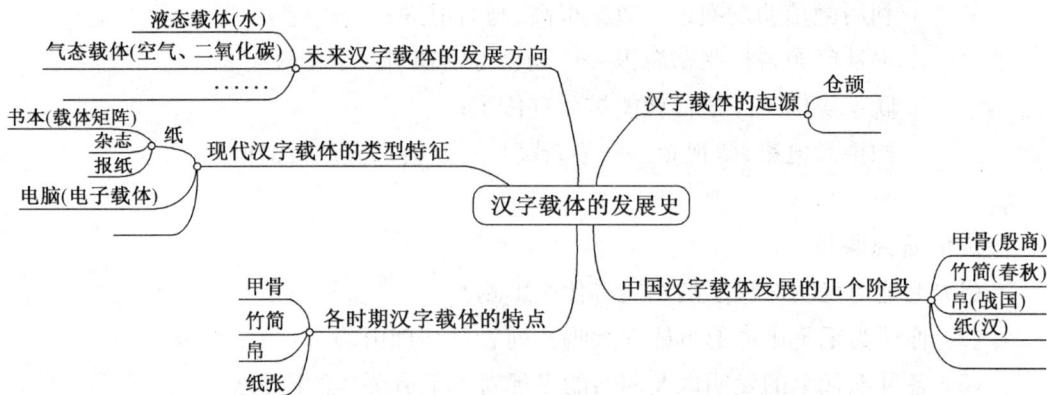

二、学生学习力达成度

　　我想:学生通过身边的物品形象感知汉字的载体,对汉字还有哪些载体产生兴趣,并发散思维去想象汉字还可以用什么作载体。

　　我会:学生通过不同环节的活动,从观察、思考、合作探究等方面去了解汉字的载体,会运用各种学习方法,从而形成完整的概念。

　　我知:学生通过不同载体的展现,认识到不同时期的载体都有什么样的特点。

三、教学内容及重难点

　　1. 如何让学生了解到汉字载体的重要作用。
　　2. 如何让学生了解不同载体的书写形式、方法。

3. 如何使学生对汉字载体的发展史产生初步的兴趣,获得一定的了解。

四、教学方法

PPT 展示、学生介绍、课堂讲授、实物展示、互动交流、反思评价、自主探究。

五、教学时数

1 课时。

六、教师课前准备

各式各样的汉字载体的图片、部分汉字载体实物(宣纸、竹简等)。

七、学生课前准备

我感受:找找可以写字的地方。

我了解:书写载体的分类。

我思考:除了纸,还有更方便的书写载体吗?

八、教学过程

(一)导入话题

谈话导入:

师:同学们,我们每天都背着我们亲密的伙伴来上学,那就是(书包),现在啊就请同学们打开自己的书包,看一看里面装的最多的是什么?

生:书、练习簿。

师:任选一本打开看一看,你们发现书上有什么?

生:有好多字和图片。

师:是啊,每一本书上都写了很多很多的字,老师还有一个发现,那就是这些书都是用纸做成的,所以说如果没有纸就没有书本,没有书本我们就学不到知识。可以看出纸是多么重要啊,所以呢,纸就像一艘船,把人们从无知的起点站摇啊摇啊摇,送到了文明的目的地,纸在其中起到了传输、运载的作用,所以现在我们又把纸叫作汉字的载体。

师:同学们,今天,我们就一起坐上这艘汉字之舟,在我们华夏历史长河中溯流而上,探寻汉字载体的奥秘。

(二)交流介绍(教师准备:A4 纸、手绢、竹简、贝壳)

师:同学们,在登船之前,我们先要每人准备一张船票,下面,老师给大家发今天的第一张船票(老师给每个同学发一张 A4 纸)。

同学们把我们的船票举起来,大声地告诉老师,这是什么呀?

生:纸!

师:恩,那通过我们的预习,哪位同学告诉我,纸是什么时候由谁发明的呀?(自读课本介绍)

生：是在汉代，由一个叫蔡伦的人发明的。

（课件展示图片）

师：对，同学们真聪明，纸是我们中华民族很伟大的发明，是我们中华民族智慧的结晶。

下面我们开始做我们今天第一张船票了，同学们在纸上写好自己的名字还有目的地（汉代）以及今天的日期，再画上自己喜欢的图案，最后在最上面写上我们乘坐的船的名字（汉字之舟）。一张船票就做成了。做好的同学把船票举起来，老师来看看哪个同学的船票做得最漂亮。

（绕课堂查看学生完成情况，选出一到两个画得好的同学带到讲台上来，让学生来展示说明他画的是什么。）

讲台上同学介绍以后问那个同学以及大家：这么漂亮的一张船票，我们不能一直拿在手上，坐船的时候会把票弄皱的，得把它放进口袋里，但是这张票这么大，我们该怎么做呢？（可以适当作折纸的动作提醒）

生：折起来！

（让讲台上的同学带大家一起把纸折好，放在小口袋里。）

师：真聪明，同学们看，我们把字写在纸上，很轻松地就能把纸折起来，放在口袋里，可以带去任何地方，多方便呀，又轻，又不占任何地方，放了这张船票以后我们的小口袋里还能放下很多东西。

师：好，现在我们船票在手，准备登船了，我们坐着汉字之舟前往我们第一个目的地——汉代马王堆。

师：同学们自读课本以后，告诉我下面这张图是什么？

（图片见《玩转汉字》学生用书第39页。）

生：马王堆出土的帛书。

师：没错，马王堆汉墓的发掘，对我国的历史和科学研究均有巨大价值，其中出土的文物异常珍贵。其中出土了非常多的保存完好的帛书，所以那时候的人们是用帛来写字的。不过，在当时，帛是一种非常昂贵的布匹，甚至可以当作货币来使用，只有王公贵族才有这样的财力去用帛写字。

师：说到这儿，我们又该准备船票了，我们来请两个同学帮老师卖票吧，因为现在是汉代，老师这儿只有帛做的船票。如果等价交换的话，十张纸船票只能换一张帛做的船票，只要一张帛做的船票，整个小组的人就可以登船了。下面，请每个小组的小组长收齐十张纸前来售票员小朋友这里买船票。

（让小组长收集刚刚做好的纸质船票来换手绢，船票不够用纸也可以。）

师：同学们看看刚刚买到的帛船票。与纸质的船票有什么不同呀？

生：帛船票比较华丽、漂亮、不容易撕坏……

师：没错，在帛上面写字，相比纸的朴实无华来说，帛具有较高的艺术价值，是我们中华文化不可缺少的文化遗产。

有了帛做的船票，我们就又可以登上汉字之舟，在历史的长河中溯流而上前往下一个目的地——战国时代。

（图片见《玩转汉字》学生用书第 38 页。）

师：通过同学们的预习，哪位同学告诉我，竹简是怎么制作的？

生：把竹子或木板劈成狭长的小片，用刀在片的表面刮削平滑，然后用笔写上文字。不小心写错了，用刀刮掉重写，就像我们现在写错了字用橡皮擦掉一样。这种写成字的竹片叫"简"。把一片一片的"简"按文字内容的次序，用牛皮、丝绳或其他什么绳子串联起来，叫"简册"。

师：竹简，就是战国至魏晋时代的书写材料。是削制成的狭长竹片（也有木片），竹片称简，木片称札或牍，统称为简，现在一般说竹简。（竹简展示）

互动（竹简传递，诗歌吟诵，播放唱诗的视频），目的：了解竹简的特质。

下面老师把这张竹简传下去，每个同学都看一看竹简上的字，摸一摸竹简的材质，掂一掂竹简的质量。（传递竹简，前一排同学看完向后传，直到所有同学都看完）

同学们有没有看到，这竹简上面写的是一首诗，由于古代写在竹简上的字是没有标点符号的，所以古人一般讲都是吟唱出来的，在歌声中将自己的情感表达出来，下面我们先听一段以前的人所吟诵的古诗。

（播放古诗吟诵视频）

同学们听完以后是不是也想自己来唱一唱呀？下面，老师放一段古典音乐，同学们跟着音乐的节奏自由发挥，将这首诗唱出来，我们来听听看，谁唱的最好听，最有感情。

（播放古典音乐，让同学们跟着音乐唱诗）

同学们唱的真不错。下面，我们就该上船了，老师手里的竹简就是船票，这一张船票能让我们所有小朋友都上船，但是我们得有一名同学拿着这张船票才能上船，有没有自告奋勇的同学来承担这一份责任和荣誉啊？举手告诉老师，手举得最高的同学就来帮我们保管这张船票！

（全班同学基本举手）

师：好，下面老师把竹简船票交给你，一定要好好保管起来，那这么大的一张票，口袋里肯定是放不下了，我们找一个小书包把它放在里面吧。

刚刚同学们都仔细看过了竹简船票，请同学们回想一下，竹简做的船票与帛、纸有什么不同呢？

生：竹简要比纸大，口袋里放不下，竹简又硬又长。

师：下面我们来问问竹简的保管员，某某同学，保管了一会儿竹简，感觉与纸和帛有什么不同么？

生：竹简很重，纸很轻……

师：没错，相较纸和帛，竹简就要重上许多了。好了，下面我们就再次坐上汉字之舟，前往殷商时期。

师：殷商时期文字才刚刚出现，要记事刻字的话只能用牛骨、龟壳等当时易于找到的硬物。

（图片见《玩转汉字》学生用书第37页。）

通过我们的预习，大家知道甲骨最开始的作用是什么吗？

生：占卜，预测，当时的人们无论在从事何种重大的活动之前都要先进行占卜，由鬼神来告之其事是否可行或行之是吉是凶。

师：没错，所以，古代甲骨不仅仅是汉字的载体，也是我们的祖先和神明沟通的工具。下面我们看看，古人是怎么通过甲骨来占卜的。（占卜视频）

互动（制作贝壳船票），目的：了解甲骨的特点。

下面，该坐着汉字之舟返回现代了，我们来做今天最后一张船票（每人发一个贝壳），同学们，贝壳也是甲骨的一种，由于贝壳的体积比较小，我们只要在上面写上自己的名字就可以了，下面同学们开始写吧，写好的同学举手告诉老师。

（同学们写字，发现很难写，老师适当等待以后，看同学们没人能写上去。）

师：好了，有没有同学写好呀？ 老师来看一看（下讲台走一圈，同学们的贝壳应该有的破损了，有的只有浅浅的痕迹，有的只有一擦就掉的墨迹，收集一些，带回讲台。）

师：同学们觉得在写贝壳船票的时候遇到的最大的问题是什么呀？

生：基本写不上去，很难才能写上去。

师：没错，同学们，当我们在贝壳上写字的时候感觉非常滑，而且贝壳很硬，写不上去。同学看，有的同学用力过猛，都把贝壳压坏了；有的同学用力适中，只是在上面留下了轻轻的痕迹，很难察觉；还有的同学只是在上面留下了墨迹，用手指轻轻一擦，就擦掉了。

同学们，我们把所有的船票都拿出来放在桌上，看一看在历史的长河中一路溯流而上，一共使用了这么多张船票。同学们想一想，每一张船票都有什么样的特点，哪位同学能告诉我呢？

师：（举起纸质船票）纸作为汉字的载体有什么特点呀？

生：轻，方便携带，可以放在口袋里。

师：（举起帛船票）那帛呢？

生：很贵，但是帛船票华丽、漂亮。

师：（拿起竹简）那竹简呢？

生：竹简很重，携带起来很麻烦。

师：（拿起贝壳）那甲骨贝壳作为汉字的载体呢？

生：很硬，难以把字写在上面。

师：同学们，每一种汉字的载体，他们不仅承载着我们华夏民族智慧的结晶，他们本身也是我们智慧的结晶。

（三）思维拓展

同学们，今天我们坐着汉字之舟了解了我们华夏民族过去所使用的汉字载体，同学们发挥想象力，大胆地想象一下未来汉字会有什么载体。

（讨论）

老师：来，老师来给同学们一点提示。（播放钢铁侠视频）

同学们看看这里面是用什么作为文字的载体的呀？

同学：空气……

（教师播放水幕视频）

老师：同学们，看看这里文字的载体是什么呀？

同学：水。

老师：对的，随着我们科技的发展，任何事物都有可能成为我们汉字的载体。

今天我们了解了汉字的载体，这些载体体现我们中国源远流长的文化底蕴，同学们对国外文字的载体有什么了解呢？我们也来大概了解一下。

羊皮（PPT 展示图片）。

（四）结束语

今天我们对华夏汉字载体的探索结束了，但是我们的思考没有结束。中华历史源远流长，相比西方，文字的发明更是早之又早，而作为汉字的载体，其种类之繁多令人眼花缭乱。相信这节课的学习，使同学们对于汉字的载体有了更加全面深入的了解，作为汉字这个概念的一部分，也为我们了解汉字、认识汉字、读懂汉字打下了坚实的基础。

在以后的学习中，我们还会接触到很多与汉字相关的有趣的事物，让我们对祖国博大精深的汉字文化有更深的理解，未来，在我们同学之中，也许会有人成为像蔡伦一样的人，发明更轻更好更加方便实用的载体！

引导学生课后拓展的思维导图

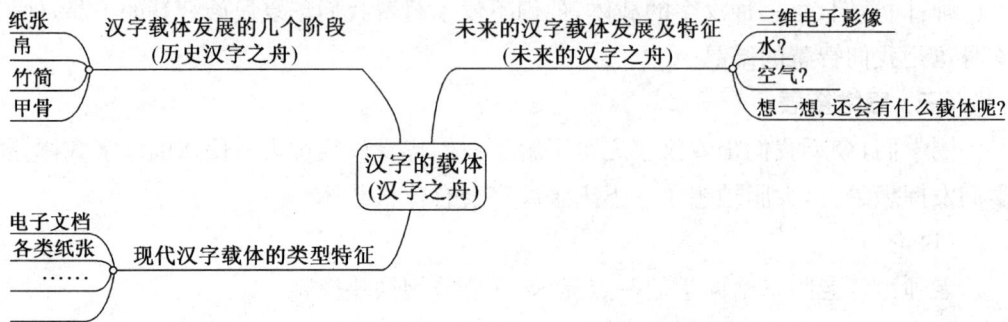

本课重点让学生经历一次旅行,寻找书写载体的变化具有不同的时代特点,书写载体变得越来越便宜、便于携带。

（设计者：程婧婧）

第四单元　汉字的艺术

第一课　汉字的形态美

领　　域：汉字的艺术
概　　念：汉字的形态美
主题事件：带着汉字去画画

一、教学背景

本课属于汉字与文化艺术板块中的汉字与绘画领域。针对学生对汉字的形与意分开理解的认字模式,引导学生从不同角度和层面认知、了解、掌握汉字与绘画的关系、发展历史、设计方法,并和学生实际生活相联系。使学生了解汉字最初就是以图画的形式出现的,两者相辅相成、密不可分,汉字经过变化笔画、外形后,就会成为千姿百态、变化万千的一幅幅画,更加利于人们的识记和理解,也更能吸引住人们的目光。激发学生对汉字与绘画相互演化的兴趣,提升他们的想象力和创造力。

二、学生学习力达成度

我想:设计姓名画的创作活动,让学生对"形意兼备"有一个理解和运用的体验过程,开拓学生的思维,丰富想象空间,激发学生创意生活的兴趣并对其他文字的形意关系进行自发的探索与深入的思考。

我会:学生通过欣赏感知、思考交流、创意表现,了解汉字和绘画的基本演变方法,掌握文字的外形与含义的联系。激发他们在生活中用艺术的眼光去欣赏汉字、感悟汉字的美。通过对不同文化中字与画的关系探索,感悟到人类的审美情趣是相通的。

我知:学生能了解汉字原来就是一幅绘画,汉字的形与意是相互联系、互相补充的。通过欣赏和分析不同时期、不同地域绘画与汉字的结合,提升学生欣赏能力,通过对身边汉字画的理解和感悟,启发和培养学生的想象力、创造力。

三、教学重难点

1. 如何引导学生了解汉字与绘画相互演变和补充的过程与结果?

2. 如何引导学生理解、运用汉字绘画形意兼备的设计方法?

3. 如何发掘学生的创造力,让他们从实际出发使文字画更加形象、生动、有趣

57

味性。

四、教学方法

PPT 展示、学生介绍、课堂讲授、作品启示、动手操作、讨论交流、反思评价、自主探究。

五、教学时数

1 课时。

六、教师课前准备

课前收集的文字画图片、水彩笔、铅笔、作业纸、各种不同材质的素材、剪刀、胶棒等。

七、学生课前准备

我感受：生活中看到很多好看的字体。

我了解：字体的类别。

我思考：艺术字体使用规范吗？

八、教学过程

【教学过程设计总体思路】

本节课以"带着汉字去画画"这个话题为主要事件，带领学生从绘画的角度去理解汉字的意思，了解文字和绘画在起源与发展中的关系，体会古人在早期创字时"书画同源"的意义。学生通过欣赏不同历史朝代和艺术表现方式中文字与绘画的结合实例，思考、交流，明白"文字本身就是一幅绘画"。并尝试自己去设计一张姓名画，从中体验文字与绘画互相转换的方式，了解文字画的设计思路与实际运用，体会自己"美丽的名字"。开展对其他国家和地区文字与绘画关系的研究，开拓学生视野，使他们明白人类的文明和审美情趣其实是互通的。

【教室空间及布置】

教室中间空出一片位置，按小组将座位排放在四周。

情境一：岩壁上的画是什么？

1. 今天，我们要进入原始森林洞穴中去探险！大家准备好了吗？（进入布置好的场景）

2. 你在洞穴中发现了什么？这些图画会是什么人留下的呢？又代表了什么样的意思？（学生交流自己的看法）

3. 原来这些图画就是当时人们交流的文字啊！这其实也不是个新鲜事儿，对于我们中国汉字的起源，有很多种不同的说法，其中一种就提到了文字、图画同源，意思是字和画是异名而同体，在文字产生的初期，字就是画，画就是字。你们想认识这样有趣的汉字吗？我国最早的文字——甲骨文中,确实有很多像绘画的字,我们把它们称为"象形文字"。(欣赏学生用书中关于甲骨文的图片)它们的意思往往和所画出的图案相一致。你能根据画面认出汉字吗?

鹿　　射　　马　　骑

4. 我国纳西族东巴文字更是一张张生动有趣的画,记录了人们生活的点点滴滴。作为一种高度传神的文字符号,它是我国由图画记事向符号记事过渡时期的保留最完整的原始文字。

(参考学生用书中的图片)

试试用古东巴人的思维方式去理解这些文字,为他们连连线。

(每个小组根据教师准备的作业纸合作完成,在完成中进行思想交流。)

爱
鸟
花
舞
鱼
月　出

5. 像这样汉字不仅仅是交流信息的语言符号,更被设计为一幅幅流光溢彩的图画的例子在我们的历史中随处可见呢。(参考学生用书)教师简单介绍。

① 钱币字。你看懂这幅画的意思了吗? 这是明代《唯吾知足》吉祥钱,四字巧借孔方,共用一个"口"字,从右至左依次形成"唯、吾、知、足"四个字。在钱币上镌刻一些具有装饰性的吉祥文字,体现制造者的风雅意趣。

② 玉器和器皿上的文字画。根据器皿的外形和文字所要表达的内容区设计文字的形象。图中商代的金文"龙"字也是循着雕刻物的外形而设计的,如同一条盘曲向上的青龙,生动形象。

6. 汉字变成的绘画真有意思! 古人是用什么工具来画文字的呢? 和我们现在用的纸笔一样吗? 你们想不想试一试?

情境二:这些文字有什么规律?

1. 原来用汉字画的画儿这么有趣! 汉字是一种高度概括、高度传神的文字符号,我们可以通过对汉字象形特点的夸张和变形,设计出"意"与"形"高度结合的作品,在我们生活的方方面面都有千奇百怪的"汉字画"哦!(参考学生用书)

2. 我们现在的民间艺人就用了一种和古人很相似的方法,将我们的名字画成有趣的画儿!（观看视频）民间艺人用汉字画的画漂亮吗? 你能认出其中的汉字是哪个字吗?

情境三:设计一幅姓名画

1. 今天,我们也来"用汉字画画儿"!

老师这里有许多"有内涵"的绘画作品哦! 细心的同学们找一找:（分小组进行交流）

（1）用汉字来画画儿的窍门有哪些? 和大家分享你的经验好吗?

（2）用什么样的工具和方法设计比较好?

（3）你认为需要注意些什么?

唐僧　孙悟空　猪悟能　沙悟净　雄鹰翱翔
羊　烧　花开　春　草
　　　　　　　马　马到成功　画重点请

2. 掌握了这些方法,我们也能用自己的名字来画画儿啦! 学生分组,在组长的带领下,选择自己喜欢的工具尝试动手设计一幅姓名（或者姓）的画（可以在背景上直接表现）。教师巡视,并予以指导。（背景音乐）

3. 向大家介绍一下自己的姓名画吧!（学生相互交流作品）

4. 自己动手设计了一幅姓名画,你的心情怎样? 遇到什么可以和大家分享的问题?（学生交流遇到的问题或者总结的经验）教师参与其中。

5. 这么多有趣的姓名画,谁的创意最好?

6. 根据学生的评选,引导他们了解在设计汉字画时,要注意画的装饰设计与所选的文字意义要吻合,就是要做到"形意兼备",这样的绘画作品才能让大家一目了然。

总结:

1. 除了中国的文字,其他国家的文字也有绘画的参与吗?（参看学生用书或上

网查阅相关资料)

（1）楔形文字，也叫"钉头文字"或"箭头字"，古代西亚所用文字，多刻写在石头和泥板（泥砖）上。笔画成楔状，颇像钉头或箭头。

（2）5 000多年前，古埃及出现了象形文字。

2. 我们中国汉字和其他国家的文字都适用于相同的装饰方法么？国外的人们是怎样装饰他们的文字的？（翻阅学生用书中的拓展页面或自行在身边观察、上网查找相关资料。）

引导学生课后拓展的思维导图

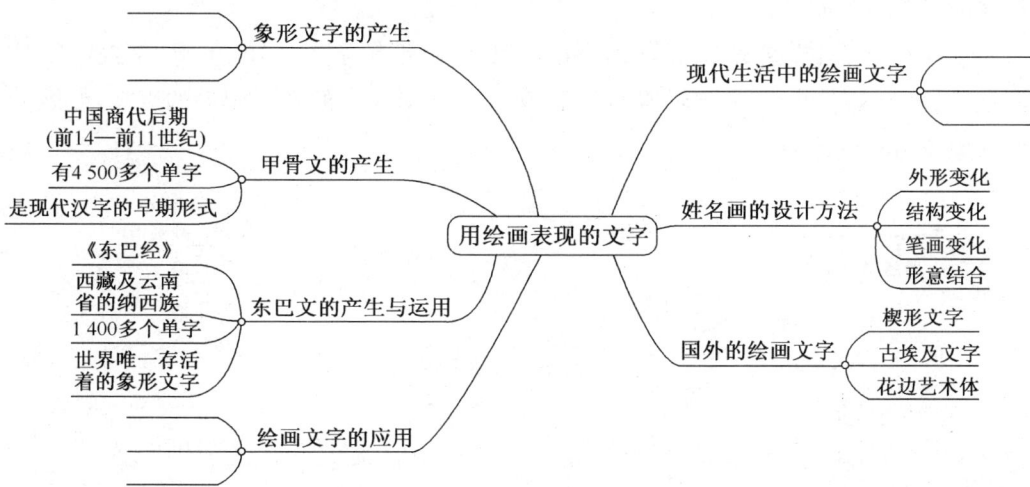

象形文字的产生

现代生活中的绘画文字

中国商代后期
（前14—前11世纪）
有4 500多个单字
是现代汉字的早期形式

甲骨文的产生

姓名画的设计方法

外形变化
结构变化
笔画变化
形意结合

用绘画表现的文字

《东巴经》
西藏及云南
省的纳西族
1 400多个单字
世界唯一存活
着的象形文字

东巴文的产生与运用

国外的绘画文字

楔形文字
古埃及文字
花边艺术体

绘画文字的应用

本课重点让学生体会汉字最初就是一幅幅画，在不断的演变中，字体也在不断变化，越变越美，可以让学生通过观察生活中的汉字去欣赏汉字字体之美，并能用绘画的方式设计自己的姓名，旨在培养孩子发现美、创造美的能力。

（设计者：程婧婧）

第二课　音乐中的汉字

领　　域：汉字的艺术
概　　念：音乐中的汉字
主题事件：欣赏古曲谱中的汉字标识

一、教学背景

华夏文明，源远流长；大哉中国，气度泱泱。上下五千年发展起来的琴棋书画诗赋等各种艺术，都是人类历史上极为宝贵的文化遗产。汉朝以前乐曲全靠口传心授，没有乐谱记载；汉魏之交逐步创用了文字谱，记叙一首曲子就是撰写一篇文章。例如现存最早的古琴曲《碣石调·幽兰》，其实就是一篇长文。

本课针对学生的年龄特征，从不同角度和层面带领学生认知、了解、掌握汉字与诗歌、汉字与文字谱、汉字与乐器的关系，激发学生对汉字的音乐用途的兴趣，锻炼他们的想象力和创造力。

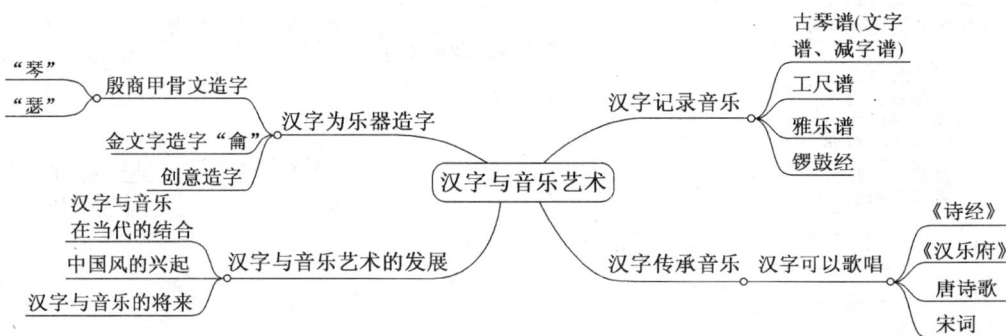

二、学生学习力达成度

我想：通过吟唱诗歌《春晓》的活动，体验并理解音乐与汉字结合的过程，能够对汉字与音乐的其他关系进行深入的思考与探索。

我会：在了解汉字和乐器的联系的基础上，掌握乐器的外形与汉字含义的联系。尝试创编表现乐器的汉字。

我知：通过欣赏音乐中的汉字文字谱，知道汉字有着记录音乐、表现音乐、传承音乐的作用，提升自己的欣赏能力。

三、教学重难点

1. 如何引导学生了解文字谱的用途。

2. 如何使学生体验汉字与音乐歌唱中的紧密联系。

3. 如何发掘学生的创造力让创造乐器汉字更加形象、生动、有趣味性。

四、教学方法

PPT展示、学生介绍、课堂讲授、作品启示、动手操作、讨论交流、反思评价、自主探究。

五、教学时数

1课时。

六、教学准备

多媒体、歌纸、乐器、文字图片、铅笔、作业纸、打击乐器等。

学生围成圆圈坐在教室里。

七、教学过程设计

【教学过程设计总体思路】

首先,本节课以《笑傲江湖》这个故事为导入,带领学生从音乐的角度去理解汉字的作用,了解汉字和音乐在表现传承中的关系,体会古人"识字弹琴"的意义。其次,通过学唱并欣赏不同版本的《春晓》,欣赏不同时代汉字与音乐紧密结合的实例,让学生明白"汉字就是一首歌"。最后,参考古人的做法,尝试自己去为乐器设计一个字,体验汉字与乐器互相转换的方式。本节课以多种方式,向学生展示汉字与音乐的多层次的联系,开拓学生视野,激发想象力和创造力。

(一)选择主题事件,创设情境——古琴曲谱体验篇

1. 教师讲述故事导入:在金庸小说《笑傲江湖》中,主人翁令狐冲因为避世高人传授,获得一身高超武艺,无敌于天下。可是他的师傅、好友等友人,甚至敌人却一致认为他的绝世武功来自于一本叫作《笑傲江湖》的"武林秘籍",这本书中通篇都是一些似是而非的古怪汉字,谁能猜透其中奥秘,获得神功,谁就能无敌于天下。其实,这本《笑傲江湖》只是一本琴谱,用汉字记录了演奏的方法,这种琴谱叫作减字谱,它是一种文字谱。

2. PPT展示曲谱《沧海一声笑》。结合学生用书,引导学生自由交流看到文字谱的感受。

3. 古人为什么会选中文字来记录音乐呢?这些文字为什么要这么设计? 老师今天带来了许多"有内涵"的汉字哦!细心的同学们找一找它们的特别之处。

PPT图片:减字谱《关雎》《碣石调·幽兰》。

4. 特别吗? 这些汉字作品与我们以前见过的有什么不同? 今天,我们就一起了

解"汉字与音乐"!（展示课题）

5. 文字谱对演奏者左手所按的琴弦琴徽、右手拂挑撮勾的演奏技巧都叙述得非常详尽，这是古琴谱极为重要的特点（欣赏学生用书）。

（PPT展示文字谱的定义）

（欣赏学生用书中关于文字谱的图片）

你能根据汉字想象古琴的奏法吗？（选择一个"文字"，同桌讨论如何弹奏）

6. 聪明的中国人，用汉字创编了多种记谱法。汉字被设计为动听的旋律的例子在我们的历史中随处可见呢。以小组为单位，在组长的带领下，结合学生用书中的相关介绍尝试欣赏、分析汉字记谱的组合方式和审美情趣。教师巡视，参与小组讨论，并予以指导。

7. 工尺谱比起文字谱和减字谱来大为简化，在民间艺人中流传很广。工尺谱与减字谱不同，有节奏符号，称为板眼。一般板代表强拍，眼代表弱拍，共有散板、流水板、一板一眼、一板三眼等形式。运用工尺谱的乐器包括琵琶、二弦、三弦、洞箫和古筝等。

（1）工尺谱中，用"上、尺、工、合、六、五、一"七个汉字来表现"do、re、mi、fa、sol、la、si"。

乐谱对比表

二四谱：	二	三	四	五	六	七	八	
工尺谱：	合	四	乙	上	尺	工	凡	六	五
简谱：	5	6	7	1	2	3	4	5	6
轻三六调音阶：	5	6		1	2	3		5	6
重三六调音阶：	5		7	1	2	3	4	5		7
活三五调音阶：	5		7	1	2		4	5		7
反线调音阶：				1	2		4	5	6	1
轻三重六调音阶：	5	6		1	2	3	4	5	6

（2）试试用古人的思维方式去理解以下文字，为它们连连线。（每个小组根据教师准备的作业纸合作完成）

宫 商 角 清角 徵 羽 变宫

do mi fa la sol si re

（3）除此之外，中国传统的记谱法还有明代记载祭祀孔子所用的雅乐谱、目前仍广泛使用的律吕字谱、藏传佛教使用的央移谱、用于记录打击乐的锣鼓经等。

6. 汉字记谱法真有意思！欣赏了这么多有趣的汉字记谱法，你有什么体会？

（二）学生的探索与体验

情境一：歌曲《春晓》我来唱

1. 原来汉字这么有趣,同学们知道吗? 汉字不仅记录音乐还可以表现音乐,这就是诗歌。"诗"为什么和"歌"联系在一起呢? 诗歌的初始形式是古歌谣,是人们口头歌唱的,我国最早的诗歌总集《诗经》,数量之多,内容之丰富,堪称是世界诗歌史上的奇葩。唐代更是中国诗歌史上的鼎盛时期,涌现出那么多的诗人佳作,可以说中国是诗的王国。这些诗都是可以吟唱的,还不止这些呢,汉乐府、宋词、元曲也都可以吟唱哦。

2.《春晓》这首诗可谓妇孺皆知,可是你们听过《春晓》这首歌吗?

（展示歌谱,播放音乐）

3. 让我们跟着优美的旋律吟唱《春晓》吧! 学生学唱《春晓》。

（歌曲链接）

4.《春晓》是一首五言绝句,你们还能想到哪些五言绝句?（《静夜思》《登鹳雀楼》《悯农》等）

学生分成小组,在组内用《春晓》的旋律演唱优美的诗歌。

5. 这里还有许多大家熟悉的唐诗,同学们可以跟着动听的旋律一起唱。（《相思》《游子吟》《明日歌》）

情境二：乐器名称我来猜

1. 殷代甲骨文中有不少是表示乐器名的字。这些字直观而又形象,足以说明古代音乐的发达。有些字或者乐器你可能都不认识,但是你仔细看一看,就能猜出哪个字表示哪种乐器。让我们来试试看。

2.（展示图片）这些古代乐器,认识吗?

例如:琴和瑟,都是弦乐器。甲骨文、金文"琴"字,就像在木支架上装有琴弦的乐器之形。

例如:龠,就像人的口对着有多孔的排管作吹奏之形。后来加竹字头,表明龠本来是用竹子做的。

3. 连一连。

展示古乐器图片,还有一组名称。将古乐器的图片与文字连起来。

4. 乐器名称我设计:

学生分组,在组长的带领下,尝试自己动手设计一个表现乐器的汉字。教师巡视,并予以指导。

5. 向大家介绍一下自己设计的字吧!（学生相互交流作品）

6. 自己动手设计了一个字,你的心情怎样? 遇到什么问题可以和大家分享?（学生交流遇到的问题或者总结的经验）教师参与其中。

7. 这么多有趣的字,谁的创意最好?

8. 根据学生的评选,引导他们了解在设计汉字时,要注意设计与所选的文字意义相吻合,就是要做到"形意兼备",这样的设计作品才能让大家一目了然。

情境三:根据乐谱我填词

1. PPT 展示乐谱。根据给出的乐谱,小组讨论,尝试填词。

2. 小组交流。

3. 尝试:根据所填的词唱一唱。评选"最押韵填词""最优美填词""最有趣填词"等。

(三) 学生的课后延伸

1. 你们了解现代汉字在流行音乐中是怎样表现的吗?欣赏周杰伦的歌《青花瓷》。

> 素胚勾勒出青花笔锋浓转淡,
>
> 瓶身描绘的牡丹一如你初妆,
>
> 舟冉檀香透过窗心事我了然,
>
> 宣纸上走笔至此搁一半……

2. 介绍中国风。中国风就是三古三新(古辞赋、古文化、古旋律、新唱法、新编曲、新概念)结合的中国独特乐种。歌词具有中国文化内涵,使用新派唱法和编曲技巧烘托歌曲氛围,歌曲以怀旧的中国背景与现在节奏相结合,产生含蓄、忧愁、幽雅、轻快等歌曲风格。

大家还知道有哪些中国风的歌曲,例:《曹操》《江南》。

(翻阅学生用书中的拓展页面或自行在身边观察、上网查找相关资料。)

提供研究课题

1. 其他国家存在汉字与音乐的相互融合、演变吗?

2. 除了歌唱、记谱,汉字与音乐还有哪些紧密的联系?

3. ……

引导学生课后拓展的思维导图

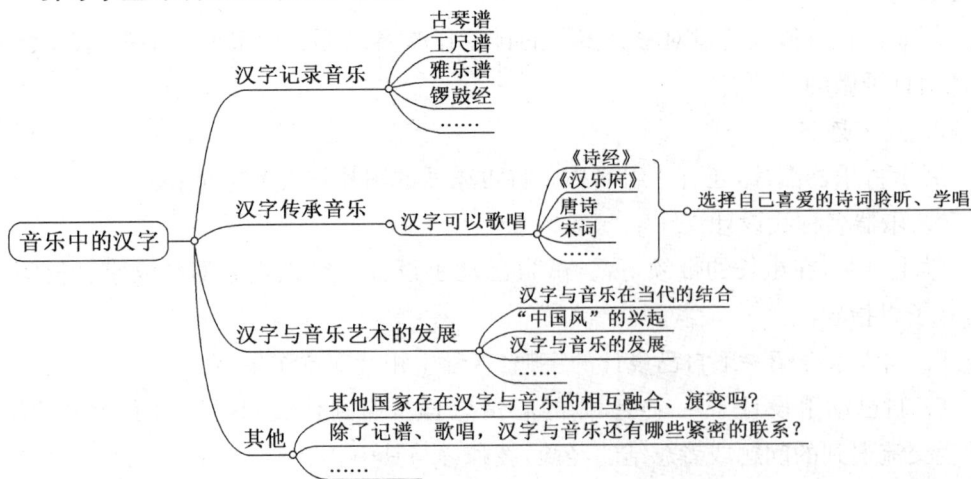

(设计者:何菲菲 肖 娴)

第三课　汉字篆刻

领　　域：汉字的艺术
概　　念：汉字篆刻
主题事件：送个印章给友人

一、教学背景

本课是在学生对于汉字的起源、汉字的作用等概念有所了解的基础上进行教学的，此时汉字对于学生来说早已熟悉，但是汉字与文化艺术，尤其是与篆刻艺术之间的联系对于学生来说一定是陌生的。刻有汉字的印章，学生在生活中应该也是见过的，但是这些生活中的印章与篆刻艺术作品有什么区别和联系呢，篆刻又是如何将"汉字的美"完美地呈现出来的呢？这应该是学生感觉陌生的一个领域。本课将借"送个印章给友人"这一事件，让学生感受并领略汉字的美与篆刻艺术的完美结合，体会篆刻这种汉字独有的艺术形式。

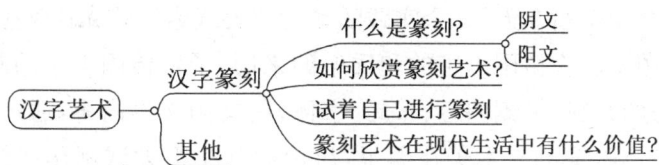

二、学生学习力达成度

我想：在经历了印章的制作活动后，对篆刻艺术产生浓厚的兴趣，愿意尝试为自己或为同学制作姓名的篆刻艺术作品。

我会：在制作的过程中学会观察，并在观察中学会鉴赏篆刻作品，会思考，并在思考中尝试如何独立设计篆刻艺术作品，会想象并创造篆刻艺术作品在现代生活中的运用；能通过这一活动提升对于汉字美以及篆刻艺术的欣赏能力，并产生创作的冲动。

我知：篆刻是汉字独有的艺术。

三、教学内容及重难点

1. 公元前 228 年，秦国攻破赵国，得到了绝世宝玉"和氏璧"。秦国统一中国后下令要求帮助其制作一方传国玉玺，教师通过带领学生经历整个设计的活动，来体会篆刻艺术品制作的过程。

2. 在制作的过程中,让学生经历并体会设计一方篆刻艺术品的过程,了解在这个过程中所需要考虑的因素。

3. 为了更好地帮助皇帝设计这个传国玉玺,提升这个作品的艺术价值,在设计前,先带领学生欣赏一些名家的篆刻艺术作品,在欣赏的过程中让学生感受到汉字、篆刻艺术的美,并进一步提高对于艺术品的鉴赏能力。

4. 激发学生对篆刻艺术作品的关注和喜爱,产生尝试创作的兴趣。

5. 让学生寻找篆刻艺术在现代生活中的运用与变化,感受生活中的汉字美。

四、教学方法

艺术作品展示、观察学习、体验学习、探究学习、尝试操作、讨论学习、反思学习。

五、教学时数

1课时。

六、教学准备

1. 小小情景剧:学生扮演卞和(介绍和氏璧)、秦始皇(诏令天下设计传国玉玺)。

2. 肥皂、尺子。

七、教学过程设计

【教学过程设计总体思路】

本课以"送个印章给友人"这个实践活动为主要线索。首先让学生通过时光旅行到达秦朝,了解用来制作传国玉玺的和氏璧的来历,了解传国玉玺的制作过程,了解制作中需要考虑的材料、篆刻内容、布局、字体、阴文阳文等内容,通过对于篆刻艺术作品的欣赏初步体验篆刻艺术美在哪里,讨论后分小组尝试制作送给朋友的印章。最后老师带着学生思考什么是篆刻艺术,如何欣赏篆刻艺术,从而理解它是汉字所独有的一种艺术表现形式,感受它在现代生活中的价值。

(一)选择主题事件,创设情境——时空旅行,了解印章

1. 瞧,这是时空穿梭机,这节课,让我们跟着它,回到过去,进行探险之旅。

2. 好了,那让我们一起闭上眼睛。(同时配火箭腾空发射时的声音、降落时的声音)

(二)学生的探索与体验

情境一:和氏璧我了解

1. 情景剧表演:

小贴士

春秋时,楚国人卞和在山中得一块璞玉献给楚厉王,楚厉王叫玉工前来辨识,恰好这宝玉属深藏不露的类型。不识货的玉工说是一块普通石头,卞和以欺君罪被砍去左脚。后楚武王即位,卞和再次献玉,玉工们又一次冤枉卞和,卞和再次被判处欺君罪,被砍去右脚。楚文王即位后,年老的卞和抱着这块玉在荆山下号啕大哭。楚文王知道来由后,叫人将卞和的石头剖开,果然雕琢出一块稀世宝玉,"和氏璧"因此得名。

课前做好准备,课堂上展示:

A. 一生扮演卞和,介绍和氏璧:赵国被秦始皇攻破后,和氏璧便落到了秦始皇手中。

B. 一生扮演秦始皇,昭告天下,要用和氏璧镌造一枚皇帝玉玺。

2. 看了刚才的情景剧,猜一猜,秦始皇为什么要造传世玉玺,他对于这个传世玉玺又有什么样的期望呢?

(也许他想用传世玉玺作为一个信物,来证明他的皇位是神授予的,也期望借助这个玉玺使得他的皇权能够在他的子孙后辈那里世代相传。)

3. 现在我们需要帮助秦始皇设计这方玉玺。(阅读学生用书上关于篆刻的资料)你觉得我们需要考虑哪些因素?

4. 学生在小组内进行交流。

(老师进行汇总,考虑不全的部分老师也可以进行补充)

需要考虑的因素有:(1)选料;(2)篆刻的内容;(3)阴文、阳文;(4)字体;(5)布局。

5. 分成4个小组分别对前四项内容进行讨论,经各小组讨论后最终确定。

材料:和氏璧;

篆刻内容:"受命于天,既寿永昌"或者是学生设计的某句话;

阴文、阳文:只要学生能充分阐述自己的理由就可以;

字体:篆体。

6. 确定了这些内容现在就可以设计了,怎么排列这几个字才能让秦始皇满意,显示出他所期望的皇帝威仪和气度呢?

(1)提供名家作品,学生在四人小组内一同欣赏并交流:你觉得这些作品美吗?

美在哪里?

（2）老师带领学生一同评鉴。

情境二:小小印章我鉴赏

1. 刚刚传世玉玺的设计以及名家作品的欣赏,让我们看到了篆刻艺术的美。如何欣赏、如何解读这些艺术作品呢? 不同的人,会有自己不同的欣赏角度,以下就是老师选取的一种比较独到的欣赏和解读的角度,仅供参考,相信你与篆刻作品有更多的亲密接触之后,一定会拥有更多属于自己的独到的见解。

2. 如何解读篆刻作品呢?

（PPT 展示小资料,关键字:"色""香""味""意""形"。）

> **小贴士**
>
> "色",主要是指视觉效果、观感。面对篆刻作品,首先要从大处着眼。章法要看分红布白是否视觉平衡、醒目精神、气韵生动。字法要看配篆是否统一和谐、腾挪变形有度、相互关照呼应。
>
> "香",指"香气",原本是指菜肴的嗅觉效果。用在篆刻方面,可以理解为篆刻作品的"气"或者"气息":作品是否具有金石气、书卷气、山林气、村野气、江湖气、庙堂气,甚至是戾气、俗气、匠气、习气等。它或浓或淡,或清或浊,或远或近,或俗或雅。篆刻作品的气息是作品气质品位的体现,它往往是评判一件篆刻作品高下的重要标准。
>
> "味",就是口感,指作品的风格定位,是淡雅安宁还是生猛活脱,是寓巧于拙还是空灵淡定,是形同嚼蜡还是回味无穷,是清淡还是呛鼻等。在解读作品时,可以有自己的偏好,但也要尽量做到就味论味,尝尽百味才能成为一名美食家。
>
> "意",就是指意态、意韵、意境、用意、创意。"意"是判断作品生命力、表现力、艺术感染力的重要因素。无论写意或是工整,缺乏意态意趣的篆刻作品是不成功的创作。用意贵自然,忌做作或用意太显。
>
> "形",是指形制、形式、样式,一些可视的外部特点。

篆刻中的三要素——章法、字法、刀法都会通过一定的
"形"表现出来。要看作品所采用的形式是否适当（比如随
意形是否应用得当），阴刻阳刻的使用是否得当，印文布局
配篆是否合理，章法字法刀法是否配合协调到位，边栏与
印文是否和谐，等等。

3. 现代印章鉴赏：现代篆刻艺术仍然不断发展，应用广泛。让我们根据要点，一起来鉴赏。

PPT 展示图片：

(1) 中华人民共和国中央人民政府之印；

(2) 2008 年北京奥运会的会徽"中国印"。

4. 小组讨论：根据刚才的鉴赏要点，说说这两枚印章美在何处。

小贴士

中国国家博物馆珍藏着这枚庄重的国玺，即"中华人民共和国中央人民政府之印"。这枚新中国第一大印为方形圆柄，国印实物印面边长 9 厘米、章体厚 2.5 厘米、柄长 10.9 厘米，铜胎铸字。整体造型有气势，15 个字的宋体印文搭配对称、严谨，印痕字迹娟秀清晰、美观大气。

小贴士

2008 年北京奥运会会徽印章的鉴赏要点：

1. "精诚所至，金石为开"，这枚以先贤明言创意、以金石印章为形象的奥运会徽，是中国人民对于奥林匹克的敬重与真诚。

2. "舞动的北京"由三个部分构成：像一个人的"京"字中国印；汉语拼音"Beijing"和"2008"字样，象征 2008 年北京奥运会；奥运五环，奥林匹克精神的象征。

蕴含的意义主要有：

（1）喜悦的心情。会徽中，红色被演绎得格外强烈，这是喜悦的心情、活力的象征，是中国人对吉祥、美好的礼赞。

（2）人文的彰显。"舞动的北京"是中华民族图腾的延展。奔跑的"人"形，代表着生命的美丽与灿烂。优美的曲线，像龙的蜿蜒身躯，讲述着一种文明的过去与未来；像河流，承载着悠久的岁月与民族的荣耀；像血脉，涌动着生命的勃勃活力。

在它的舞动中，"以运动员为中心"和"以人为本"的体育内涵被艺术地解析和升华。同时，"京"字又巧妙地演化为"文"字，寓意"人文"，正体现了北京"人文奥运"的承诺，将中国悠久的"人文精神"融入了奥林匹克运动的历史洪流之中。

（3）盛情的邀请。会徽中张开的双臂，是中国在敞开胸怀，欢迎世界各国、各地区的人们加入奥林匹克这人类"和平、友谊、进步"的盛典。

情境三：送个印章给友人

1. 刚刚我们帮秦始皇设计了传国玉玺，还了解了如何鉴赏印章，那么如果让你设计一个印章送给友人，你准备设计什么样的印章呢？

2. 让我们像刚才那样，根据选料、内容、阴文、阳文以及字体、布局，等等，去设计一枚送给友人的印章吧！

3. 先在纸上设计，然后再用肥皂制作。

4. 作品展示：展示你的作品，说说你要送给谁，为什么这样设计？

（三）学生的课后延伸

1. 今天的学习对我们来说，仅仅是拨开了篆刻艺术的面纱，你想更多地了解它，欣赏它吗？继续深入研究吧，因为汉字艺术的世界，还有更多的美等待你去欣赏，去品味。

2. 想一想，围绕汉字的篆刻艺术，我们还可以研究什么呢？

（1）篆刻艺术的发展过程。

（2）篆刻艺术对现代生活有什么影响？

（3）除了印章，篆刻艺术在现代生活中还有哪些应用？

（印章图案装饰、学校美育及传统文化教学、报纸杂志美化版面、封面装饰设计、商品标识与美化、门面橱窗装饰、园林和民族风格建筑的装饰……）

（4）篆刻和雕刻有什么区别？

……

引导学生课后拓展的思维导图

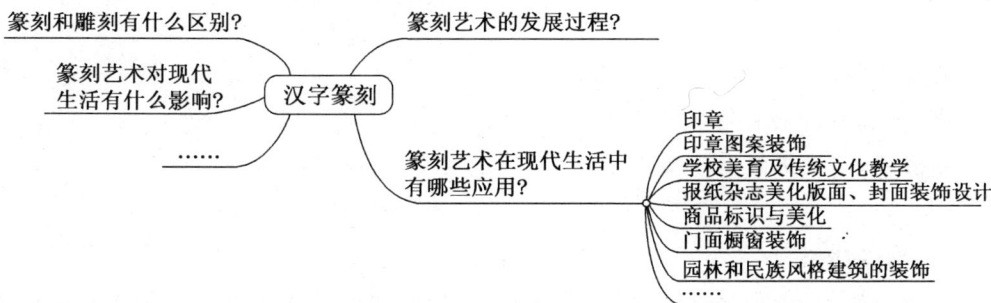

篆刻和雕刻有什么区别？　　　　篆刻艺术的发展过程？

篆刻艺术对现代
生活有什么影响？　　　汉字篆刻

……　　　　　　　篆刻艺术在现代生活中
有哪些应用？

印章
印章图案装饰
学校美育及传统文化教学
报纸杂志美化版面、封面装饰设计
商品标识与美化
门面橱窗装饰
园林和民族风格建筑的装饰
……

（设计者：吴　卓　肖　娴）

第五单元　汉字文化

第一课　儒家文化中的汉字

领　　域：汉字文化
概　　念：儒家文化中的汉字
主题事件：我来做个小儒生

一、教学背景

中华民族有着深厚的历史和灿烂的文化,其中儒家文化无疑对我国文化发展有着最为深远的影响。而汉字作为一种记录、交流的工具,深受其影响。

儒家文化是一种身份文化,崇尚等级;它推崇"中庸之道""忠孝节义"。因此,在它影响下,汉字的含义体现着儒家文化;汉字的构词、使用体现出"中庸之道"。

在之前的板块中,学生已经了解汉字的发展受到了书写工具、书写材料等一系列物质方面的影响;本板块则体现汉字与文化(思想精神)的关系。另外,本板块和另一板块——汉字与道家文化,可以互相对比学习,了解不同文化对汉字的影响。

汉字"我"是个常用字,中年段学生一般都会读、会写、知道"我"表示"自己",但对于"我"的本义,几乎没有学生了解。而儒家文化,学生只接触过一些相关的知识,如孔子、《论语》、《弟子规》,对于"儒家文化"本身几乎没有接触。

本课以汉字"我"为例,从新的视角,通过了解汉字"我"的由来,分析"我"的字义演变和使用,感受"我"的字形,从而体会"我"字体现的儒家文化。

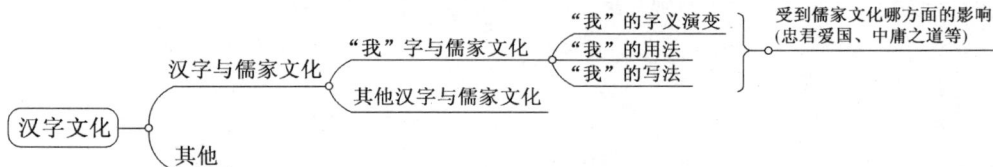

二、学生学习力达成度

我想：对"我"字背后的儒家文化产生兴趣,并产生强烈的学习需要。对其他字和儒家文化的关系产生兴趣,产生想去探究的愿望。开始对儒家文化感兴趣。

我会：运用"观察、思考、想象、探究"等方式,对"我"字与儒家文化的关系进行探索。学会通过儒家文化的视角来理解我们的社会和生活。

我知:通过学习,知道"我"的由来、字形特点、"我"的使用方式,知道儒家文化推崇"忠君爱国""尚礼""中庸之道"等的文化内涵,懂得汉字深受儒家文化影响的道理。

三、教学内容与重难点

1. 认识"我"字,包括"我"字的由来,分析字形特点,了解"我"的使用方式。

2. 知道儒家文化推崇"中庸之道",提倡"忠孝"。

3. 明白"我"的别称及背后的儒家文化。

4. 引起学生思考,探究其他字(你、他)体现的儒家文化。

四、教学方法

PPT展示、讨论探究、体验学习。

五、教学时数

1课时。

六、课前准备

教师准备相关课件,学生准备情景剧。

七、教学过程设计

【教学过程设计总体思路】

本课以"认识'我'"为主要事件,使学生通过对"我"字的认识,体会儒家文化对汉字的影响。

第一步,通过图片,学生认识到"我"字的本义、特点以及演变过程,请学生思考"我"字含义特殊的原因;第二步,简介儒家文化,请同学们自己说一说从周围的哪些行为可以看出儒家文化(忠君爱国)对"我"字的影响;第三步,通过阅读资料,知道"我"的用法,通过讨论体会儒家文化(中庸之道)对"我"字用法的影响;第四步,通过自己动手写一写"我",体会儒家文化(中庸之道)对"我"字形态的影响;第五步,希望一部分学生能对汉字与儒家文化的关系感兴趣,想去探究其他的汉字。

(一)选择主题事件,创设情境——我来做个小儒生

师:学校将举办一个关于儒家文化的古代知识竞答,那你对儒家文化了解多少呢?让我们去博物馆深入了解,成为一个名副其实的小儒生,再来参加比赛吧!

(二)学生的探索与体验

情境一:猜猜"我"之源

1. 同学们,一起来看这幅图,猜一猜,这是什么?

(PPT展示,图片见《玩转汉字》学生用书第54页。)

2. 这是古代的一种青铜兵器。大家知道,汉字产生的时候,很多汉字都是根据事物的形状画出来的,所以古人根据这件兵器的形状,也造了一个字。

PPT 展示:

3. 在这件青铜器的右边加上一个长柄,就成了一件完整的武器。猜猜看,这个甲骨文字演变成现在的楷体字,会是什么字? 可以自己试着在纸上画一画。

PPT 依次展示:

(金文)　　　　　(篆体)　　　　　(楷体)

4. 原来,这个字就是"我"。

5. "我"字不少同学早就会读会写了,可是你真的了解这个字吗? 今天这节课,就让我们一起真正地去认识"我"这个字,了解"我"背后的文化内涵。

6. 现在我们说的"我"是什么意思?

7. 猜一猜,"我"是怎么从一件兵器变成指代人的?

8. 联系字形,猜猜看,什么样的人才能称为"我"?

9. (PPT 展示:我——手持戈。

古人之意,国家危难,每个人都是战士。——赵立)

10. 手持兵器的人,叫作"我"。当你手持兵器的时候,你有什么想法和愿望?

11. 是的,每次当我们提到"我"这个字的时候,其实就是在提醒自己要爱国。如果国家危难,就要拿起武器保家卫国。这是每一个"我"的责任啊!

12. 你知道为什么我们每一个中国人都会有这样的想法吗?

13. 这就是"忠君爱国"思想在我们每一个人身上的烙印,我们甚至不用刻意去想,就会自然而然地产生这一想法。这其实就是中国儒家文化的影响。(板书:儒家文化)

14. 请同学们读读资料,你对儒家文化有哪些了解?

PPT 展示:

儒家文化是以儒家思想为指导的文化流派。儒家学说为春秋时期孔子创立,核心是"仁",提倡孝、弟①、忠、信、礼、义、廉、耻。

儒家学说经历了汉武帝"罢黜百家,独尊儒术",以及后人的发扬,对我国的文化发展起了决定性的作用。我国的文化、经济、社会,乃至我们每个人的思维方式、行为方式,都深深地打上了儒家思想的烙印。

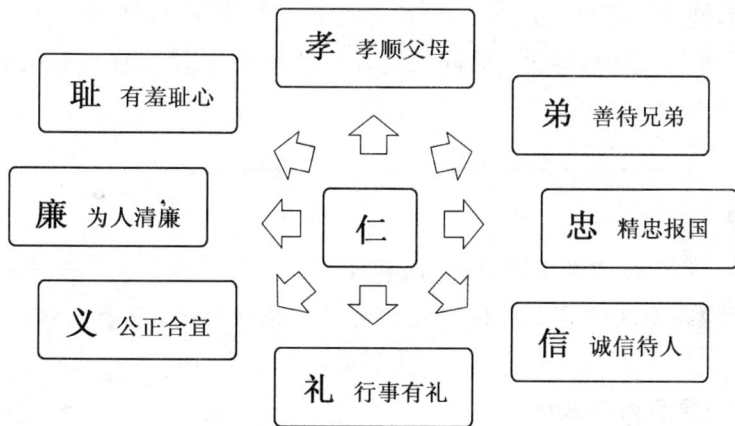

孝 孝顺父母
耻 有羞耻心
弟 善待兄弟
廉 为人清廉
仁
忠 精忠报国
义 公正合宜
信 诚信待人
礼 行事有礼

15. 由这些资料可以看出:儒家学说非常提倡的一点是"忠君爱国",而且对后世人的思想、生活都产生了极其重大的影响。

16. 请同学们读读《岳母刺字》的小故事,想一想,你还知道哪些人也和岳飞一样,因为"忠君爱国"的儒家文化而精忠报国?

【小故事】

岳母刺字

岳飞十五六岁时,北方的金人南侵,宋朝当权者腐败无能,节节败退,国家处在生死存亡的关头。一天,岳母把岳飞叫到跟前,说:"现在国难当头,你有什么打算?"

"到前线杀敌,精忠报国!"

岳母听了儿子的回答,十分满意——"精忠报国"正是母亲对儿子的希望。她决定把这四个字刺在儿子的背上,让他永远记着这一誓言。

岳飞解开上衣,请母亲下针。岳母问:"你怕痛吗?"岳飞说:"小小钢针

---

① 弟,即悌 tì,指善待兄弟。

算什么，如果连针都怕，怎么去前线打仗！"岳母先在岳飞背上写了字，然后用绣花针刺了起来。刺完之后，岳母又涂上醋墨。从此，"精忠报国"四个字就永不褪色地留在了岳飞的后背上。

后来，岳飞以"精忠报国"为座右铭，奔赴前线，英勇杀敌，立下赫赫战功，成为一名抗金名将。

17. 在汉字组成的词语中，有很多也表现了"忠君报国"的儒家文化，你能说说吗？（如：赤胆忠心、忧国忧民、碧血丹心、以身许国……）

18. 其实，同学们很早就接触过儒家文化了。在《论语》、许多古代诗歌中，都有着"忠君爱国"这一思想的表达。请同学们读一读小资料，体会这些语句中的"忠君爱国"思想。

【资料】

(1) 孔子曰："君使臣以礼，臣事君以忠。"　　　　　——《论语》

【译】孔子说："君主应按照礼的要求去使唤臣子，臣子应以忠来侍奉君主。"

(2) 执干戈以卫社稷。　　　　　　　　　　　　　——《论语》

【译】手拿武器，保卫国家。

(3) 王师北定中原日，家祭无忘告乃翁。　　——陆游《示儿》

(4) 位卑未敢忘忧国。　　　　　　　　——陆游《病起书怀》

(5) 天下兴亡，匹夫有责。　　　　　　　　　　　——顾炎武

(6) 风声雨声读书声，声声入耳；家事国事天下事，事事关心。

　　　　　　　　　　　　　　　　　　　　　　——顾炎武

(7) 捐躯赴国难，视死忽如归。　　　　——曹植《白马篇》

19. 从古到今，从诗歌到对联，从自己的生活到事业，儒家文化"忠君爱国"的思想影响了方方面面，影响了中国的汉字，难怪，"我"这个字也有了这么深刻的含义、这么深刻的文化内涵呀！

情境二："我"字怎么写？

1. 刚才我们了解了"我"字在儒家文化的影响下，有了深刻的含义和独特的用法。那么儒家文化对"我"这个字的写法有没有影响呢？我们一起来探究最美的"我"。（PPT 展示：楷体字——我）

2. 请同学们仔细想一想，怎样写"我"字显得最好看；然后，按照你的想法，写一

个最美的"我"(教师预先准备好白纸和毛边纸)。方式不限;你可以选择白纸,也可以选择方格本、田格本,还可以到黑板上来写;可以用钢笔写,也可以用毛笔写。

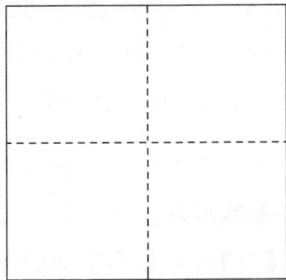

3. 谁来展示一下你的"我"字? 说一说,你写的"我"字美在什么地方。假如你觉得自己的字称不上"美",也可以说说怎么改进,让"我"字更美。(提示:或者是笔画,或者是结构,或者是其他;只要你觉得有一点美的地方,都可以大胆地和大家分享。)

4. (学生回答完以后)小结:有格子的时候,字写在格中,不顶天,不立地,不偏不倚,多么符合儒家"中庸之道"的思想!"我"字左下角"提"略微往上,最后一笔撇往下,两笔互相避让、接近平行,这样的"谦让"使整个字看起来很完整、匀称,也符合"中庸之道"的思想!"我"是左右结构的字,两边看起来大致对称,还是符合"中庸之道"!即使没有格子,要把"我"字写好,还是得把"我"字写成匀称的方块字。可见,儒家文化中"中庸之道"思想对"我"的字形也有很大的影响。

5. 刚刚同学们说了那么多把"我"写"美"的方法,请你们根据刚才其他人的经验和说法,再写一个"我"字,希望这次写得比上次更"美"。

6. 小结:今天我们通过了解"我"字,知道"我"字的来源,以及儒家文化对"我"字使用和形态上的影响。其实,中国那么多汉字,感兴趣的同学可以课后用我们今天的学习方法,去了解儒家文化对其他字的影响。

情境三:"我"字怎么用?

1. 儒家文化不仅对"我"的演变有着影响,对"我"的使用,也有着深刻的影响。虽然"我"后来表示自己,但是人们称呼自己的时候,一般不用"我"。欣赏情景剧,想一想,从他们的称呼中,你发现了什么?

2. 学生课前准备情景剧:

PPT 显示场景转换,分别是皇宫——学堂——寺庙——街道。

皇宫:学生分别扮演大臣和皇帝,大臣向皇帝汇报事情;

学堂:学生分别扮演书生和老师,书生向老师请教问题;

寺庙:学生分别扮演僧人和尼姑,互相问好;

街道:学生分别扮演普通百姓,在街头遇到,互相问好。

3. 可以看出,除了几个比较中性的称呼以外,其他对自己的称呼都把自己贬低了,显得非常谦虚。有一句话叫作"满招损,谦受益"。这种贬低自己的"谦虚"也是儒家学说所提倡的,叫作"中庸之道"(板书:中庸之道)。

4. 简单来说,"中庸之道"就是不偏不倚,对自己坚持约束,对别人多加宽容理解,保持自己的善良天性。在这样的思想影响下,产生了这样贬低自己的谦虚方式,产生了那么多表示"我"的谦称。

一些谦称用词:

【愚】谦称自己不聪明。

【鄙】谦称自己学识浅薄。

【敝】谦称自己或自己的东西不好。

【卑】谦称自己身份低微。

【窃】有私下、私自之意,使用它常有冒失、唐突的含义在内。

【臣】谦称自己不如对方的身份地位高。

【仆】谦称自己是对方的仆人,使用它含有为对方效劳之意。

---

5. 其实不仅是在称呼上,我们中国人有很多礼节也是如此,形成了中国独有的一种"谦虚",这和其他国家是不同的。书里这个小故事,你看懂了吗? 想一想,我们平时有哪些行为或者礼节体现了这种贬低自己、抬高对方的儒家思想?

【小资料】

哪里哪里

王小姐调到了公司新的部门。周末,她打算和同事一起聚餐,放松一下,顺便借此尽快和大家熟悉起来。

这天她化了淡妆,穿着美丽的裙子,来到约好的地点。朋友们陆陆续续来了,其中有一位是外国人。他对王小姐称赞道:"你今天真美!"王小姐谦虚地说:"哎呀,哪里! 哪里!"

那位外国的同事愣住了,停了一会,才支支吾吾地说:"衣服很美,眼睛很美,头发也很美……"

(三)学生的课后延伸

1. 古人对"你"的称谓有哪些?

2. 古人相见时,什么时候拱手作揖?什么时候磕头?

3. 儒家、道家、佛家的叉手礼分别有什么不同?

4. 和古代社会相比,现代社会的称呼大大简化了。为什么呢?

引导学生课后拓展的思维导图

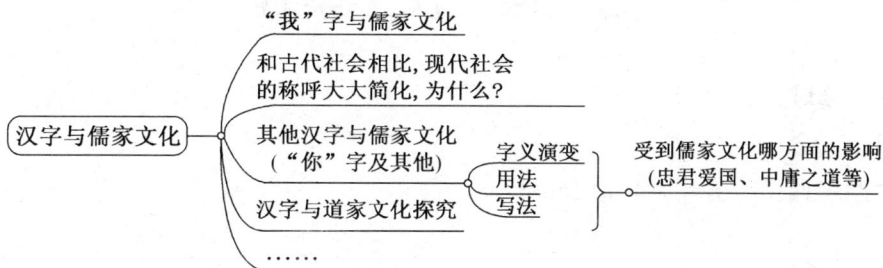

```
                      "我"字与儒家文化
                      和古代社会相比,现代社会
                      的称呼大大简化,为什么?
汉字与儒家文化                                       字义演变   受到儒家文化哪方面的影响
                      其他汉字与儒家文化   用法      (忠君爱国、中庸之道等)
                      ("你"字及其他)      写法
                      汉字与道家文化探究
                      ……
```

（设计者：肖　娴）

第二课　汉字崇拜

领　　域:汉字文化

概　　念:汉字崇拜

主题事件:汉字,我是你的fans!

一、教学背景

每一个民族都有自己独特的文化,文化着眼于精神方面,指社会的意识形态、价值观念、审美情趣、民族心态、生活方式、风俗习惯,等等。这些文化的传承、发扬,最好的媒介就是文字。汉字作为自源文字,是祖先在长期的社会实践中创造的,不只有汉族,它是汉文化的产物。它不只是语言的记录,更承载着中华民族的存亡与荣辱,也承载人民的血泪和欢乐。汉字服务于汉文化,对促进汉文化的发展起到了巨大的作用。当今社会,人们的价值观更加多元化,学生关注、崇拜的东西也五花八门。虽然,学生每天都在接触汉字,认识的汉字越来越多,可是,仅限于对汉字音形义的粗浅认识,对于汉字折射出的中华文化不甚了了。本课教学通过对"汉字崇拜"这一社会行为的探究,了解人们崇拜汉字的形式及原因,从而印证汉字的社会文化价值,升华学生对祖国汉字的热爱之情。

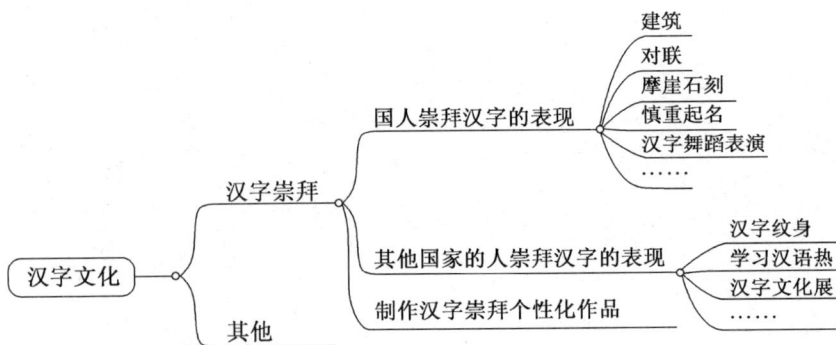

二、学生学习力达成度

我想:搜集关于汉字崇拜的资料,从而使学生对人们为什么会崇拜汉字、怎样表达对汉字的崇拜充满探究的愿望。

我会:学生通过观察敬字亭、对联、桃符的图片,思考图片上的汉字所代表的意义,在一系列观察、思考、探究活动中,了解汉字在人类的精神领域中的丰富内涵,激发对汉字的热爱,并用自己喜欢的方式表现对汉字的崇拜。

我知:了解汉字的音形义与社会文化之间的密切相连,初步知道人们崇拜汉字的原因和各种不同的表现形式。

三、教学重点与难点

教学重点:以"谁崇拜汉字的方式最独特"的评比活动为主要事件,通过观察汉字形体、想象汉字的含义、听汉字故事、"说名解字"等实践活动,感知人们对于汉字的崇拜,激发学生对汉字的热爱之情,并用自己喜欢的方式表现对汉字的崇拜,制作"汉字崇拜个性化作品"。

教学难点:探究人们崇拜汉字的原因,初步了解汉字在人类的精神领域中的丰富内涵。

四、教学方法

实物展示、观察学习、体验学习、探究学习、尝试操作、讨论学习、反思学习。

五、教学时数

1课时。

六、教学准备

1. 2008年北京奥运会"活字"视频。

2. 摩崖石刻、对联福字等的图片。

3. 学生课前收集的汉字崇拜的资料、毛笔、彩笔、铅笔、彩纸、剪刀、胶水、软泥等。

七、教学过程设计

【教学过程设计总体思路】

本节课教学旨在让学生知道汉字是中华民族的祖先根据社会生活的方方面面发明创造出来的,汉字传承了中华文化,是中华民族精神文化的重要组成部分。汉字的形体和含义具有无穷魅力,古今中外,许多人都以各种形式崇拜汉字。

第一部分导入话题,由学生熟悉的"崇拜"行为,引出"汉字崇拜",激起学生探究的兴趣。

第二部分探究活动,以"谁崇拜汉字的方式最独特"的评比活动为主要事件,通过观察汉字形体、想象汉字的含义、听汉字故事、"说名解字"等实践活动,感知古今中外人们对于汉字的崇拜,并对人们崇拜汉字的原因有感性认识上升到理性认识,从而更加深化学生对汉字的热爱之情。

第三部分"汉字崇拜"个性化制作,学生用自己喜欢的方式表现对汉字的崇拜,制作"汉字崇拜个性化作品",实现"由知到行",并引发学生对"汉字崇拜"主题的其他相关问题进行思考和探索。

(一)选择主题事件,创设情境——谁崇拜汉字的方式最独特?

1. 师:所谓"崇拜"就是对某种事物无条件的喜欢、敬仰,并服从它的驱使。你崇拜什么? 简单说说理由。

2. 师:中国人自古以来就对一样事物顶礼膜拜,经历了几千年的风雨,这种崇拜之情仍然不变,这就是我们今天要隆重请出的大明星——汉字。这节课的主题是"汉字,我是你的 fans!"

3. 师:今天,汉字迷们齐聚一堂,我们来比一比,谁崇拜汉字的方式最独特?

(二)学生的探索与体验

情境一:了解不同人群崇拜汉字的方式

1. 请你读一读书第57—59页的资料,了解不同人群是怎样崇拜汉字的。

小组合作讨论:谁崇拜汉字的方式最独特? 结合资料,说说理由,探寻原因,完成表格。

可以采用资料展示、实物展示、小品表演等方式。

不同人群的汉字崇拜				
Fans 人群	崇拜指数(用★表示)	崇拜形式	可能的崇拜原因	我的感受
……				

2. 分享探究结果,体验表演。

Fans 人群:中国古代先民

崇拜指数:★★★★★

1. 体验活动①想一想:展示对联、桃符实物,读读上面的字,想一想这上面的文字代表什么意思?

(资料补充:汉字图腾。汉字逐渐深入人们的日常生活中。过年前,除了写贴在门上、窗户上的对联之外,人们总要写一大堆如:"太上老君在此百无禁忌、大吉大利、出门见喜、米面常有、羔肥母壮、百羊成群、槽头兴旺、水草通顺、四季常青"之类条幅,贴到相应的位置。这些有祈愿含义的文字,其实与对联的前身"桃符"有着相同的功用,写有文字的"桃符"就是用来"辟邪"的。现在我的家乡在修建房屋时,依然要请阴阳先生用朱砂写桃符钉在房基四角。对联不仅继承了用文字"辟邪"的功用,而且还采用火的红色——将"辟邪"的功能最大化。现在我们能够体会的，则是对汉字的"福""寿""喜""龙""虎"等吉祥字的崇拜，从古到今大家都喜欢这几个字。"福""寿"两字已经图案化，甚至图腾化，都有超过百种的写法。其实就是相信字有"神力"，可以代形代物，以镇邪祛魔。）

尝试探究：中国的远古先民为什么把汉字作为图腾崇拜呢？

小结：远古先民对汉字的崇拜源于对幸福生活的企盼。

2. 体验活动②猜一猜：展示一组图片，欣赏图片，你知道这是什么？有什么作用？

（图片见《玩转汉字》学生用书第58页。）

3. 体验活动③演一演：小组合作表演古代祭祀汉字的场面。

4. 体验活动④：摩崖石刻就是雕刻在岩壁上的书法作品，这种对汉字的崇拜源于对大自然的赞美。PPT展示一组风光图片：猜猜这是哪里？如果让你设计石刻，你会刻上什么字？用什么字体？说说理由。（课后可以运用电脑软件动手试试看。）

5. 读一读（参看学生用书：汉字真的有神力吗？测字问天）。

小结：远古先民对汉字的崇拜源于对自然神灵的敬畏。

Fans人群：现代中国人
崇拜指数：★★★★

1. 体验活动①说一说：我们每一个人都有名字，为儿女起名字是家庭中的一件大事，有的父母查古汉字典反复斟酌，有的到庙里去求大师，有的咨询专门的起名机构。那是因为人们相信好名字可以给子女带来好运，把希望藏在名字里对子女一生的发展和幸福都会有益处。你的名字里有什么奥秘呢？不妨说。

尝试探究：人们为什么这么重视起名字呢？

小结：现代人对起名字的重视也体现了对汉字的崇拜，更寄托着对下一代的美好祝愿。

2. 体验活动②看一看：播放奥运会上的汉字舞蹈表演。

（资料展示：汉字作为中华文化的精髓，在各种重大庆典活动中都少不了让汉字亮相。就连2008年北京奥运会的开幕式上，也一定有汉字的一席之地，万人起舞的"活字"让全世界人民领略了中国汉字的无穷魅力。）

尝试探究：现代人们为什么还要祭奠汉字，在重大国事活动中融入汉字元素呢？

小结：现代人对汉字的崇拜源于对民族精神的传承。

Fans人群：外国人
崇拜指数：★★★

1. 体验活动①认一认：展示图片，他们的文身是什么字？（参看学生用书：汉字文身。汉字产生之初叫作"文",具有美饰的含义,这从古汉语"文饰""文身"等词组中即可看出。现代人为了追求时尚,常常将自己喜欢的汉字纹画在身上。)

尝试探究:汉字古老而又神秘,有其独特的历史魅力。运动员文身已不是什么稀奇的事。猜猜他们为什么要用汉字文身?

小结:现代人对汉字的崇拜源于对时尚的追求。

2. 体验活动②读一读资料:

(参看学生用书:日本人的汉字崇拜。

补充资料:韩国人的汉字崇拜。据《朝鲜日报》网络版日前报道,一向主张加强汉字教育、韩文和汉字并用的社团法人——汉字教育推进总联合会宣布,已于日前向青瓦台总统府呈交了由历任总理联署的"敦促在小学正规教育过程中实施汉字教育建议书"。

大型汉字文化展在美国首都拉开帷幕。2004 年 3 月 10 日,讲述汉字从甲骨文到书法的演变以及汉字对信息社会贡献的大型展览"汉字——从甲骨文到计算机"在美国首都华盛顿拉开帷幕。该次展览共展出 84 幅文字图片和 49 件文物复制品,同时结合现代多媒体的手段,向观众系统介绍中国的文字。现场开设了两个互动区,一个是中式书房,内设桌椅和文房四宝,让观众亲身尝试在宣纸上用毛笔书写汉字;另一个是电脑互动区,通过特制的多媒体动画光盘,观众可在电脑上观看汉字的演化过程。

在英国,学汉语被视为重要就业渠道。"中国的孩子迷上了《哈利·波特》,我希望有一天,英国孩子也能喜欢我们的《红楼梦》和《三毛流浪记》。""汉语桥——英国中小学校长访华之旅"于 2008 年 5 月 27 日在北京开营,教育部副部长章新胜表示,目前中国有两亿人在学习英语,在英国学习汉语的人也在增多。这有助于英国朋友感受中国语言、文化和教育最真实的面貌。英国驻中国大使欧威廉爵士表示从 2008 年开始,英国在华的留学生增加了 60%。不少年轻人把学习汉语看作就业的重要渠道。目前,英国仅英格兰就有 400 多所中小学开设了汉语课,开办了 8 所孔子学院和 2 所孔子课堂,学习汉语的学生达两万人。2007 年 4 月 17 日,英国决定将汉语等几种非欧洲语言列为中学生的必修课之一。)

尝试探究:外国人为什么崇拜汉字?

小结:外国崇拜汉字文化,因为它代表着一个人的文化素质。

情境二:完成"汉字崇拜"个性化制作,传承汉字文化

1. 作为汉字的忠实 fans,你最崇拜哪个汉字,用什么方式崇拜? 说说理由。

2. 体验活动:制作"汉字崇拜个性化作品",为了让大家能更切身地体验汉字崇拜,请你自己制作表达你对于汉字崇拜之情的作品。

(提示:形式可以是写字、绘画、篆刻、手工制作、泥塑等;载体可以是纸张、布匹、竹木、塑料,甚至是皮肤彩绘等。发挥你的创造力,别忘了把你最崇拜的汉字表现出来。)

情境三:评比班级中的"汉字 fans"

1. 作品展示。

2. 同学们投票选择自己最喜欢的汉字崇拜作品,并说说理由。

(三)学生的课后延伸

1. 人们还有哪些汉字崇拜的形式?

2. 汉字崇拜和远古的图腾崇拜有什么关系?

3. 网络的发展以及网络新字、新词(如火星文、"不明觉厉"等)对汉字崇拜有影响吗?

......

引导学生课后拓展的思维导图

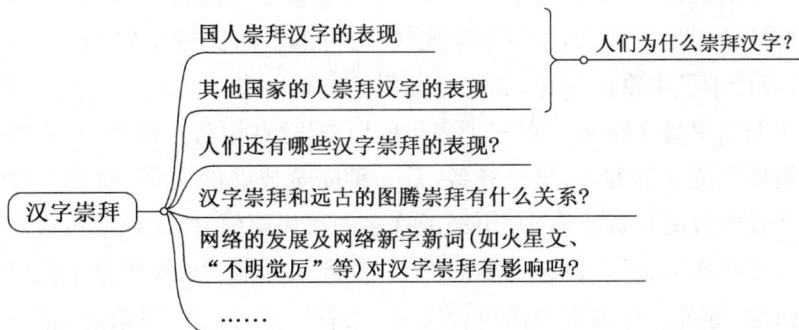

汉字崇拜
- 国人崇拜汉字的表现 — 人们为什么崇拜汉字?
- 其他国家的人崇拜汉字的表现
- 人们还有哪些汉字崇拜的表现?
- 汉字崇拜和远古的图腾崇拜有什么关系?
- 网络的发展及网络新字新词(如火星文、"不明觉厉"等)对汉字崇拜有影响吗?
- ......

(设计者:韩冰冰 肖 娴)

第三课　汉字之"罪"

领　　域：汉字文化

概　　念：汉字之"罪"

主题事件：写一封古代家书

一、教学背景

历史上的人、事、物，总是循着成、住、坏、空的规律在循环着。文字也不例外，公元前三千多年的巴比伦"楔形文字"、埃及的"象形文字"，都曾在人间大放异彩，却在一千多年前悄悄地走下舞台，成了博物馆中的古董。而比较年轻的拉丁文、希腊文等，虽都曾经传承了丰富的文化，到如今却早已奄奄一息了。

汉字从殷商甲骨文距今约有三千多年的历史，这些甲骨文的象形、指事、会意、形声、转注、假借等造字的方法，早已齐备，是一种完全成熟的文字，离草创时期已经很远了。汉字在走过的长远生命中，历经了许多的风风雨雨，像元朝蒙古人对汉字的恣意践踏，清朝因"文字狱"而掀起残酷的诛杀，到近一百多年来知识分子把汉字视为腐败落伍的根源，等等。再加上西洋拼音文字，挟着科技、武力，铺天盖地而来，在这样的狂风暴雨中，汉字无声地承受一切的责难、毁谤，它不加辩驳，也不畏缩，默默地展现着自己坚韧的生命力。如今全世界掀起了一股"汉字热"，如潮水般势不可当，汉字在世界舞台又重新展现她的光彩。汉字跨越生老病死的规律，展现生命的奇迹！

而在绝大多数学生的心目中，"汉字"只是一种单纯的书写工具，一种交流的符号，会写、会用足够了。受时空、年龄等条件的制约，学生往往对汉字的历史和社会文化之间的关系缺乏认识。因此，本课深入浅出，立足于深远的历史背景，设计了"一封家书"这一学生喜闻乐见的核心事件。通过"我观察""我尝试""我反思"等活动，让学生在轻松愉快的环境中，逐步了解汉字的历史与社会文化之间的关系，从而培养、提高其综合分析和认识问题的能力。

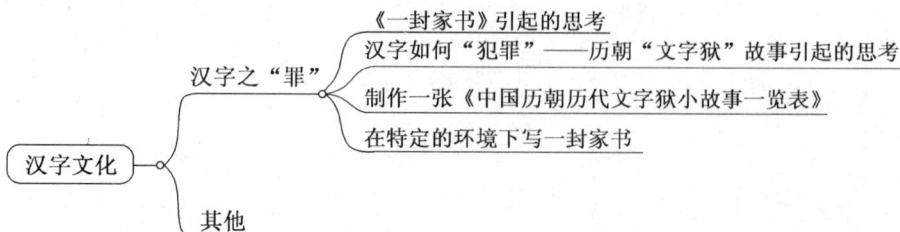

```
                            《一封家书》引起的思考
                            汉字如何"犯罪"——历朝"文字狱"故事引起的思考
                汉字之"罪"
                            制作一张《中国历朝历代文字狱小故事一览表》
                            在特定的环境下写一封家书
     汉字文化

                其他
```

二、学生学习力达成度

我想：通过课前搜集、课上阅读学生用书中《一封家书》和各个朝代文字狱的"闯祸汉字"以及相关介绍，了解文字的这段历史，对"汉字闯祸"的原因产生浓厚的兴趣和探知欲望。

我会：通过观察、比较、感受历朝历代文字狱的各自起因、特点和后果，体会"文字狱"的残暴和荒谬。通过课上所学的内容继续讨论与研究"替汉字申冤"的方法和途径。

我知：认识到"文字狱"的社会危害，理解历朝历代的文字狱给汉字发展带来的消极影响。

三、教学内容及重难点

1. 阅读学生用书中《一封家书》和各个朝代文字狱的"闯祸汉字"以及相关介绍，了解文字的这段历史。

2. 通过观察、比较、感受历朝历代文字狱小故事，体会"文字狱"的残暴和荒谬。

3. 认识到"文字狱"的社会危害，尝试找到"替汉字申冤"的方法和途径。

四、教学方法

PPT 展示、讨论学习、反思学习、探究学习。

五、教学时数

1 课时。

六、课前准备

1. 教师准备相关课件、历史上的"文字狱"小资料。

2. 学生准备情景剧扮演（《一封家书》、文字狱小故事）。

七、教学过程设计

【教学过程设计总体思路】

本节课一开始，以"一封家书"这个核心事件为主要线索，从而引出汉字会闯祸的话题；接着让学生阅读、观察、猜测到底哪里闯祸了？再引导学生阅读学生用书中各个朝代文字狱的"闯祸汉字"以及相关介绍，从而使学生们感受"文字狱"的残暴和荒谬；然后进入"我尝试"环节，使学生通过改诗句，理解在特定的时代连写个家书都有许多需要顾忌的地方，从而体会汉字也会"闯祸"；最后，进行拓展和延伸，"真的是汉字闯的祸吗？到底是谁带来的祸患？"引导学生通过课上所学的内容继续讨论与研究"替汉字申冤"的方法和途径。

（一）选择主题事件，创设情境——写一封古代家书

1. 师：同学们，现代我们要和远方的朋友联系，可以怎么办？

（预设：可以打电话、发短信、发微信，还可以上网聊 QQ、写邮件，还可以写信、写明信片等）

2. 师：那古时候的人要和远方的朋友联系，可以怎么办呢？

（预设：写信、飞鸽传书等）

3. 师：现在我们无论写什么，都是想怎么写就怎么写；不过古时候的人想写一封家书，可不容易，有许许多多需要注意的地方。今天，我们就一起来尝试，写一封古代的家书。

（二）学生的探索与体验

情境一：情景剧表演《一封家书》

1. 课前，学生将学生用书第 61 页的故事《一封家书》，改编成情景剧，并进行排练。

角色：德财、德财妻子、德财儿子、儿媳、帮忙读信的秀才、旁白（6 人）。

2. 师：请欣赏情景剧《一封家书》，想一想，为什么"德财一家全乱了套喽"？

3. 学生认真看表演。

4. 师：为什么"德财一家全乱了套喽"？问题出在哪？汉字究竟哪里"闯祸"了？

5. 同桌讨论。总结：这个小故事，只是因为主人公不识字、汉字谐音闹出了笑话。不管怎么说，是"虚惊一场"。但其实大约自有文字以来，因为汉字"闯祸"而吃官司、家破人亡的事情不胜枚举。

情境二：情景剧表演"文字狱"小故事

1. 课前，学生根据学生用书中第 62—63 页资料，将《明朝时的文字狱》《"清风不识字"案》《南山集案》改编成情景剧。

2. 师：请欣赏情景短剧，想一想，这些字惹了什么"祸"？汉字究竟哪里"闯祸"了？

3. 学生观看情景剧，并讨论、交流。

4. 师介绍：这些事件都被后人称为"文字狱"。文字狱是什么呢？就是旧时统治者迫害知识分子的一种冤狱。皇帝和他周围的人故意从作者的诗文中摘取字句，罗织成罪名，严重者会因此引来杀身之祸，以至于所有家人和亲戚都受到牵连，所谓"诛灭九族"。文字狱历朝皆有，但清朝最多，据记载，仅庄廷垄《明史》一案，"所诛不下千余人"。从康熙到乾隆，就有 10 多起较大的文字狱，被杀人数之多可想而知。

5. 小组讨论：这些残酷的"文字狱"，令人发指。真的是汉字闯的"祸"吗？到底是谁带来的祸患？这种祸患对汉字的发展带来了哪些消极的影响？

6. 大组交流（学生畅所欲言）。

参考观点：

（1）文字本来无罪的，只是"有罪者"的文字才"有罪"。统治者今天看这个人顺眼,这个人的文字就没有问题;明天看这个人不顺眼了,这个人的文字中就有一大堆问题。

（2）"文字狱"的处理,是非常残酷的,被逮捕,被抄家,坐监牢,受审讯。审讯的时候,常用酷刑;审讯的结果,总归重判,至少是终身监禁,流放边荒,充军为奴;大多是杀头处绞,碎剐凌迟。如果人已经死了,还免不得从坟墓里刨取棺木,拖出尸身,鞭尸焚烧。而且一人得祸,株连极广,往往一杀一大片。所有近亲家属,不管知情不知情,识字不识字,一概得"从坐"。

（3）对于社会的影响,"文字狱"是恶劣而深远的。那些想向上爬而没有阶梯的人,钻头觅缝在别人的文字中找毛病,检举揭发,作为自己猎官的敲门砖。有仇恨嫌隙的,利用"文字狱"陷人于死地,以伸其报复心愿。也还有敲诈勒索、强求不遂的,起初是只拉弓不放箭,后来却终于"箭在弦上,不得不发",构成了"文字狱"。再还有那朋友投赠,书信往来,"忝在知交",无所不谈,偶或一二字句有失检点,受者怕被牵连,岂敢知情不举? 变生肘腋之间,有些人就这样糊里糊涂被出卖了。

（4）这些有关"文字狱"的小故事反映了当时情况:不敢留字迹,不敢说话,整个社会都死了,真正到了"万马齐喑"的地步。其实这些都直接影响到了社会发展,使得整个社会停滞不前。

情境三:尝试写一封古代家书

1. 师:历朝历代"文字狱"的残暴和荒谬令人发指! 就以清朝为例,有时一句诗、一个字也惹出杀身之祸,所以写家书时要尤其注意。

（展示学习单:假设一下,现在我们都乘坐时光穿梭机,来到清朝雍正年间。清明节到了,故乡的一位名叫黎凡青的母亲给远在外地求学的儿子福鸣写了一封家书,让他回乡拜祭先祖。）现在就请你来写这样一封家书。

2. 动笔之前,想一想,写这封家书时有哪些忌讳需要我们注意呢?

3. 学生讨论交流后,尝试写家书。

4. 学生交流:家书写好了吗? 有什么样的感受?（在使用"明""清""凡青""福鸣"等字的时候,不仅要顾忌汉字本身,还要提防汉字的谐音。）

5. 想想看,生活在清朝的人们,写封普普通通的家书都有这么多顾忌,一不留神就会惹来杀身之祸甚至"诛灭九族"。原来汉字就这样无辜地担上了罪名!

（三）学生的课后延伸

1. 师:为了让大家能更清楚、更详细地了解历朝历代"文字狱"小故事,课后请同学们以小组为单位制作一张《历朝历代文字狱小故事一览表》。

2. 提示:在制作表格的时候,小组内的同学们要发挥团队合作精神,写清楚文字狱发生的朝代、产生的原因、独有的特点、社会后果、"替汉字申冤"等。

3. 学生制作《历朝历代文字狱小故事一览表》。

历朝历代文字狱小故事一览表				
名　称	朝　代	原　因	后　果	"替汉字申冤"
......				

提供研究课题

1. "文字狱"对汉字的发展带来了哪些消极的影响?

......

引导学生课后拓展的思维导图

汉字之"罪"
├─ 搜集历朝历代"文字狱"小故事
│   ├─ 朝代
│   ├─ 原因
│   ├─ 独有的特点
│   ├─ 社会后果
│   └─ ......
├─ 思考:真的是汉字之"罪"吗?到底是谁带来的祸患?
├─ 思考:"文字狱"对汉字的发展带来了哪些消极的影响?
└─ ......

(设计者:何　云　肖　娴)

第四课　节日汉字

领　　域：汉字文化

概　　念：节日汉字

主题事件：我和会翻跟头的"福"字交朋友

一、教学背景

本课以"春节"这个家喻户晓的传统节日为引子，带领学生把传统节日与中国汉字结合起来，从而体会中国文化的博大精深。学生在这个单元中已经对"传统"这个概念有了一定的认识，本课加强学生对传统节日这个概念的清楚认识，了解与传统节日相关的汉字在节日中所起到的作用，进一步探寻传统文化中的精华。

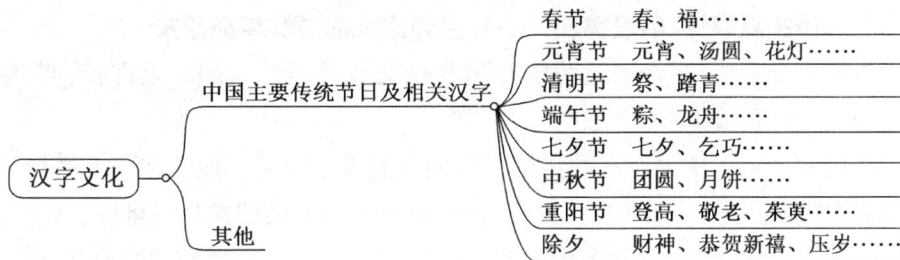

```
                                      春节      春、福……
                                      元宵节    元宵、汤圆、花灯……
                                      清明节    祭、踏青……
            中国主要传统节日及相关汉字    端午节    粽、龙舟……
                                      七夕节    七夕、乞巧……
  汉字文化                              中秋节    团圆、月饼……
                                      重阳节    登高、敬老、茱萸……
            其他                       除夕      财神、恭贺新禧、压岁……
```

二、学生学习力达成度

我想：这些文字在中国传统节日都起到什么作用，并赋予了中国传统节日哪些深深的含义。

我会：继续探究文字与中国传统节日的渊源。

我知：在中国传统节日中沿袭下来许多风俗，其中有些节日中出现代表性的汉字文化。

三、教师教学重点与难点

1. 引导学生探究"福"在春节出现的渊源，了解和学习"福"的不同字体。

2. 通过学写不同字体的"福"感受中国汉字的美。

3. 了解在春节期间家家贴"福"时，倒着贴的寓意，古今倒贴"福"的寓意的变化，以及保留下来的传统对社会发展的作用。

四、教学方法

PPT 展示、观察学习、讨论学习、自主探究、尝试操作。

五、教学课时

1 课时。

六、教师课前准备

1. PPT 展示不同字体的"福"。

2. 音乐《喜洋洋》,表现春节场景的视频。

3. 卡片,正方形的红纸,笔(毛笔、彩笔、油画棒等)。

七、教学过程设计

【教学过程设计总体思路】

放鞭炮、吃年夜饭、走亲访友等春节民俗学生很熟悉,这节综合课利用学生喜欢的游戏把他们的目光吸引到与传统节日相关的文字上来,让学生感知中华文化的博大精深。这节课先是采用游戏调动学生的兴趣,然后学生在欣赏不同字体的"福"字的同时学写"福"字,最后了解在春节中贴福字的渊源和倒贴福字的含义,激发学生进一步探寻传统节日中文字的兴趣。

(一)选择主题事件,创设情境——和会翻跟头的"福"字交朋友

1. 传统节日猜猜猜:你知道我国有哪些传统节日吗?(春节、元宵、清明、端午、七夕、中秋、重阳、除夕)

2. 假期到来啦!中国所有的传统节日们一起来聚会了。他们在一起聊聊天,说说自己到来时的趣事。结果,大家发现,他们有一个共同的朋友!是谁呢?

播放一段表现人们欢度春节的视频,画面定格在人们往房门上贴"福"的画面(网络下载)。

3. 你们都认识这个字,谁能说说这个字代表什么意思呢?

4. 原来他们共同的朋友,就是"福"字呀!这节课,就让我们走近"福"字,和会翻跟头的"福"字交朋友。

(二)学生的探索与体验

情境一:欣赏不同的"福"字,了解"福"倒贴的来历

1. PPT 展示春联"福"的不同字体(参考学生用书,PPT 补充)。这些都是"福"字,虽然它们形态各异,但是有一个共同点,你发现了吗?

2. 它们都是倒着贴的,为什么呢?

3. 请同桌互相讲一讲倒贴"福"的来历。

情境二:尝试写不同的"福"字

1. 同一个"福"字,不同的写法。请你试着描一描,再进行临摹。对自己喜欢的

"福"字,可以多写两遍。

2. 同学们练习得真认真,你们想不想自己在方方的红纸上写上自己喜欢的福字,等到春节时贴在自己家的房门上呢?

(学生操作,指导写福的方法)先把红纸稍转成菱形,写时根据纸面大小定字的大小,不能太大也不能太小。写这个字时心情怎样或感受到什么? 学生上台介绍。

情境三:其他节日的民俗和代表汉字

1. "福"字是春节的代表汉字,那其他的传统节日,他们的风俗和代表汉字又分别是什么呢? 他们也想和"福"成为朋友,沾沾福气呢! 让我们来看看他们都是谁。

2. 让我们来玩一个"小蝌蚪找妈妈"的游戏吧!

展示蝌蚪形状的卡片,上面写有:一月一日元旦,农历正月初一春节,农历正月十五元宵节……分别让学生认一认,并发到学生手上。

3. 这么多节日呀(展示青蛙妈妈粘贴在黑板上)! 我的名字叫中国传统节日,我怎样才能找到我的孩子呢?

4. 下面的同学,哪些才是青蛙妈妈的孩子呢? 你们能找到自己的妈妈吗? 快游到妈妈身边吧。

5. 你们真是聪明的孩子,一下子就找到自己的妈妈了。在这些传统节日中,你们最喜欢哪个节日,为什么呢?

6. 那么这些节日的代表汉字和民风民俗分别是什么呢? 请同学们小组合作,完成表格。

PPT 展示图片,给学生以提示:

(小组合作填表格)

中国传统节日	民风民俗	代表文字

(三)学生的课后延伸

1. 这节课,我们和会翻跟头的"福"字交上了朋友。你们知道,春节贴福是从什么时候开始成为风俗的?(阅读学生用书)

2. 这个风俗流传到现在保留了哪些内容,又有什么变化吗? 你发现了没有?

3. 是呀,小小的一个"福"字,经过漫长时间,它所包含的对美好生活的向往,对家人的祝福的心意是永远不会改变的。

播放《喜洋洋》音乐(网上能下载到):让我们怀着对未来的祝福,把自己写的福字,贴在教室的任何角落,提前感受来年春节那一份喜气、吉祥。

提供研究课题

1. 除了春联，"福"字还可以做成什么来美化我们的生活呢？

提示：如何用"福"字的剪纸让生活更美好？

如何用"福"字的饰品让生活更美好？

如何用"福"字的书画让生活更美好？

2. 你觉得还有哪些方法可以用"福"字，让生活更美好？

……

引导学生课后拓展的思维导图

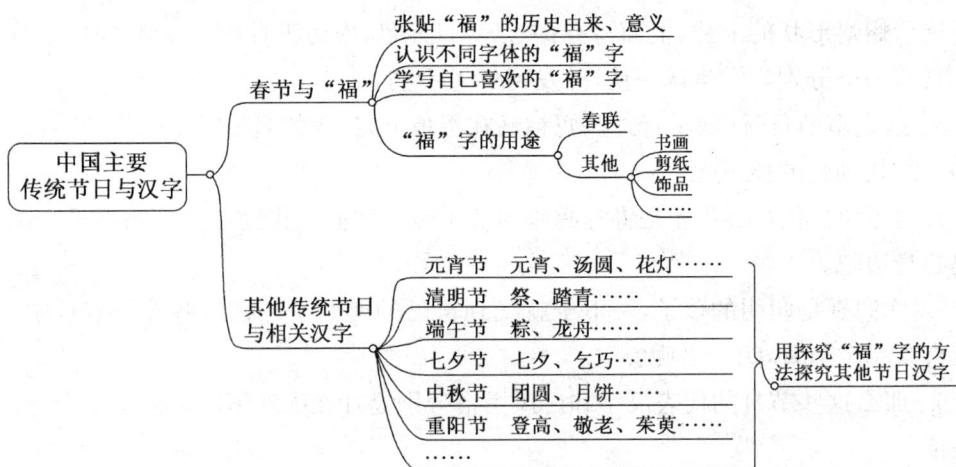

```
                                    张贴"福"的历史由来、意义
                                    认识不同字体的"福"字
                         春节与"福"   学写自己喜欢的"福"字
                                                      春联
                                    "福"字的用途              书画
中国主要                                             其他    剪纸
传统节日与汉字                                             饰品
                                                          ……

                         元宵节   元宵、汤圆、花灯……
                         清明节   祭、踏青……
            其他传统节日   端午节   粽、龙舟……
            与相关汉字     七夕节   七夕、乞巧……        用探究"福"字的方
                         中秋节   团圆、月饼……         法探究其他节日汉字
                         重阳节   登高、敬老、茱萸……
                         ……
```

（设计者：李雪琴　肖　娴）

第五课 网络汉字

领 域:汉字文化

概 念:网络汉字

主题事件:参加"囧"字的生日 party

一、教学背景

1. 互联网正以无孔不入之势蔓延至人们生活的每个角落,本课将带领学生了解"网络新兴汉字"的成因,探寻"网络文化"对"汉字"的影响,以及汉字对网络文化的作用。

2. 本节课所探究的是汉字与网络文化之间的相互关系,网络文化在"社会"这一范畴中占据着极其重要的地位。

3. 网络对如今的小学生而言并不陌生,小学生善于模仿、接受能力强,网络语言对他们的影响非常直接,他们频频使用网络流行汉字。但是对于网络流行汉字,学生又并不了解,尤其是对于它们的成因及"造字规律",缺乏思考与认识。

4. 基于此,本节课将带领学生在"网络潮字——'囧'字的生日 party"活动中,探寻"网络新兴汉字"形成的规律,体会社会文化对汉字的影响,以及网络新兴汉字映射出的社会变化。

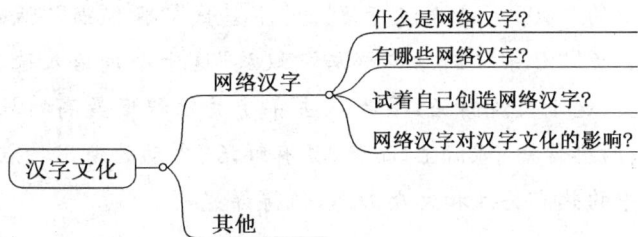

二、学生学习力达成度

我想:对"网络潮字如何形成"产生浓厚的探究兴趣,进而主动探究社会文化对于汉字的影响。

我会:通过观察、思考、想象、探究等方法,自主探究网络潮字与社会发展之间的关系;能将汉字与网络、社会联系在一起思考,具备分析和辨析的能力,寻到其中的规律,并运用汉字构字的规律对网络"火星文"进行科学的分析。

我知:知道网络中一些新兴汉字的读音、字形以及蕴含的意思,了解网络新兴汉字是怎样产生、构成方式,以及可以怎样使用。

三、教师教学重点与难点

1. 引导学生自主地思考网络潮字蕴含的时代意义,并探究这些"网络潮字"是如何诞生的,了解网络就是一种社会,了解网络汉字是如何产生的(谁发明的),又如何成为潮流的。了解网络汉字的生命力,与传统汉字的关系,最终了解汉字发展与社会发展的关系(汉字影响社会、汉字又受到社会影响)。

2. 善于引导学生将汉字与网络、社会联系在一起思考,能体会到"网络新兴汉字"背后蕴含的社会意义,具备分析和辨析的能力,不再盲目地制造"火星文"。

3. 善于引导学生拓展学习兴趣,将对"汉字与网络社会之间关联"的思考延伸到"汉字与社会其他领域的关系"的思考。

四、教学方法

观察学习、体验学习、探究学习、讨论学习、反思学习。

五、教学时数

1 课时。

六、教学过程

【教学过程设计总体思路】

新华网　上海　1月19日专电(记者　孙丽萍)

素有"语林啄木鸟"之称的《咬文嚼字》19日公布了国内语言文字专家评选出的"2009年十大流行语"。"不差钱""躲猫猫""低碳""被就业""裸""钓鱼""秒杀""纠结""蜗居""蚁族"这十个词语入选。语言文字专家指出,这十大流行语,多半从去年受关注程度最高的社会事件、文化现象、网络传播中"衍生"而来,具有鲜活、生动的使用特点,反映出我们社会中的热点关注和大众心态,值得详究。

受到这一事件的启发,本节课设计了"网络潮字囧的生日 party"事件。

概述:

【选择主题】体会网络文化对汉字的影响。

【学习事件】围绕"'囧'字的生日 party"这一事件,在教师的引导下,学会认识网络潮字,分析网络潮字形成的规律,认识网络潮字与社会文化的关系。

【时间选择】网络潮字——"囧"字生日那天。

【场景选择】"囧"字的家。将教室布置成家庭生日 party 的情境，马蹄形。

【参与方式】模拟"囧""雷""萌""槑"字等，角色扮演和游戏活动。

【讨论思路】话题的由头是"囧"字举行生日 party，请来一众网络潮字，其中不乏一些新鲜的"面孔"，字们在 party 中相互介绍，探讨网络潮字的音形义、成因及构成规律，从而体会社会发展与汉字发展之间的相互影响。

【实施计划】观摩互动，模拟生日 party，网络潮字 DIY 等动手、动脑的活动；学生观察、感受，初步了解什么是"网络潮字"，归纳这些网络潮字的成因以及构字规律，体会社会对汉字的影响，以及汉字对社会生活的映射。

（一）选择主题事件，创设情境——"囧"字的生日 party

小话剧：（生日歌的音乐响起）

囧（学生戴着头饰出场）：我是"囧"，我是古汉字，诞生之日起至今已有几千年啦！我是个"象形"字，表示窗口通明的样子，本意是"光明"，后来人们逐渐把我遗忘了！没想到，这两年，我又从字典里复活，还被赋予了新意——悲伤、无奈或者极为尴尬的心情！真是想不到呀，我这个古汉字竟然变身为"网络潮字"！今天，我要举办生日 party 呢！

囧：我打算把生日 party 办成化装舞会！这是我的邀请函，不知道都有谁读懂了、能来参加化装舞会呢！

（二）学生的探索与体验

情境一：猜猜"囧"字的邀请函

1. "囧"字现在给大家发来一封邀请函，那可是用最流行的"网络火星体"写成的哦！读读，谁来翻译一下？

多媒体课件展示：

> 藽ζΘ𝑣口𠂤佣芨：
>
> 　　您 dēE-MAIL 我收菿喇！週（5）晚夶，誠邀您椆球鎵薆十ωōd 洼駬 PARTY，淇�您 dě 菿涞 ō！胜駬 party 哋點：漢荟街 1 號。
>
> 您啇佣芨囧
> 猴婑鰞玥鴨鉬

2. 读不懂吧？火星文，就是新一代拥有无限想象力的 90 后新人类，他们融合了汉字、韩文、日文、冷僻字、符号等非正规化文字符号通过网络生成的一种新兴的文字——火星文（非主流火星文）。网上的"火星字体转换器"可将中文字体与火星文字

体互转。看看转换后的内容吧：

亲爱的朋友：

　　您的 E-MAIL 我收到啦！周五晚上，诚邀您到我家参加我的生日 PARTY，期待您的到来哦！生日 party 地点：汉字街 1 号。

　　　　　　　　　　　　　　　　　　您的朋友囧

　　　　　　　　　　　　　　　　　　猴年马月鸭日

没想到"囧"字的邀请函如此简单呀！可是，为什么我们读来却如此困难？

3. 对于现在流行的网络火星文，你是怎样看待的？

情境二：神秘嘉宾猜猜猜

1. 到底有哪些神秘嘉宾呢？瞧，他们来啦！

（萌和雷头戴帽饰上场）

萌：Hi！囧哥，生日快乐！我跟你一样，是来自动漫的网络流行字。本来是指草木初生之芽等，在网络流行语中，却被用来形容纯真、可爱、美好，天真无邪到了一定程度，不食烟火的美感，同时还代表刚刚生出、不夹带任何杂质的美好感情、喜爱、欣赏等。

囧：旁边这位是？

雷：我啊，原来是自然界的一种现象，没想到现在在网络中，又增加了"吓人""晕"的意思，不过比"晕"更强烈！

囧：欢迎欢迎！久仰大名啊！同学们，你们猜到他们是谁了吗？

（互动猜名）

囧：不过一会还有几个神秘嘉宾过来，你们呀，未必能报出它们的名字！

萌、雷：不可能！

（正说着，走来槑了和槑）

萌、雷（傻眼了）：……

萌指着它们，试探着读：呆……

槑（愠怒）：什么啊，我是"mei"，你啊，跟网民一样！因为我由两个"呆"构成，竟然被网民们形象地当作"很呆、很傻、很天真"！而在古汉语中，我的音、义及用法都同"梅"，多美的意思呀！和"呆"可谓风马牛不相及！

萌、雷：同情……

槑：真正值得同情的是我呀！你瞧，我的意思和读音都是"非主流"，网虫们真会图省事儿！三合一了！囧哥，生日快乐啊！

情境三:网络潮字比一比

1. 每个网络潮字,都有自己的苦衷呢!听了这段网络潮字的交谈,你获得哪些信息? 又有什么疑问?

2. 仔细观察这些网络潮字,它们的音形义与传统意义上的又有何不同? 试着填一填这张对比分析表:

字		音	形	义	变化的缘由
囧	传统	无变化	基本相同	光明	根据字形联想
	网络			尴尬	
萌	传统	无变化	基本相同	草木初生之芽	从"物"到"人"的迁移
	网络			纯真、可爱、美好	
雷	传统	无变化	基本相同	自然界的一种现象	从动漫图像联想到人的情绪
	网络			晕	
渁	传统	从无到有	"非主流"是词	无变化	表现个性、节省打字时间
	网络		合成一个"字"		
槑	传统	无变化	基本相同	梅	根据字形创造新的字义
	网络			很呆、很傻、很天真	

3. 发现了吗? 其实网络潮字的形成是有一定规律的哦! 你发现哪些规律?

情境四:我来创造一个"网络潮字"

"囧"字的生日 party 还想邀请更多的网络潮字,你想参加吗? 你想把自己变成哪个字? 在网上先发一封 E-MAIL,申请参加 party 吧!

亲爱的囧

我是

原来我的意思是

现在我是

调查"年度网络最潮汉字",并为这个字设计一段"解说词":

引导学生课后拓展的思维导图

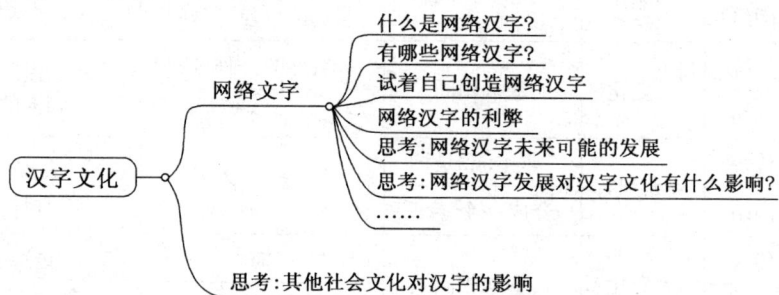

（设计者：林　虹　肖　娴）

第六课 年度汉字

领　　域：汉字文化
概　　念：年度汉字
主题事件：我们来评选年度汉字

一、教学背景

在之前学习中，学生对汉字的起源、载体以及使用有了一定的认识，知道汉字是一种集音、形、义于一体的符号。本课着重于汉字的意义的高度概括性，设计"评选学校年度汉字"的探究活动，让学生在评选活动中深切感受到汉字与社会事件的密切联系，养成关注社会大事的习惯。

思考拓展：今年我国的年度汉字是？　　　　起源：日本评选年度汉字

我们来评选年度汉字

尝试：我们来评选学校年度汉字　　　　延伸：我国也开始评选年度汉字

二、学生学习力达成度

我想：通过观察、概括，激发学生想要通过年度汉字的评选，感受汉字概念与社会事件的关系。

我会：以"会观察、会思考、会模仿、会探究"为主，在课堂中通过自主参与、小组活动、探究学习，会提炼生活中的重大事件并加以概括，培养其善于关注社会大事的习惯以及良好的分析能力与概括能力。

我知：年度汉字怎么来的；汉字概念和社会事件的关系。

三、教学重点与难点

1. 重点：通过评选活动，学生认识到汉字概念与社会事件的紧密关系。
2. 难点：如何评选年度汉字。

四、教课时数

1课时。

五、教师课前准备

课件。

六、学生课前准备

2014 年中国大事件搜集整理。

七、教学过程

【教学过程设计总体思路】

本节课以"评选年度汉字"为主要线索,激发学生了解汉字概念与社会事件的兴趣。第一步,以日本和《厦门商报》评选年度汉字导入,让学生在情境中了解年度汉字的概念。第二步,"我尝试"让学生亲身参与评选学校年度汉字的活动,深刻理解汉字浓缩性的特点,进而扩展到评选本地区年度汉字,更能体会到汉字与社会事件的关系。第三步,"我思考"让学生自己动手收集资料,看看今年的年度汉字是哪个?进一步体会汉字与中国文化的关系以及它的与时俱进。

(一)创设情境

1. 师:同学们,在日本,每年会进行一项活动,那就是年度汉字评选活动。各地民众根据一年内发生的国内国际大事,选定一个汉字反映全年焦点。2008 年 12 月 12 日,日本汉字能力鉴定协会宣布"变"当选年度汉字。为什么选"变"字呢?

［小贴士:政治的改变(日本首相的变动、美国总统奥巴马的竞选口号——Change)、经济的改变(全球股市暴跌、日元汇率急升、原油价格暴起暴落)、食品安全意识的改变,等等。］

(图片见《玩转汉字》学生用书第 73 页。)

2. 同年在中国,《厦门商报》评选出年度汉字——"震",2008 年最能够让国人铭记的就是汶川大地震。"震"不仅是对地震本身的描述,更是对在地震之后的精神受到冲击的描述。这一年中国发生了太多事情让世界震惊!从年初的冰冻雪灾,到5·12 汶川大地震,到北京奥运会、三鹿奶粉事件、改革开放 30 年。纵观全球,金融风暴震动全球,这场灾难至今余震未平。

3. 师:用一个汉字就能概括全年焦点,对这一现象,你有什么想说的?

4. 师:同学说得真好,汉字概念与社会事件有着紧密的联系,汉字发挥了它既抽象又形象的功能。你们想不想来评选一下我们学校的年度汉字呢?

(二)体验与探索

情境一:我尝试,自由评选

1. 师:谁能告诉老师应该怎样评选学校的年度汉字?要注意哪些问题?

2. 讨论。

3. 说的真不错!首先要收集学校年度大事;学校每天发生很多事情,我们不可能把每件事情都概括到,所以我们要确定一个标准,可以以时间为序收集大事,也可以按照领域来收集大事,还可以按照影响范围来收集大事……然后选取重大的、有影响的事情记录下来,最后选最合适的一个字来概括。

3. 学生回想、记录,然后交流。

4. 师:谁愿意和全班同学交流一下? 看来每人意见不一样,我们来投票看看哪个字的得票最高?

5. 小组交流、投票。

师:看来同学们选的最多的是这两个字,究竟哪个字更适合当选学校年度汉字呢? 现在的情况是 □ VS □(若比分相同,教师可以投最后一票)。

看来学校年度汉字是 □ 。

6. 举一反三:同学们已经评选出学校年度汉字了,那你们能评选出我们班级今年的年度汉字么? 动手试一试吧!

7. 按照讨论、列大事记、投票的方法选出班级年度汉字。

情境二:我了解

2010、2011、2012、2013、2014 年中国年度汉字分别是"涨""控""梦""房""法",你知道原因吗?

情境三:评选 2015 中国年度汉字

(三) 思考与拓展

1. 通过评选年度汉字,我们体验到一个汉字就能反应很多社会事件或者文化,我们感受到了汉字概念与社会事件的亲密联系。课后同学关注今年中国发生了哪些重大事情,也可以和你的父母讨论一下,看看你心目中的年度汉字是哪一个?

2. 通过评选年度汉字你有什么收获?

3. 年度汉字有时候是对社会不良现象的反应,你了解吗?

引导学生课后拓展的思维导图

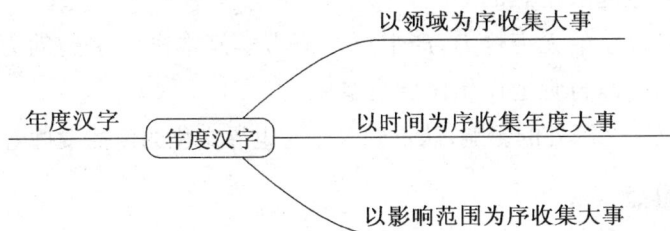

年度汉字 —— 年度汉字
- 以领域为序收集大事
- 以时间为序收集年度大事
- 以影响范围为序收集大事

(设计者:赵会平)

第七课　汉字国际化

领　　域:汉字文化
概　　念:汉字国际化
主题事件:跟着汉字环游世界

一、教学背景

在这一课之前,同学们通过前面的学习,已经知道汉字是文化艺术的载体,能表达丰富的思想感情,传承历史,也能美化人们的生活……汉字在中国经历了几个发展阶段,而这一切基本上都是局限于汉字在中国发挥的作用来讨论的。实际上,无论是在古代,还是在现代,汉字在世界舞台上都发挥着不可估量的作用。

这节课的学习,可以让学生了解汉字在海外的传播与兴盛,再次激发学生的民族自豪感,并且让学生被汉字的魅力吸引,产生努力学好本国文化的动力。

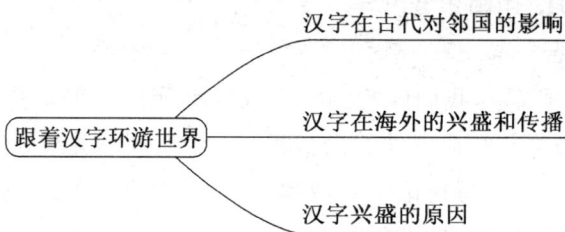

```
                                      汉字在古代对邻国的影响

   ┌──────────────┐
   │ 跟着汉字环游世界 │─────────────  汉字在海外的兴盛和传播
   └──────────────┘

                                      汉字兴盛的原因
```

二、学生学习力达成度

我想:以观察、思考、探究为主,感受汉字在国外的广泛传播和外国人学习汉字的热情,弄清楚国外掀起汉字热的原因。

我会:认识到汉字的无穷魅力,产生更加努力学好本国汉字的动力,并从内心体会到祖国正日渐强大,自觉地产生民族自豪感。

我知:知道汉字在国外的影响,认识到汉字对世界文化的传播发挥着巨大的作用。

三、教学重难点

1. 教学重点:激发学生了解外国人学习汉字情况的兴趣,能够通过观看图片、阅读教材、交流讨论等形式了解汉字在外国传播的情况。

2. 教学难点:知道近年来外国人掀起学习汉语汉字热潮的原因(① 中国汉字形音义相结合,更能表达人类丰富的思想感情;② 中国经济的巨大成功和国际地位日益提高）。

四、教学方法

尝试操作、PPT 展示、体验学习、探究学习、讨论学习。

五、教学时数

1 课时。

六、教学准备

有关日本、韩国、新加坡的风光图片,外国人穿着印有汉字衣服的图片,有汉字文身的外国人的图片。

七、教学过程

【教学过程设计总体思路】

这节课以带着学生到各个国家旅游的事件来引领学生学习,第一,让学生观看韩国皇宫的图片,阅读教材,感受到汉字在古代就广泛被邻国使用;第二,让学生观看日本和新加坡的街头、店铺图片,并阅读教材,进行小组合作学习,让学生感受到,现在汉字仍然被中国的周边国家使用;第三,让学生走进美国,阅读教材,然后交流讨论,从而感受到美国人对汉字的喜爱和学习汉字的热情;第四,以小组为单位探究海外掀起学习汉字热的原因,再进一步反思自己对待学习母语——汉语、汉字的态度;最后,通过思维导图,学生了解汉字在海外经历的几个发展过程,从中感受到汉字的兴盛和祖国的命运息息相关。

(一) 我观察,我思考。

情境一:游览韩国的皇宫,感受汉字在古代的辉煌

1. 同学们喜欢旅游吗? 想不想到国外去旅游? 今天呀,我们就乘飞机到国外游览一番。飞机马上要起飞了,请同学们系好安全带。(同学们做出乘飞机系安全带的样子)

2. 经过几个小时的飞行,同学们可以下飞机了。现在,我们终于踏上了异国的土地。(PPT 展示韩国昌德宫图片)问:猜猜看,我们首先来到了哪个国家,图中景物又是什么地方?

3. (学生看图后回答)教师说:这是韩国的昌德宫图片。(指着第一幅图的匾额、第二幅图中的对联)问:同学们再仔细看看这些地方,有什么发现?

4. 对,这些地方都有汉字,看到这里,同学们是否产生一个疑问,谁愿意说说(这里是韩国,为什么建筑物上会出现汉字呢)?

5. 韩国的昌德宫在古代是皇宫,堂堂的韩国皇宫怎么会有那么多的汉字呢? 请同学们自己阅读教材,然后回答。

6. 总结:真是不看不知道,一看吓一跳,原来,在古代,不仅咱们中国人使用汉字,连中国周边的很多国家也使用汉字呀!

情境二:游览日本和新加坡,感受汉字在海外的广泛传播

1. (展示日本街头图片)说:刚才,我们游览了韩国的皇宫,接下来,我们将乘飞机到另外一个国家旅游。请同学们登上飞机,坐好了。好,现在飞机开始起飞……经过几个小时的飞行,咱们又来到另外一个美丽的国家。(PPT展示图片)说:同学们猜猜看,这是什么地方?

2. (学生交流后)问:再仔细看看图,有什么发现?

3. 玩了那么长时间,你们的小肚子肯定饿了,想不想吃点东西?现在,老师邀请你们在异国的餐厅品尝美味。(展示图片)问:同学们看,这家餐厅叫什么名字?是哪个国家的呢?谁先猜出来,我就先请谁进这家餐厅用餐。(学生回答后)又问:从这两张图片中你又发现了什么?

4. 不仅在古代,即便是现代,在日本和新加坡的街头,都有大量的汉字出现,这是怎么回事呢?请大家自己阅读教材,然后以小组为单位,每位同学以导游的身份向来到这里的游客介绍其中的原因。看哪位导游介绍得最好!

5. 总结:看来,即使是现在,中国周边的一些国家仍在广泛使用汉字。到了新加坡,更像是来到了咱们中国一样。

情境三:走进美国,感受美国人对汉字的喜爱

1. 刚才我们欣赏了韩国、日本、新加坡的风景,现在,再让我们到美国看一看吧,展示图片(见学生用书第79、80页)。

2. 从这几幅图中,你感受到了什么?(美国人很喜欢汉字)

3. 的确,作为多元价值文化聚集地的美国也对汉字情有独钟,他们不仅会穿上印有汉字的衣服,或是在身上刺上汉字,还会在家里挂放中国书法艺术品,贴上带有汉字的墙纸。其实,他们不仅喜欢汉字,还积极地学习汉字,在海外掀起了学习汉语、汉字的热潮。请同学们读读教材。(阅读介绍海外掀起学习汉语、汉字热潮的段落)读了这段资料,你有什么收获?

(二)我探究,我反思

1. 通过刚才的学习,同学们都知道国外正掀起了学习汉语、汉字的热潮,那么,国外为什么有这么多人想学习汉语、汉字呢?现在,请你们以小组为单位,进行讨论。

2. 以小组为单位进行汇报交流。

3. 同学们说得不错,其实海外掀起学习汉语、汉字热潮的原因归纳起来,主要有这么几方面的原因,PPT展示:

> (1)虽然汉字对于老外来说很难学,但汉字本身有点像图案,那"撇捺折钩"的造型在他们心目中普遍产生一种既神秘又美丽的感受,

尽管看不懂,汉字却已超越其自身含义,成为一种极度流行的装饰元素,深入外国人的生活中。

　　(2)随着中国经济的巨大成功和国际地位日益提高,世界的大企业大公司不断进驻中国,开公司,设办事处,外国人为了在中国立足和找到好差事就会玩命学汉语。

　　4. 不管外国人学习汉字的原因是什么,总之,汉语已经在全球范围内热起来,有传媒预测,随着中国经济水平的提高和国力的提升,汉语还会广泛传播,汉语有望在新世纪成为世界上第二大传媒语言。对此,你有什么想说的呢?

　　5. 我们又该如何学习母语——汉语和汉字呢? 同学们可以在书上写一写。

　　6. 学生交流。

(三)课外延伸

　　可你们知道吗,汉字虽然是世界上历史最悠久、发展水平最高的语言文字之一,广泛被中国的邻国使用,却也曾遭到一些国家的抵触,这是为什么呢? 同学们课后自己上网去寻找答案吧。

引导学生课后拓展的思维导图

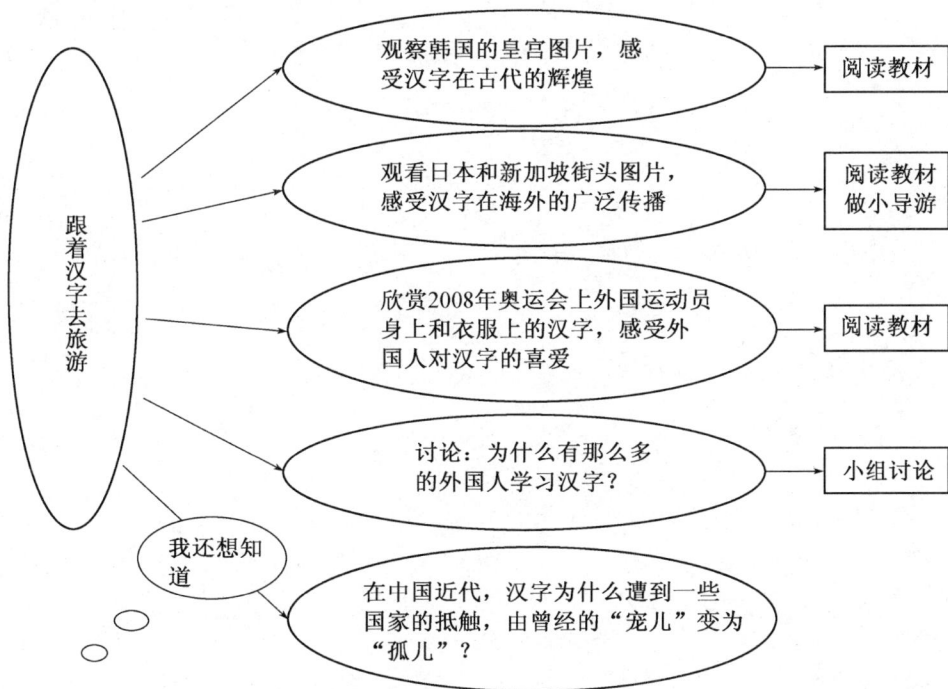

跟着汉字去旅游

- 观察韩国的皇宫图片,感受汉字在古代的辉煌 → 阅读教材
- 观看日本和新加坡街头图片,感受汉字在海外的广泛传播 → 阅读教材 做小导游
- 欣赏2008年奥运会上外国运动员身上和衣服上的汉字,感受外国人对汉字的喜爱 → 阅读教材
- 讨论:为什么有那么多的外国人学习汉字? → 小组讨论

我还想知道

- 在中国近代,汉字为什么遭到一些国家的抵触,由曾经的"宠儿"变为"孤儿"?

课外延伸资料

1. 《汉字在国外从孤儿成为宠儿》，网址：http：//forum. china. com. cn/viewthread. php？tid＝526286&agM.

2. 汉字在日本、韩国、朝鲜、越南的传播经历：

① http：//zhidao. baidu. com/question/174110647. html；

② http：//www. xici. net/main. asp？url＝/d55045460. htm；

③ http：//www. 360doc. com/content/10/0421/18/1041276_24203615. shtml.

（设计者：汪　谦　赵会平）

第八课　中外文字比较

领　　域：汉字文化
概　　念：中外文字比较
主题事件：文字海洋寻宝记

一、教学背景

每一个民族都有自己独特的文化,这些文化传承、发扬最好的媒介就是文字。随着经济的发展和社会的进步,地球正变得愈来愈小,各国之间人民的交往也更加简单和频繁,不同肤色不同民族的人都在不断学习新的语言和文字以让自己了解世界,也让世界了解自己。目前,有成千上万的中国人正埋头苦学英语,也有日益增多的外国人开始热衷于汉字的学习。本课的教学就是立足于这种现象,通过"漂流瓶"的设计,和有一定英语基础的小学中年级学生一起进行猜想、实践创作、探讨、研究等活动。让学生在了解中文和英文这两种不同语系的语言文字时,体会汉字的博大精深,感受汉字的魅力,从而培养学生推广汉字、让汉字走向世界为更多人所了解所感兴趣的意识。

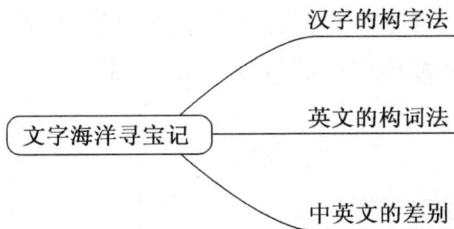

```
                                    汉字的构字法

                                    英文的构词法
        文字海洋寻宝记

                                    中英文的差别
```

二、学生学习力达成度

我想：学生能对中英文的差异产生了解和研究的兴趣,并想了解其他的文字与中文的相同与不同之处。

我会：学生在课堂中能通过创设情境、创造体验、自主参与、小组合作、探究学习,领会每一种文字都是一种文化,体现出社会文明的进步和发展。善于观察和总结,学生能通过本节课的学习向更多的人介绍汉字,使汉字发扬光大。

我知：知道英语单词的拼写和汉字构造的不同。了解文字不仅仅是记录语言的书写符号,更多的是表达思维的工具和交流信息或社会互动的符号。

三、教学内容及重难点

1. 教学重点:学生能通过"文字海洋寻宝记"的实践活动,比较中英文差异,了解中文是象形而表意的文字,英文是拟声而表音的语言。

2. 教学难点:学生能够归纳理解中英文的构造和运用的特点,并运用于日常生活当中。

四、教学方法

文字感受、观察学习、体验学习、讨论学习、自主学习、互动探究、尝试操作、反思学习、多媒体运用。

五、教学时数

1 课时。

六、教学准备

漂流瓶若干、文字材料、多媒体、头饰,教室布置海洋环境。

七、教学过程

【教学过程设计总体思路】

教师以收到一个神秘的漂流瓶为引子,带领学生在教室里模拟的船上进行一次航海寻宝探险。在过程中首先通过场景的布置和多媒体以及教师语言的渲染,让学生有身临其境的感觉。第一个活动以"游来的小鱼"为线索,全班一起拼一拼单词和汉字,从而感知汉字与英文结构的不同。接着由三个小盒子引出三个分组活动,带动学生的视觉听觉感官,进一步了解两种文字,并由每组代表说一说自己的发现。最后带领学生一起动手,通过自己的设计把自己对汉字的理解通过画画、写字或游戏设计的形式表现出来,放入漂流瓶中。前后呼应,让学生始终在这个主题中感受汉字和英文。

(一)我观察

情境一:到文字海洋中钓鱼

1. 教师用语言和音乐渲染,在学生闭眼的时候,将一些写有汉字和字母的小鱼放在学生的周围。

师:现在我们航行在海上,请闭上你的眼睛,让我们感受着海风拂面而过,闻一闻海水的味道,还有许多的小鱼小虾在我们的身边。千万不要睁开眼睛哦,要不小鱼就不会游到你的身边咯。等你听到船长说睁开眼睛的时候才可以哦。

师:现在可以睁开眼睛啦,瞧,我们的周围游来了这么条鱼,下面每个人可以在海中寻找一条小鱼作为伙伴。这些小鱼都不是普通的小鱼,它们的身后有什么? 它们是文字小鱼,有的是英文字母小鱼,有的是汉字小鱼。下面请拿到字母小鱼的船员到这条船上,汉字小鱼到那条船上。

师:这些神奇的小鱼,到底会为我们带来什么呢?(播放音效:探险号上的船员们,欢迎来到文字海洋。你们能将这些文字小鱼排排队,根据提示拼出文字吗?)

(日,月,利,木,艹,平,田,木,s,u,n,m,o,o,n,p,e,a,r,a,p,p,l,e)

2. 将拿汉字小鱼的学生和拿字母小鱼的学生分成两组,让他们根据图片的提示,分别拼出来。并相互进行对比,说出自己对两种文字构成的理解。

师:刚才在拼的过程中,你们观察到了什么,有什么发现呢?

情境二:文字海洋中捡宝盒

下一段旅程中我们还会遇到什么呢? 各位船员先闭上眼睛趴在船上休息片刻。等你们睁开眼睛的时候一定又是另一番风景啦。睁开眼睛(发现三个宝盒)。

1. 宝盒一:形声字的好处

(宝盒里有三张纸条)

(1) 蓝色纸条中的内容:

以下是从《新华词典》中选出的几个生僻词,让学生猜一猜它们属于哪一类呢?

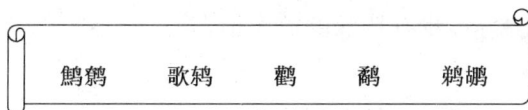

> 鶒鸂 歌鸲 鹳 鹬 鹈鹕

它们有可能属于:

A. 电器类　　　B. 植物类　　　C. 鸟类　　　D. 食物类

(2) 黄色纸条中的内容:

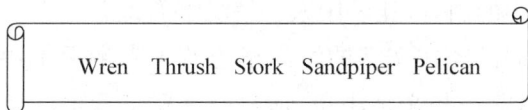

> Wren Thrush Stork Sandpiper Pelican

它们有可能属于:

A. 电器类　　　B. 植物类　　　C. 鸟类　　　D. 食物类

(3) 绿色纸条中的内容:想一想,写一写,为什么同样都是属于鸟类的词,你能猜出汉字的却猜不出英文的呢?

(4) 我归纳:汉字＿＿＿＿＿＿＿＿＿＿＿

　　　　英文＿＿＿＿＿＿＿＿＿＿＿

2. 宝盒二:对比中英文人物称谓之间的差异

（1）将"叔叔""伯伯""舅舅""姑姑""姨妈""舅妈""婶子""姐姐""妹妹"和"uncle""auntie""sister""policewoman"写在卡片上。

（2）让学生到黑板上去一一对应起来。

3. 宝盒三:从外来词汇看文字在社会上的发展和影响

sofa，coffee，chocolate，hamburger，jacket，cartoon，jeep；Kungfu，Tofu，Taichi，Suan－pan，lychee

把这些英文单词的中文意义写下来，比一比，再说说自己的感受。

情境三:创设大海嬉戏情境,介绍航行

（音频:海浪的声音）

师:听,这是什么声音?（多媒体播放大海的声音）哇,多么悦耳的海浪声,多么美丽的大海呀。咦? 看,那是什么东西漂过来了?（多媒体呈现出漂流瓶）原来是一个瓶子。这叫漂流瓶。你们听说过漂流瓶吗? 恩,我们一起看看里面装了什么?（请一个学生上台打开）

师:是什么?

生:一封英文信。

师:哦? 我们一起来看一看上面写了什么?（学生用书82页英文信）

师:能看懂吗? 没关系,我有特殊的放大镜,看。

（英文信内容翻译）

生:还有一封汉字写的信,可是我不认识!

师:没关系,再用这个放大镜看一看,哇,看原来是一位女子写给丈夫的信。

（多媒体制作效果,用中文显示）

（二）我尝试

动手制作漂流瓶中的内容,让外国人了解汉字的特点。

师:不知不觉,我们已经在文字的海洋里遨游了大半天了,我们也收获了很多。下面,船长将给每条船发一些文字小鱼,请每一条船试着给之前的三个漂流瓶写回信。（附文字小鱼）

英文:We have received information，immediately went to the destination.

日文:幸い君からの情報を、私たちは良い友達になる

隶书:

师:今天的航海之行即将结束,文字海洋宽广无边,期待我们下一次的航行。

（三）我思考、我总结

1. 有人说汉字的输入尤其是在电脑中的输入没有英文简便，在若干年后也许汉字会像所有古老文字一样灭亡，也有人说英文远没有汉字博大精深，永远无法取代和超越汉字。看看下面的几幅图，你看到了什么？给了你怎样的启示？

提示：文字的发展没有谁优谁劣，它们都代表了一个社会的发展和进步，通过文字对比了解中西文化的差异，我们会对双方文化有更深的理解，这反过来有助于我们掌握这两种语言文字。

2. 日文中也有很多汉字，它们和中文汉字意思一样吗？

引导学生课后拓展的思维导图

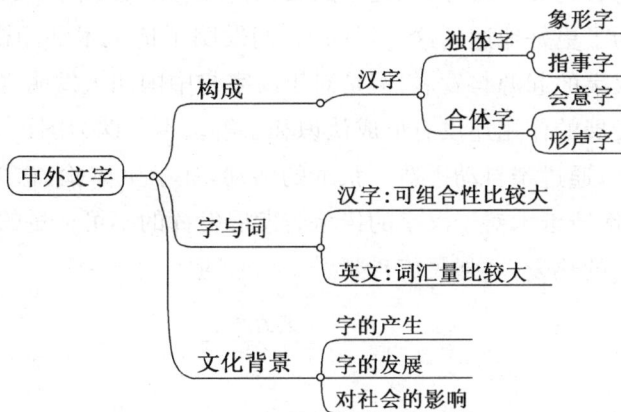

（设计者：钱 烨 赵会平）

第六单元　汉字与科技

第一课　造纸技术

领　　域：汉字与科技

概　　念：造纸技术

主题事件：我们一起来造纸

一、教学背景

　　汉字是中国特有的文字符号，也是中国文化传承与发展、中国文化与世界文化交流的重要载体。为了更好地达到这一目的，人们发明了造纸术和印刷术。学生通过学习已经了解了汉字的起源与发展，但是对于汉字与中国四大发明之间的关系，尤其是造纸术对汉字发展的作用还没有形成认识和了解。本节课力图让学生在了解古人如何造纸的基础上，通过亲自动手造一张纸的活动，让学生体验、感悟到纸作为文字载体的优越性，了解造纸术对于汉字的传承与发展发挥的不可估量的作用，从而进一步激发学生对汉字的热爱，增强民族自豪感。

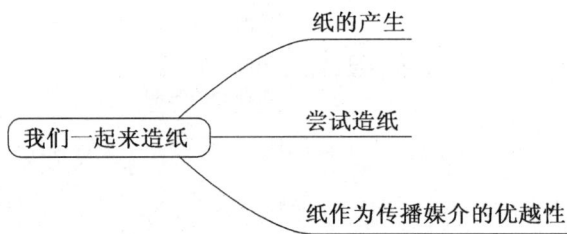

```
                              纸的产生

                              尝试造纸
    我们一起来造纸

                    纸作为传播媒介的优越性
```

二、学生学习力达成度

　　我想：激发学生动手造一张纸的兴趣，通过体验、比较，感受纸张对于汉字书写的便捷和实用，在思考、讨论的基础上了解纸对于汉字的影响和作用。

　　我会：会模仿古人造纸，会用多种方法了解、探寻造纸术在汉字的发展过程中发挥的巨大作用，探究纸与汉字之间互相促进、共同发展的关系。

　　我知：知道古代人是如何造纸的、纸作为文字载体的优越性，了解造纸术对于汉字的传承与发展发挥的不可估量的作用。

三、教学重难点

1. 知道古、现代造纸的过程以及汉字和纸的相互关系：纸传承、保留、发展汉字；人们对汉字阅读的需要、对汉字保存的需要也促进了纸的发展。

2. 通过动手造一张纸，并且尝试在不同的载体上进行汉字的书写，感受纸张对于汉字书写的便捷和实用。

3. 了解世界上其他最早的几种文字为什么没有被完整地保留下来的原因。

4. 造纸术的发明为中国文字史的发展、为汉字文化做出了哪些贡献。

四、教学方法

尝试操作、PPT 展示、体验学习、探究学习、讨论学习。

五、教学时数

1 课时。

六、教学过程

【教学过程设计总体思路】

本节课以"我们一起来造纸"这个实践活动为主要线索。第一步，让学生观察并了解纸张的制作过程，然后再参与亲自造纸的活动，了解造纸需要的原材料、造纸的简要过程，在这个基础上让学生思考、交流为什么人们发明了纸以后就不再用过去的竹简、丝绸或是石头来进行记录，从而得出初步认识。第二步，让学生体验用纸、用其他书写载体书写的不同感受，体会出纸张书写、记录的优越性，然后通过阅读资料启发思考世界上其他古老的文字没有被保存下来的原因，明确纸张的发明对汉字发展的重要意义。

（一）我体验

1. （听录音《洛阳纸贵》的故事）

师：这么多人争相抄阅《三都赋》，它一定是篇绝美佳作，可是纸张又太贵了，怎么办呢？不如我们学习古人的方法用竹简和丝帛来抄录吧。

2. 学生体验：尝试用竹简或丝帛来抄写《三都赋》。

3. 用竹简和丝帛来记录，你有什么感受？

4. 总结：在古代丝绸是一种相当昂贵的物品，一般人都用不起，木简过于沉重、庞大，给翻阅、保存、流通带来极大的不便。看来还是纸最好，怪不得古人发明了造纸术呢！那不如我们自己动手来造张纸吧。

（二）我观察

1. 怎么才能造出一张纸来呢？展示相应的图片（图片见《玩转汉字》学生用书第 86 页）。

公元 105 年，蔡伦在前人造纸技术的基础上，用树皮、麻头等为原料，经过切麻、洗涤、浸灰水、蒸煮、舂捣、打浆、抄纸、晒纸、揭纸等过程,终于造出了可以写字的纸。从此,纸成为主要的书写材料。

幻灯片展示相应的图片(图片见《玩转汉字》学生用书第 87 页)。

2. 古人造纸要经过哪些工序呢?

(三)我尝试

1. 今天因为我们时间有限,加上造纸的材料和过程都有了很大的改进,今天我们利用简单的原料来造一张纸。

2. 师一边示范,一边讲解造纸步骤。

(1)废纸浸泡:将废纸撕碎,用开水浸泡。(选用卫生纸)

(2)调制纸浆:将浸泡的废纸用压榨机压榨成纸浆。

(3)抄纸:将纸浆倒在平铺的棉布上,盖上棉布,用熨斗熨平。

(4)滤水压平:再盖一层毛巾吸水。

(5)加热烘干:用酒精灯将纸烘干。

(6)揭纸:小心地把纸从棉布上揭下来。

3. 看懂了吗?你还有什么不明白的地方?下面我们就在组长的带领下,尝试自己动手造一张纸。(教师巡视,参与小组造纸中,并予以指导。)

4. 自己动手成功地造了一张纸,你的心情怎样?每个人用一个词形容自己的心情。

(四)我反思

1. 纸真是太神奇了,它不仅轻、薄,而且书写方便、价格便宜。有了纸以后,汉字载体产生了重大变化,纸为汉字的记载、保存、交流带来极大的方便(展示古代名著图片、古书)……

2. 其实,世界上还有一些文字,它们大都刻在石头或岩壁上,和汉字一样具有古老、悠久的历史。你认识这些文字吗?

(PPT 展示图片)

3. 探究问题:可惜呀,这些美丽的文字保存下来的已经很少了,你们觉得是因为什么呢?

5 000 年前古埃及的圣书字、苏美尔人的楔形文字,还有著名的玛雅文、波罗米文等,这些文字虽然和我们的汉字一样古老,但是到最后它们都消亡了。除了因为复杂、难懂和历史原因以外,还有一个原因就是这些文字都刻凿在石头或岩壁上,经过时间的洗礼、自然条件的侵扰已经变得模糊不清或残存不全。只有我们的汉字因为有了纸做载体,经过一代一代的演变,不但久盛不衰,还得以发展,成为世界上使用人数最多的文字。

4. 总结:同学们,我们亲自动手造了一张纸,又了解了这么多关于纸的知识,现在,你有什么感受?把它写在你亲手制作的纸上珍藏起来,也许若干年以后,你的文字也会留在历史上呢。

(五)学生拓展

1. 现代造纸技术和古代造纸的技术一样吗?

2. 至今仍手工制作宣纸,其工艺堪称国宝,宣纸是用什么原料做成的呢?

引导学生课后拓展的思维导图

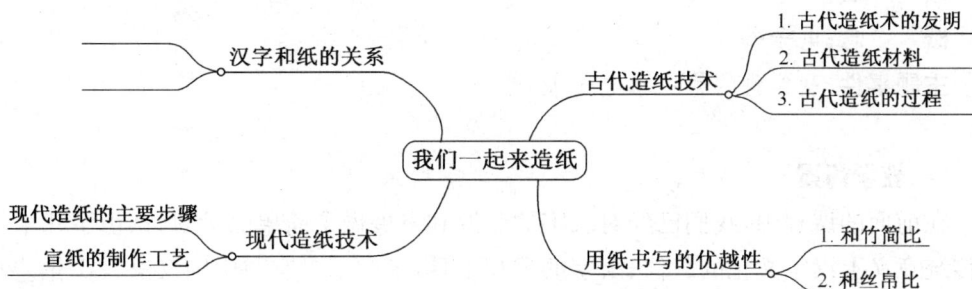

（设计者:余鸿瑞 赵会平）

第二课 电子书

领　　域: 汉字与科技
概　　念: 电子书
主题事件: 制作我的第一本电子书

一、教学背景

在前面的课程中,我们已经对汉字的起源和发展做了简单的学习,认识了几千年来传统意义上汉字文化的载体、汉字的书写工具,了解了汉字与中国汉语言文化艺术种种相辅相成的紧密关系。今天我们将从现代科技的角度,来认识计算机的出现和普及,使汉字传承步入新的时代。作为新一代科技的产物,计算机也很快成为汉字发展的新载体和记录工具。从传承方面看,计算机更加完美地实现了保存和传播的重要作用,浩如烟海的中国典籍,正被存储入数字图书馆中,计算机科学使汉字文化得到前所未有的广泛传播。从艺术方面看,只需操作键盘和鼠标,我们便能"书写"出各种具有艺术风格的汉字。本课重在引导学生了解计算机应用在汉字发展进程中发挥的巨大作用。

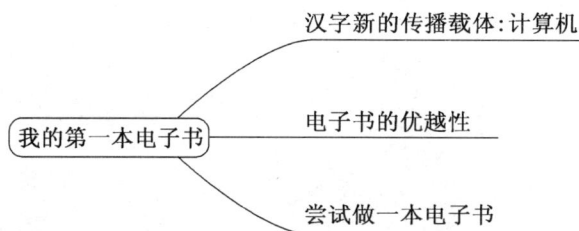

```
                              汉字新的传播载体:计算机

       我的第一本电子书          电子书的优越性

                              尝试做一本电子书
```

二、学生学习力达成度

我想: 计算机从现代科技的角度,作为汉字新的载体,在汉字的发展过程中起到了更完善的传承作用。

我会: 通过体验、比较,感受只需操作键盘和鼠标,我们便能"书写"出各种漂亮的汉字,在此基础上了解计算机对于汉字书写以及保存的便捷和实用。

我知: 通过亲自动手制作一本电子书,了解电子书制作全过程。

三、教学内容及重难点

1. 通过亲自动手制作一本电子书,了解电子书制作全过程,并且尝试用不同的方式对文字进行编辑处理,感受计算机对于汉字书写的便捷性和实用性。

2. 了解计算机使汉字的学习和使用变得更加容易。

3. 了解计算机应用在汉字发展进程中发挥的巨大作用。

四、教学方法

尝试操作、PPT 展示、体验学习、探究学习、讨论学习。

五、教学时数

1 课时。

六、教学过程

(一)创设情境

情境一:电子书与实物书籍大比拼

1. 大家都知道现在流行的电子书籍么?那么你觉得电子书和普通的实物书籍有什么不同?你更喜欢哪种?学生小组讨论,交流自己的想法,然后汇报。

2. 引导学生思考:一组学生互相借阅实物书籍,一组学生互相借阅电子书籍(3分钟)。

3. 在 3 分钟内,你看了几本书,了解大概内容了么?

4. 总结:

(1)电子书借阅起来更方便,不受时空限制,不会出现大家一起等着读一本书的情况。

(2)电子书籍收藏、查询内容更方便。

5. 拓展:

师:浩如烟海的中国典籍,正被存储入数字图书馆中,计算机科学使汉字文化得到前所未有的广泛传播。让我们去欣赏一下。

师展示"我爱电子书"网站(http://www.52eshu.com/)。

6. 总结:现在,你有什么感受?让我们把你喜爱的书制作成电子书籍和大家分享吧。

情境二:自己动手试试看

1. 随着计算机的出现和普及,汉字的学习和使用变得更加容易,只需操作键盘和鼠标,我们便能"书写"出各种漂亮的汉字。使用计算机,我们可以让汉字变成美丽的图案。

美丽的汉字无处不在(PPT 展示图片)。

2. 老师示范讲解电子书制作步骤。

(1)制作封面

师:通常我们看一本书,最先是看到书籍的封面,我们制作电子书籍首先要有一个漂亮的封面,大家一起来欣赏一下,说一说封面上有哪些需要我们设计的内容——

插图、文字(书名、出版社、作者)。

(图片见《玩转汉字》学生用书第91页。)

师:我们刚才看了这么多漂亮的封面,有没有发现每本书都有自己独特的设计风格,让这本书更加吸引眼球呢？大家来说说看。(不同的字体、字号)

师:书法,是中国最古老的艺术形式之一,几千年来,它以其独具的艺术特征,征服了无数追求者。而电脑字体应用方便、快捷,大大提高了办事效率。随着计算机功能的不断发展,汉字书法的数字化是大势所趋,也是顺应历史潮流的事情,书法的数字化给书法发展更多更大的空间和机会。让我们也来在制作电子书的过程中享受一下汉字书法的魅力。

(2)小组讨论、展示自己的作品并说明创意(使用到哪种汉字的字体等)。

(3)汉字输入

师:大家刚才都展示了自己的电子书封面,那么大家是怎么把汉字输入到电脑里面的呢？(键盘输入)

师:那大家知道除了这种输入汉字的方法外,还有没有其他输入汉字的方法呢?

① 键盘输入:迄今为止,在汉字输入中使用得最广泛的人机输入装置是键盘。

② 汉字的笔输入:目前就国内推出的几家汉字笔输入产品来看,都已经达到了相当高的水准,对正楷字体的连笔输入都能够达到较高的识别率。

③ 汉字的语音输入:目前,语音的计算机输入在技术上取得突破还尚待时日,比较成功的只是一些小词汇专用语音输入系统;要想实现大词汇的语音输入,还必须在语音识别模式上取得重大突破,而且还要解决各地方言问题。

④ 汉字的扫描输入:汉字的扫描输入也是长期以来计算机工作者所追求的一种输入方式,因为扫描输入可以解决许多现存的资料输入问题。例如手写汉字的扫描输入,受惠于这一技术的应用领域是许多档案馆和图书馆等,这些地方有许多资料是计算机未出现时就有的,许多旧资料都可以在计算机中加以处理。

以上几种汉字的主流输入方式将长期并存。

(二)体验、感情

师:大家了解了汉字的输入方式,也知道了电脑字体应用和书法艺术的相辅相成,大家再尝试一下制作电子书的封底吧。

(三)兴趣延伸

1. 你知道么,汉字输入和等量的英文输入哪个速度更快呢?(阅读学生用书)

2. 你知道哪几种主要的汉字输入法?(阅读学生用书)

3. 你知道是什么使汉字的印刷告别了铅与火,迎来了光与电?(阅读学生用书)

4. 今天,汉字的科学性、艺术性日益为世界各国的有识之士所重视。当计算机向声控化发展时,汉字的优越性将体现得更加充分。在网络上,高速传播着的多种汉字信息,为世界的文明和进步贡献着力量。(学生用书补充相关资料)

引导学生课后拓展的思维导图

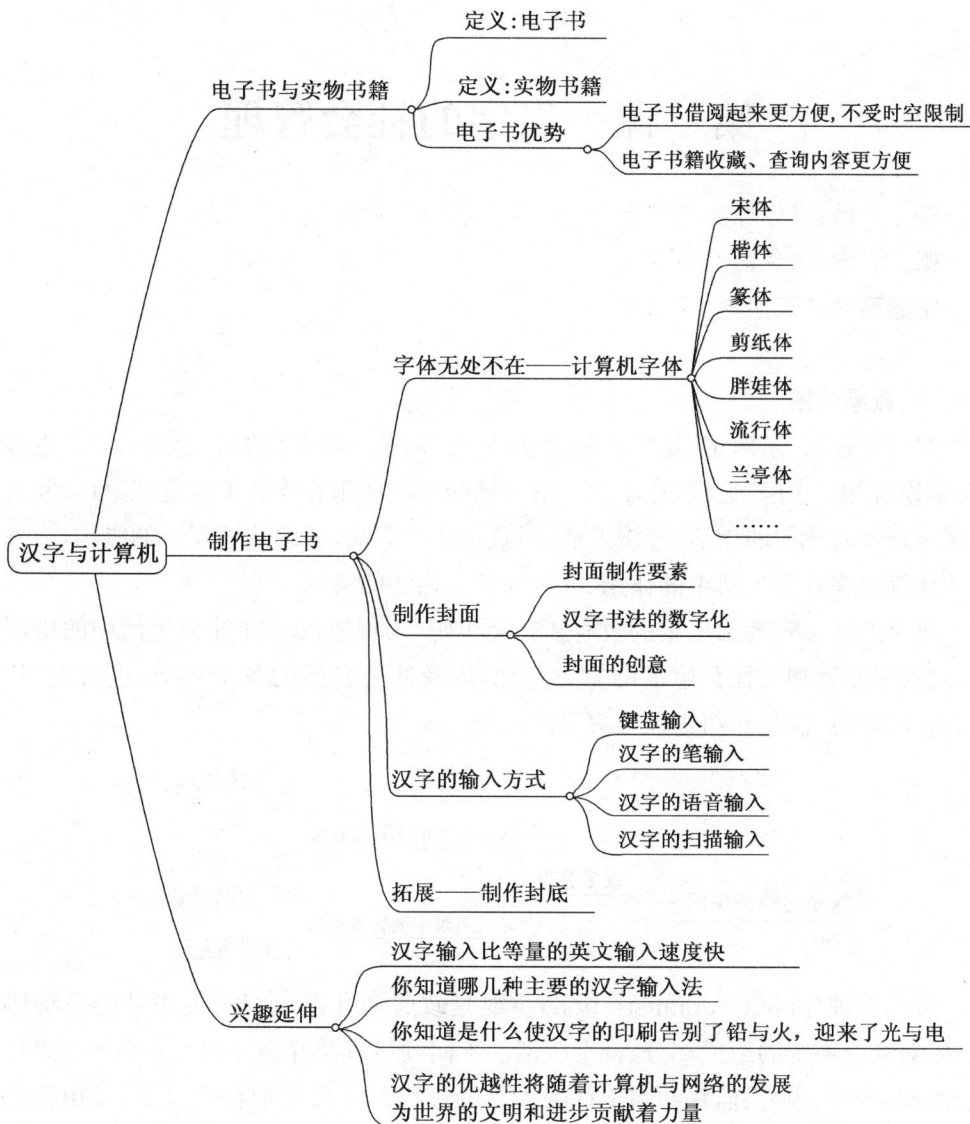

电子书与实物书籍
- 定义:电子书
- 定义:实物书籍
- 电子书优势
  - 电子书借阅起来更方便,不受时空限制
  - 电子书籍收藏、查询内容更方便

汉字与计算机
- 制作电子书
  - 字体无处不在——计算机字体
    - 宋体
    - 楷体
    - 篆体
    - 剪纸体
    - 胖娃体
    - 流行体
    - 兰亭体
    - ……
  - 制作封面
    - 封面制作要素
    - 汉字书法的数字化
    - 封面的创意
  - 汉字的输入方式
    - 键盘输入
    - 汉字的笔输入
    - 汉字的语音输入
    - 汉字的扫描输入
  - 拓展——制作封底
- 兴趣延伸
  - 汉字输入比等量的英文输入速度快
  - 你知道哪几种主要的汉字输入法
  - 你知道是什么使汉字的印刷告别了铅与火,迎来了光与电
  - 汉字的优越性将随着计算机与网络的发展为世界的文明和进步贡献着力量

参考网站:

http://cs.sina.com.cn/minisite/ziku/;

http://www2.ccw.com.cn/1994/43/131330.shtml;

http://www.zzyedu.cn/Article/ShowArticle.asp? ArticleID=453.

(设计者:林 涛 赵会平)

第七单元　汉字与经济社会

第一课　汉字的社会管理

领　　域: 汉字与经济社会
概　　念: 汉字的社会管理
主题事件: "汉字诊所"求医记

一、教学背景

"'汉字诊所'求医记"是"汉字与经济社会"的第一环节内容。通过引导学生参与"汉字诊所"的"求医"过程,让学生了解和感知汉字使用有哪些不规范现象,以及这种不规范现象对我们的生活、经济发展、科技进步的影响;了解管理汉字的机构,引导学生关注汉字在社会生活中的作用、汉字与社会生活的关系。

汉字的社会管理指一定的政府和社会组织,为促进汉字在社会生活中的协调运转,对汉字及其相关社会生活的方方面面,以及社会发展的各个环节,进行组织、协调、指导、规范、监督和纠正社会失灵的过程。

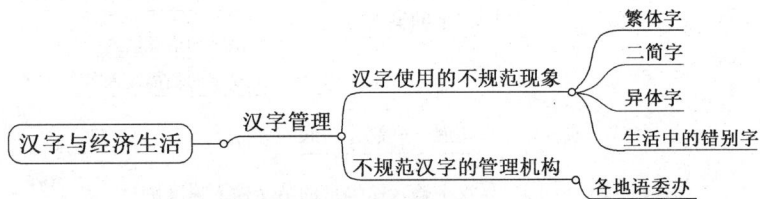

社会管理(public administration)主要是政府和社会组织为促进社会系统协调运转,对社会系统的组成部分、社会生活的不同领域以及社会发展的各个环节进行组织、协调、指导、规范、监督和纠正社会失灵的过程。社会管理在广义上,是由社会成员组成专门机构对社会的经济、政治和文化事务进行的统筹管理。

管理(manage)是指在特定的环境条件下,以人为中心,对组织所拥有的资源进行有效的决策、计划、组织、领导、控制,以便达到既定组织目标的过程。

二、学生学习力达成度

我想: 学生课前想知道"汉字诊所"是干什么的,有哪些汉字需要诊断。学生课中想知道,有哪些不规范汉字,这些汉字对生活有什么影响,哪些机构可以管理它们。

学生课后想知道人们对不规范汉字有什么看法,如何让更多的人使用、管理、规范汉字。

我会:学生会运用观察、比较、思考、探究的方法,区分各种汉字的不规范现象,并且提出相应的修订建议,即"汉字诊断单",这也是本节课的重点。

我知:学生知道繁体字、二简字(即任意简化字)、异体字是什么样的汉字,还知道生活中有一些使用错别字、谐音字、仿拟成语的现象,都属于不规范用字的现象。知道推进汉字规范化,并非废止或消灭繁体字。在一定的专业范围内,应当认识繁体字,以继承发扬我国丰富、优秀的传统文化。

三、教学内容及重难点

1. 让学生知道"汉字诊所"是什么,以及怎样判断不规范汉字。

2. 教师要引导学生观察发现不规范汉字的特点,并自己填写"汉字诊断单",这也是本课的教学难点所在。

3. 教师要引导学生关注每一个探究的结果,充分发挥学生的主观能动性,并激发学生进一步探究的愿望,掌握发现规律和特点的方法。

4. 教师要结合学生的实践、交流结果,引导学生用自己的语言总结、概括出不规范汉字的特点,以及它对社会生活的影响。

5. 教师要引导学生自觉担负起维护汉字文化,自觉使用规范汉字的责任。

四、教学方法

图片资料展示、PPT展示、观察学习、体验学习、探究学习、尝试操作、讨论学习、反思学习。

五、教学时数

1课时。

六、教师课前准备

PPT、资料、图片、打印好的"汉字诊断单"。

七、学生课前准备

准备好铅笔,课前拍摄一些生活中的汉字不规范现象。

我感受:观察生活中的汉字使用,初步了解汉字不规范现象。

我了解:查找关于不规范汉字的资料,搜集网络上的不规范汉字。

我思考:

1. "汉字诊所"是什么? 怎样做"汉字医生"?

2. 怎么判断不规范汉字?

3. 不规范汉字对我们的生活有哪些影响?

八、教学过程设计

【教学过程设计总体思路】

本课以"汉字诊所"求医记为主要线索,引起学生对不规范用字的关注。首先,街边开了一家"汉字诊所",在"汉字诊所"招聘医生、尝试接诊的过程中,了解不规范用字的定义。其次,通过生活中不规范用字的照片,学生更进一步地了解到繁体字、二简字(即任意简化字)、异体字,生活中使用错别字、谐音字、仿拟成语等都属于不规范用字的现象,从而感受到推行简化字,推进汉字规范化的必要性及其对经济发展、科技进步的深远影响。最后,通过一张有争议的诊疗单,学生知道国家规定,了解繁体字和异体字在哪些场合是可以使用的,了解推进汉字规范化,并非废止或消灭繁体字,在一定的专业范围内,应当认识繁体字,以利于继承发扬我国丰富、优秀的传统文化。

【教学空间与布置】

1. 活动教室应为每位学生配备电脑,可以上网浏览,搜集资料。

2. 座椅可以摆放在两边,中间布置一个大桌,摆上"我爱汉字 汉字诊所"的席卡,课前用屏风围住。

(一)选择主题事件——汉字诊所开业啦

1. 教师:街边开了一家诊所,据说是小学生创办的,我们一起去看看吧。

2.(播放爆竹音效)PPT展示"我爱汉字 汉字诊所"。

这个版块主要是通过主题情境的营造,引起学生对不规范汉字的关注,知道这节课主要是为了研究汉字的不规范使用现象。

(二)学生的探索与体验

情境一:"汉字诊所"需要什么样的医生?

1. 教师:"汉字诊所"是干什么的呢?就是纠正我们身边的不规范汉字的。这家诊所要招聘一批"汉字小医生",同学们,你们想应聘吗?

2. 课件展示应聘要求:

(1)会说话,认字。

(2)能了解汉字,知道怎样规范使用汉字。

(3)尝试完成一张"汉字诊断单"。

3. 发给报名学生一张"汉字诊断单"。

汉字诊断单

学校班级	市 小学 班
姓 名	
不规范字类型	
不规范字写法	
诊疗建议	

126

4. 看图,尝试填写。

(课件展示图片)

5. 交流填写内容。

6. 教师:生活中这样的现象有很多,我们需要很多这样的"汉字小医生",所以,我邀请大家都参与到"我爱汉字　汉字诊所"中来。

这个板块是让学生初步感受和了解生活中的不规范使用汉字现象,引起学生对不规范使用汉字现象的关注。

情境二:怎么填写"汉字诊断单"?

1. 现在,我们就要开始接诊了。首先,请同学们自由分组。

2. 展示第一组图片,小组共同合作填写"汉字诊断单"。

3. 教师:在填写中遇到了什么困难?

4. 小组学习"汉字医生学习教材"。

(图片见《玩转汉字》学生用书第 94 页。)

生活中有很多不规范使用汉字的现象,哪些字属于不规范用字呢?

繁体字、二简字(即任意简化字)、异体字,生活中使用错别字、谐音字、仿拟成语等都属于不规范用字的现象。

滥用繁体字,将已经简化了的字仍然写成繁体字,这是用字不规范的表现。滥用谐音,如今许多广告词中的滥用谐音最多。如卖沙发的写成"坐想(享)其成",卖饮料的写成"饮(引)以为荣",卖蚊香的写成"默默无蚊(闻)",卖衣服的写成"换(焕)然一新"等,这种谐音的滥用误导了学生。

5. 小组合作继续填写"汉字诊断单"。

6. 小组交流展示"汉字诊断单"。

7. 展示 A、B 两组图片,各小组选择一组,尝试填写诊断单。

8. 小组交流诊断单。

9. 讨论:刚才大家找到的不规范汉字,可以分成哪些类别?

10. 辩论:(展示图片)这些不规范汉字需要取缔吗?

这个板块主要是让学生了解汉字不规范使用的主要种类和特点,感受不规范使用汉字对我们生活的影响,通过辩论理清"不规范"概念。

情境三:这张汉字诊断单正确吗?

1. 教师:告诉你们,像我们这样的汉字诊所北京也有。(展示学生用书第 93 页的诊断单)同学们看看,这张诊断单正确么?

2. 小组交流,提示:可以阅读学生用书第 94 页的"小贴士",你会更加专业哦。

3. 小组交流汇报。

4. 教师总结:推行简化字,推进汉字规范化,并非废止或消灭繁体字。已被简化了的繁体字,其使用范围要受到严格限制,只能用于古籍整理出版、文物古迹、书法艺术。在一定的学习阶段、一定的专业范围内,应当认识繁体字,以利于继承发扬我国丰富、优秀的传统文化。

这个板块,主要是要帮助学生理清"不规范使用汉字"的概念,让学生正确理解汉字的艺术和汉字的规范,为更好地进行后期的拓展学习奠定基础。

(三)学生的课后延伸

1. 教师:我想,有了这个"汉字诊所",我们身边的不规范使用一定会大大减少,在担任"汉字小医生"的过程中,你觉得要减少不规范汉字还需要一些什么帮助?

2. 学生交流。

3. 教师:是的,汉字规范,人人有责,你们看,国家有专门的机构和法规管理这些不规范汉字。

这个板块主要通过拓展延伸,感受国家对规范汉字的重视,提高学生对规范汉字研究的积极性,促使学生主动承担规范汉字的责任。

提供研究课题

1. 应该如何对这些不规范用字进行管理呢?

2. 怎样联系各地的汉字管理机构?怎样担任"汉字小医生"?

……

引导学生课后拓展的思维导图

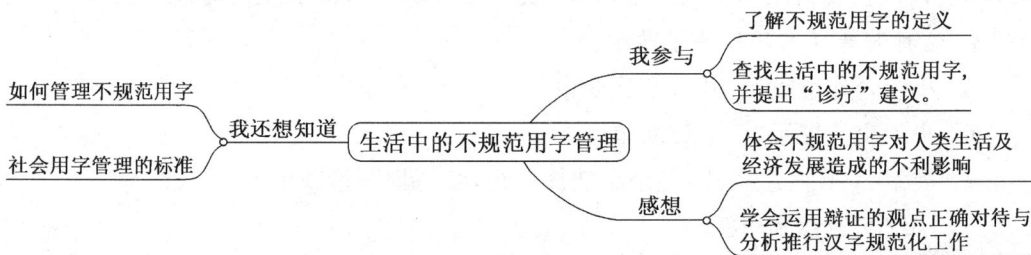

参考资料:

《国家通用语言文字法》。

(设计者:程畇畇　郭晓露)

第二课 汉字商品

领　　域：汉字与经济社会
概　　念：汉字商品
主题事件：开办汉字商品超市

一、教学背景

"开办汉字商品超市"是"汉字与经济社会"的第二环节内容。前一课，学生已经在"汉字诊所"中了解和感知了汉字与我们的生活、经济发展、科技进步的关系，了解管理汉字的机构，引导学生关注汉字在社会生活中的作用、汉字与社会生活的关系。本节课希望通过带领学生一起开办一家汉字商品超市，体验汉字带来的经济价值，了解开办超市的知识和经营的方法，初步学会如何开办一家超市。

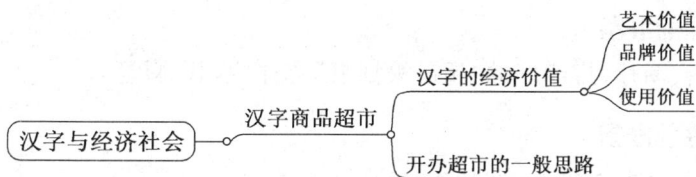

汉字的经济价值：汉字在经济生活中的地位和价值越来越为人们所重视。由于汉字形态优美、字体繁多，成为独具艺术性的书法藏品。同时汉字是表意文字，每个汉字都是有灵魂的，汉字背后蕴含的文化内涵吸引着越来越崇尚精神追求的人们，这使得汉字礼品、工艺品市场供不应求，更多的商家也乐于用汉字设计的广告标志引起消费者的注意。并且在改革开放背景下，随着中国对外交流的日益增多，目前汉字已经成为世界上学习者最多的文字。所以与此相关的汉字学习用书和用品的经济价值也同样可观。

二、学生学习力达成度

我想：学生课前想知道"汉字超市"是干什么的。学生课中想知道，汉字有哪些经济价值，如何策划一家超市。学生课后想知道汉字还有哪些商机。

我会：学生会运用观察、模仿的探究方法，策划一家超市，并且罗列不同类型的汉字商品。

我知：学生知道汉字的经济价值包含艺术价值、品牌价值和使用价值，知道汉字在现代经济生活中具有无穷的生命力,从而更加热爱汉字,乐于研究汉字。

三、教学内容及重难点

1. 让学生知道"汉字超市"里出售哪些汉字商品,以及怎样策划一家超市。

2. 教师要引导学生观察、发现汉字的商业价值,学习并且模仿草拟一份汉字超市经营策划书。这也是本课的教学难点所在。

3. 教师要引导学生关注每一个探究的结果,充分发挥学生的主观能动性,并激发学生进一步探究的愿望,掌握发现规律和特点的方法。

4. 教师要结合学生的实践、交流结果,引导学生用自己的语言总结、概括出汉字的经济价值,从而感受到汉字与社会生活的关系。

5. 教师要引导学生热爱汉字,感受汉字的魅力,乐于研究汉字。

四、教学方法

图片资料展示、PPT 展示、观察学习、体验学习、探究学习、尝试操作、讨论学习、反思学习。

五、教学时数

1 课时。

六、教师课前准备

PPT、资料、图片、打印好的"超市策划书"、空白席卡、彩笔。

七、学生课前准备

准备好铅笔,课前了解一些超市,完成调查表。

超市经营情况

学校班级	市　　　　小学　　　　班
姓　名	
超市名称	
超市经营商品	
超市经营商品的类别分析	
超市热销商品类别	
超市顾客类型	
超市营业额	
超市主要支出(三项)	
超市盈利情况	

我感受:观察生活中的汉字商品,初步了解汉字的经济价值。

我了解：了解一家超市的基本经营策略。

我思考：

1. "汉字超市"可以出售一些什么商品？

2. 怎样策划一家盈利的超市？

3. 汉字还有哪些商业价值？（向家长了解）

汉字经济价值

学校班级	市 小学 班
姓 名	
爸爸说	
妈妈说	
还有（ ）说	

八、教学过程设计

【教学过程设计总体思路】

第一步，展示有关汉字商品的图片引出今天的课题——开办汉字商品超市。第二步，让学生讨论拟定超市的选址和成本预算。第三步，进行动手操作，完成上架、定价、贴价签的准备工作。第四步，开门营业，让学生在推销商品的模拟表演中体验感受经营的方法。第五步，通过估算月营业额反思总结经验和教训，加深对经营超市的理性认识。

【教学空间与布置】

1. 活动教室应为每位学生配备电脑，可以上网浏览，搜集资料。

2. 座椅可以摆放成小组形式，工具放在中间，便于取用。

（一）选择主题事件——开一家汉字超市吧

1. 教师：博物馆边上的超市里，积压了一批白色 T 恤，同学们，你们有什么办法可以将它销售出去呢？

2. 学生交流。

3. 教师：给体恤印上字，就能卖出去。好主意！这样我想到了可口可乐的销售策略。（PPT 展示图片）

4. 教师：同学们，你们知道这个营销策略对可口可乐这样一个已经渐渐"老去"的饮料有多大的影响吗？据说仅仅 2013 年的昵称瓶夏日战役，就为可口可乐的销量带来了 20% 的增长。这些价值就来源于瓶子上的汉字。

5. 今天，老师打算带领同学们一起开一家汉字商品超市。

（PPT 展示汉字商品超市，播放音乐和掌声音效）

这个板块主要是通过主题情境的营造，激发学生了解汉字商品、开办汉字商品超市的兴趣,知道这节课主要是为了研究汉字的经济价值。

(二)学生的探索与体验

情境一:汉字也有经济价值吗?

1. 教师:开一家超市,当然是要赚钱的。超市赚钱不赚钱主要取决于所卖的商品有没有价值。通过你们课前的调查,你们发现什么样的超市商品最赚钱?

2. 小组交流"超市经营情况调查表"。

3. 小组汇报。

4. 教师:经过讨论,你们觉得开办汉字超市有没有可行性?

这个板块既让学生初步感受汉字的经济价值,又带领学生学习商业经营的基本思路,激发学生的兴趣。

情境二:汉字超市的策划怎么做?

1. 教师:下面,我们就要真的策划开办一家汉字商品超市啦。那我们该怎样办一家超市呢?

2. 学生交流。

3. 教师:老师这里有一份小学生做的超市经营策划表,同学们看一看,学一学,思考一下,怎样做一份策划书?

例:超市经营策划书

学校班级	上海市北川路小学五(4)班
姓　名	** **** **
超市名称	超好文具超市
超市经营商品	文具商品
超市经营商品类别	低年级:铅笔　橡皮　田字格本　日字格本　算术本　方格本　铅笔刨刀　笔袋 高年级:钢笔　胶带　修正带　胶水　订书机　文件夹　横条格本　算术本　日记本　作文本　图画本　钢笔橡皮　草稿本　标签贴 数学:算术本　直尺　三角尺　量角器 语文:语文本　作文本　日记本　钢笔水　毛笔　墨水 英语:四线格本 美术:水彩笔　蜡笔　水粉颜料　国画颜料　水彩颜料　颜料盘　剪刀　水桶　胶棒　彩色纸　卡纸　蜡光纸　铅画纸
商品价值定位	3~25元(小学生零花钱)
超市顾客类型	校园里的小学生
超市主要支出(三项)	房租、水电费、员工工资
超市盈利情况	每件商品盈利0.5~1元

4. 学生汇报。

5. 教师:是的。最重要的就是商品,商品类型越多,越受大家欢迎,超市的生意就会越好。请同学们分小组,先学习课本第 97—99 页的内容,这些内容一定会给你们一些启发,然后再完成下面这张"汉字商品超市经营策划书"。

汉字商品超市经营策划书

学校班级	
姓　　名	
超市名称	
超市经营商品	
超市经营商品类别	
商品价值定位	
超市顾客类型	
超市主要支出(三项)	
超市盈利情况	

6. 学生讨论,说一说,写一写。

7. 各小组交流展示策划书。

8. 教师:同学们真能干,你们的商品真是丰富。老师还有一些建议给同学们,大家看图想一想,老师还有哪些建议?

(PPT 展示第一组)

9. 教师:这一组商品给你们什么启示?

10. 学生交流。

11. 教师:是的,普通的日用生活品上加上汉字,就美化了,这是汉字的经济价值。

12. 教师:汉字还有哪些方面的价值呢? 请大家继续看,继续思考。

(PPT 展示第二组)

13. 教师:这些汉字代表的就是质量和品牌,这也是汉字的价值。再看一组,你又受到了什么启发? 汉字还有什么价值?

(PPT 展示第三组)

14. 学生汇报。

15. 教师:是的,汉字商品超市商品越多,和大家的生活联系越紧密,大家就越喜欢去买东西。汉字的经济价值和人们的生活本来就息息相关。我们总结一下,有哪些价值呢?

16. 学生总结。

这个板块让学生进一步发现感受汉字的多种经济价值,同时带领学生尝试做商业策划,学会生活技能,激发学习动机。

情境三:汉字超市的宣传怎么做?

1. 教师:同学们,现在汉字商品超市已经建成了,吸引了不少顾客来观望,我们可要为这家超市设计一条富有特色的宣传标语哦。

2. 学生尝试设计。

3. 指名交流评议:语言热情吗?语言好记吗?写出超市的特色了吗?

4. 总结:把你的宣传标语美美地画在课本 100 页上。

5. 教师:超市要开业了,还有什么可以吸引顾客的呢?读读课本 100 页,小组合作动手画。

6. 小组展示招牌,介绍设计思路。

这个板块从另一个角度,让学生在实践中感受汉字的经济价值,宣传表达的语言有经济价值;店招的图案设计也有经济价值。至此,在实践中,学生不仅学会开办一家超市,还切身感受到汉字的经济价值和魅力。

(三)学生的课后延伸

1. 教师:当然,开好一家汉字商品超市,可不仅是需要这些就够了的。你觉得,还需要注意哪些事项?

2. 学生汇报。

3. 教师:是的,商品的选择是最讲究的。总是卖一种可不行。季节、节日都要考虑。经常变变,才会让大家有新鲜感。那可以到哪里找一些新鲜的汉字商品呢?

4. 学生交流。

这个板块主要通过拓展延伸,学生能感受汉字商品的多元和不断创新,切实感受到古老汉字的生生不息,更加热爱汉字。

提供研究课题

1. 如何开办连锁超市?

2. 如何在网上开店?

3. 如何扩大知名度?

……

引导学生课后拓展的思维导图

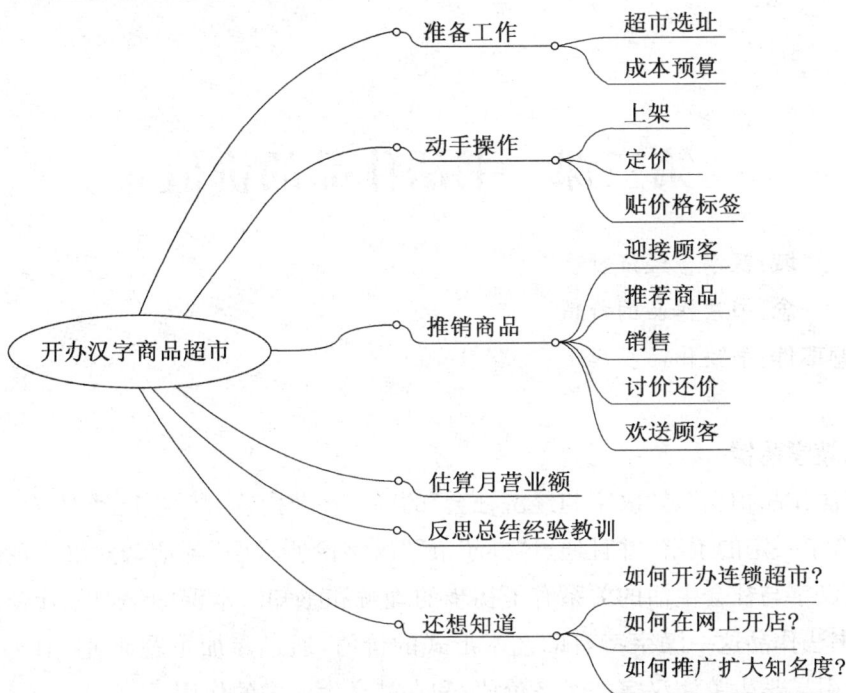

经过本节课的实践，教师和学生一起经历了深入了解汉字经济价值的过程，感受到真正意义上的"教学相长"。在教学中，最主要的体会就是"有意义的学习"才是"有价值的学习"。

《跟着汉字去旅游》的情境设计理念，源于脑科学中关于"有意义的学习"的理念。脑科学与教育学的研究原理告诉我们：意义的搜寻是与生俱来的。人是意义的建构者，对于意义的搜寻不会终止，只会不断集中。这就要求教学提供一种稳定和熟悉的环境，并尽可能满足学生头脑中的巨大好奇心，以及对新奇事物的发现与挑战的渴望。而意义的搜寻是通过形成范型发生的。人脑能感知和生成范型，为使教学真正有效，一个学习者必须去创造有意义的、与个人相关的范型。

那么本课又是怎样构建"有意义的学习"的呢？第一，本课"开办汉字商品超市"这个情境，是一种生存技能的学习，是大脑主动聚焦的内容，对小学生而言，又很有新鲜感，因此学生很感兴趣；第二，本课的学习与生活联系紧密，学生的学习有根有源，有来处有去处，这种直观的意义建构深受大脑欢迎；第三，教师在设计中注意了对难点的铺垫，解决了知识与生活的联系断层问题，如课前老师还特意设计了调查表，课中老师给予了策划案例、图片引导，让学生切实感受到汉字的经济价值，这种感受来自于学生内部，因此也更加容易为学生所接受，学习的效果可想而知。

教学从根本上说就是"利学"，只有促发了真正有意义的"学"，才能让大脑得到真正意义上的发展。

（设计者：郭晓露　徐晓蓓）

第三课　书法作品的价值

领　　域：汉字与经济社会
概　　念：书法作品的价值
主题事件：书法作品拍卖

一、教学背景

"书法作品拍卖"是"汉字与经济社会"的第三环节内容。学生已经对汉字的特点和价值有了一定的了解，并且通过"办超市""汉字诊所求医"等活动对汉字的经济价值，以及汉字与社会生活的关系有了初步的理解和感知。本课的学习是让学生了解和感知书法作品这一汉字特有的艺术形式的价值，通过参加主题研究、拍卖会的过程，继续引导学生关注汉字的经济价值，和在社会生活中的作用。

"书法作品的价值"包含人文历史价值、艺术价值和经济价值。中国书法是中国汉字特有的一种传统艺术，它以汉字为载体，按照文字特点及其含义，以其书体笔法、结构和章法书写，使之成为富有美感的艺术作品；它传承历史文化，表达个人气度和修养，是艺术家的文化艺术创作。随着社会对文化艺术品味的要求提升，近年来，书法作品的经济价值也节节攀升。本节课通过让学生了解书法艺术的特有人文价值、参与书法作品拍卖会的过程，进一步感受汉字的经济价值，和在社会生活中的作用。

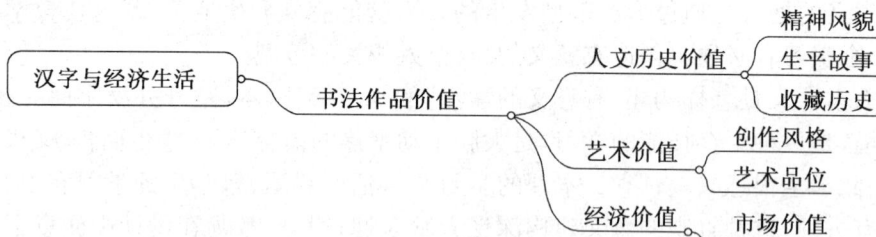

```
                                              ┌─ 精神风貌
                                    人文历史价值 ├─ 生平故事
                                              └─ 收藏历史
汉字与经济生活 ── 书法作品价值                    ┌─ 创作风格
                                    艺术价值 ────┤
                                              └─ 艺术品位
                                    经济价值 ──── 市场价值
```

艺术品拍卖是指将艺术品通过公开竞价的形式，转让给最高应价者的买卖方式。

二、学生学习力达成度

我想：课前学生想知道书法作品有什么价值；怎样参加拍卖会；哪些书法作品价值很高。课中学生想知道怎样参加"拍卖会"；怎样估量书法作品的价值。课后学生想自己参加一次真正的书法作品拍卖会；想了解更多的书法家。

我会:学生初步会估量和判断书法作品的价值,知道如何进行探究活动,知道如何参加拍卖会。

我知:学生知道书法作品的价值很高,包含历史人文价值、艺术价值和经济价值,初步认识近现代著名的书法家和他们的作品,体会汉字在社会生活中的经济价值和作用。

三、教学内容及重难点

1. 让学生知道书法作品是一种价值很高的艺术作品,以及怎样通过探究了解书法作品的价值。

2. 教师要引导学生观察、阅读文献,体会不同艺术家的书法作品特色,并自己估量和判断书法作品的艺术价值,参加拍卖会,参与竞价,这也是本课的教学难点所在。

3. 教师要引导学生关注每一个探究的结果,充分发挥学生的主观能动性,并激发学生进一步探究的愿望,掌握发现规律和特点的方法。

4. 教师要结合学生的实践、交流结果,引导学生用自己的语言总结、概括出书法作品的价值,体会汉字在社会生活中的价值。

5. 教师要引导学生感受书法作品的文化魅力,热爱汉字。

四、教学方法

图片资料展示、PPT展示、观察学习、体验学习、探究学习、尝试操作、讨论学习、反思学习。

五、教学时数

2课时。

六、教师课前准备

PPT、资料、图片、席卡、艺术作品样张、模拟币、设计相关探究活动主题表等。

七、学生课前准备

我感受:观察生活中的书法作品,包含名家碑帖和书法教材。

我了解:了解书法家和书法作品的经济价值。

我思考:

1. 有哪些书法家的书法作品价值很高?

2. 怎么判断书法作品的价值?

3. 书法作品为什么会有经济价值?

八、教学过程设计

【教学过程设计总体思路】

在开题课上,师生达成共识,确定以"颜真卿书法作品研究"为活动课题,制订活动计划,进行人员分工。然后引导学生利用课余时间,通过查阅书籍、上网调查、填写调查问卷等方式开展探究活动,获取知识。教师作为活动的引导者、组织者、参与者与学生一起参与综合实践活动,分享学生获取知识的喜悦,也看到他们遇到问题的困惑,然后在活动后期安排一节汇报课,通过"鉴宝行动""拍卖会"的崭新形式,让学生在情境体验中走近这些书法家,初步了解他们的作品,并体会到这些作品的巨大价值以及书法家背后的努力。同时旨在为学生搭建交流的平台,展示阶段性研究成果,交流方法,解除困惑,激励学生进一步开展探究实践活动。

【教学空间与布置】

1. 活动教室应为每位学生配备电脑,可以上网浏览,搜集资料。

2. 两边座椅可以摆放成小组形式,放置席卡,中间摆放成会场座位,模拟拍卖会。

(一)选择主题事件,创设情境——什么是书法作品拍卖会

1. 教师:同学们你们参加过拍卖会或者听说过拍卖吗?

2. 展示华南城书画展展馆内的书法作品拍卖图片。

3. 教师:从这些图片中你发现这几组拍卖有什么共同点?

4. 学生回答。

5. 教师总结:是的,书法作品也是有拍卖会的。等一会儿,我们要去参加一个唐代书法作品拍卖会。

这个板块通过让学生初步感知书法作品拍卖会,并且体验参与拍卖会的流程,入情入境,激发学生参与拍卖活动、参与自主探究的兴趣。

(二)学生的探索与体验

情境一:怎样了解书法作品的价值?

1. 教师:参加拍卖会一定要了解拍卖的物品。今天这节课,我们不仅要认识唐朝的两位大书法家颜真卿和柳公权,还要了解和欣赏他们的书法作品,并且要竞拍他们的两幅书法作品。

2. PPT展示颜真卿、柳公权经典碑帖。

3. 教师:这些碑帖中,哪个是颜真卿的作品?哪个是柳公权的作品?你为什么这样认为?

4. 学生小组讨论,并回答。

5. 教师总结:很好,同学们对两位书法家的书法作品的大体特点还是有一定了解的,不过参加拍卖会,这可不够,我们还要对两位书法家的书法作品进行深入的研

究。首先,我们以颜真卿的书法作品为例,研究颜体书法的艺术价值。

6. 教师:请同学们看一看这几幅作品,他们分别是颜真卿的《麻姑仙坛记》《多宝塔碑》《颜勤礼碑》《祭侄文稿》《争座位帖》《自书告身帖》,同学们手中也有这几幅碑帖的样本,请大家仔细比较一下,在字体和风格上,有什么不同之处呢? 小组探讨一下。

7. 小组探究。

8. 教师:同学们可以猜猜,这些不同,你觉得是什么原因造成的呢?

9. PPT 展示:实际上,颜真卿的书法也经历了一个成长的过程,他的书法成长可以分为早中晚三个阶段,如《多宝塔碑》《祭侄文稿》是他的早期作品,《麻姑仙坛记》《争座位帖》是他中年鼎盛时期的作品,而《颜勤礼碑》《自书告身帖》则是他晚年的作品。

10. 展示《祭侄文稿》,学生阅读了解背后的故事。

颜真卿痛写《祭侄文稿》

颜真卿的书法作品,还有一件更有名气的,是《祭侄文稿》。这里面也有一段感人的故事。

在抗击安禄山的斗争中,颜真卿的堂兄颜杲(gǎo)卿和他一起发兵讨伐叛军。颜杲卿是常山郡(现在河北省正定县一带)太守,他率军和叛军苦战了好几天,可是因为寡不敌众被叛军俘获了。

安禄山叫手下人把颜杲卿和他的小儿子季明押到自己面前,问:"你为什么要反叛我?"

颜杲卿瞪着双眼,连声大骂道:"呸! 我是唐朝的臣子,我为国家讨伐叛贼,这叫什么反叛?"

安禄山又气又恨,叫人用铁钩钩断了颜杲卿的舌头,可是颜杲卿还是骂不绝口。最后残暴的安禄山竟下令把颜杲卿父子活活地剐(古代一种用刀把人慢慢割死的酷刑)死了。

颜杲卿父子遇害的消息传到了平原,颜真卿悲愤极了。他想到颜杲卿一家满门忠烈,全家三十多口人为国捐躯,就连少年英俊的小侄子季明也惨死在叛军的屠刀下,不由得泪流满面。

为了寄托自己的哀思,颜真卿决定为侄子季明写一篇祭文。他快步走到书案前,提笔写了起来。他越写越快,越写越悲愤,国恨家仇全部凝聚在笔端,一篇文字苍凉悲壮、用行书写成的祭文一气呵成了。

这篇手稿是颜真卿含着泪写成的。文中有好几处因为笔写干又顾不上蘸墨而形成的枯笔,使人感到他的心情是多么悲愤啊!

这篇《祭侄文稿》不但文辞好,书写妙,还饱含作者的爱国热情。只有像颜真卿这样又是英雄又是书法高手的人才写得出来。

后来，这篇《祭侄文稿》成为他最杰出的行书作品。历代书法家把它誉为"天下第二行书"。它同东晋书法家王羲之的"天下第一行书"《兰亭序》一样，受到了人们的珍爱。

11. 教师：了解了颜氏书法的特点，又阅读了这个故事，你准备给这幅书法作品开价多少？为什么？

12. 展示《颜勤礼碑》图片，学生阅读资料。

《颜勤礼碑》介绍

《颜勤礼碑》是颜真卿晚年精品，是颜真卿书法最为成熟时期的佳作之一，已完全脱去了初唐楷法的体态。这块碑上的颜体书法结字端庄、宽润疏朗，气势雄强，骨架开阔，方形外拓，横细竖粗非常鲜明，方圆转折的笔法清晰，竖画取"相向"之势，捺画粗壮且雁尾分叉，钩如鸟嘴，点画间气势连贯。碑中的字，同样的点画有不同的变化，生动多姿、节奏感强。此碑重法度、重规矩，气势恢宏，骨力遒劲而气概凛然，这种风格体现了大唐帝国繁盛的风度，并与颜真卿铁骨铮铮、正直凛然的高尚的人格高度一致，是书法美与人格美完美结合的典例。

13. 教师：了解了《颜勤礼碑》，你准备给这幅书法作品开价多少？为什么？

14. 教师总结提问：那么，颜氏书法作品的价值你认为主要体现在哪里呢？

15. 小组研讨。

16. 小组汇报。

17. 教师：（展示计划表）经过刚才的过程，我们已经明白怎样确定颜氏书法作品的价值了。下面我们一起来思考一下，怎样研究书法作品的价值呢？我们列出了如下一些方法，小组同学可以讨论一下，看看这些方法中哪些可以帮助我们，在需要的方法下面打钩。

18. 小组活动。

19. 小组汇报（我们小组的研究主题是_____，我们准备用_____方法进行研究）。

20. 教师：好，既然各个小组都确定了研究主题，也选定了研究方法，接下来就要制订一个可行的阶段行动安排，关于人员的分工我就不多说了，小组可以讨论协商解决，但这个阶段安排，还要请同学们看我这里的一个示范：

时间阶段	具体的事情
1～2周	＊＊同学上网查找资料，＊＊同学到书店调查有关文献，＊＊同学访问专家等
3～4周	小组集中资料收集结果，汇总分析得到结论
5周	选择合适的形式（PPT、小报等）来表现

关于表现形式，请同学们一定要注意要求：

确定表现形式（为了让大家听得懂，看得明白，一定要注意选择）
观察日记 图表 小论文 照片 PPT 其他（　　　　　）

21. 小组动手制订研究计划（给予充分的时间）。

22. 小组汇报研究计划，要求倾听，看看能否对自己小组有一定的帮助，也可以善意地给其他小组提出建议。

23. 教师总结：制订出了切实可行的研究计划，我们就要按照计划去实行，了解和发现颜真卿书法的特色和市场价格。

这个板块主要是以考察颜氏书法作品的价值为例，组织学生制订探究计划，学习探究书法作品的研究价值，为参加书法作品拍卖会做好准备。

情境二：怎样参与书法作品拍卖？

1. 教师：下面就正式开始我们的颜柳书法作品拍卖会。

2. PPT展示：颜柳书法作品拍卖会（掌声音效）。

3. 教师：参加拍卖会要进行资格审核，你们的身份证都带了吗？（教师验"身份证"后发放"参拍证""竞拍牌""竞拍意向表"）

竞拍意向单				
	作品名称	心理价位	最高价位	竞拍理由
第一意向				
第二意向				

4. 学生就座，进入拍卖会场。

5. 教师：首先，我们有请拍卖师简单介绍这两幅作品及目前市场价格。

《颜勤礼碑》是颜真卿为其曾祖颜勤礼所书的神道碑（墓碑），四面刻字，现存两面及一侧。碑阳19行，碑阴20行，每行各38字。碑侧5行，每行37字，左侧铭文在北宋时已被磨去。1922年10月在西安出土，后移新城，现在西安碑林。《颜勤礼碑》是颜真卿晚年所书，其书法艺术已进入完全成熟时期，通篇气势磅礴，用笔苍劲有力，未经后人剔剜，是颜体中的代表作。起拍价1 000万。

　　《神策军碑》全称《皇帝巡幸左神策军纪圣德碑》,刻于唐会昌三年(公元843年),立于长安宫廷禁地,难于捶拓。碑先损后佚,拓本绝少。该碑乃柳公权晚年所书,字体沉着稳健,气势磅礴,可谓柳公权生平第一妙笔。起拍价1 200万。

　　6. 为了让大家购买到自己真正心仪的作品,请大家仔细阅读资料介绍,欣赏作品(教材),填写竞拍意向单。

　　7. 拍卖师随机调查顾客的拍卖意向及理由。(指定两位"竞拍者"谈谈)

　　8. 竞拍师(教师)组织竞拍……领取"物权证",领取打印作品。

　　9. 竞拍成功者发表竞拍感言。

　　这个板块带领学生真实体验书法作品拍卖的流程,切实感受书法作品的价值,激发学生了解书法作品价值的情感体验。

(三) 学生的课后延伸

　　1. 教师:参加了这次颜柳书法拍卖会,你有了哪些收获?

　　2. 学生交流。

　　3. 教师:你们真会思考! 书法作品的价值可不是仅仅在于经济价值,更为重要的是历史价值和艺术价值,在于书法家的人品和书法艺术的统一。今天,老师还接到了"中国书法名家作品拍卖会"的请柬(PPT展示),你们想去参加么? 需要做哪些准备呢?

　　4. 学生讨论。

　　5. 教师:参加了这次书法作品拍卖会,你还有什么问题?

　　6. 学生讨论。

　　这个板块主要通过拓展延伸,概括出书法作品的价值,让学生感受书法作品在经济社会中的价值和地位,提高学生参与书法作品价值研究的积极性,促使学生更加热爱书法,激发研究书法的兴趣。

提供研究课题

　　1. 还有哪些有名的书法家? 他们是怎样的人? 有什么样的故事?

　　2. 我偏爱什么样的书法作品? 我身边的人希望收藏哪些书法作品? 怎样得到这些书法作品?

　　3. 收藏这些书法作品有什么用呢?

　　……

引导学生课后拓展的思维导图

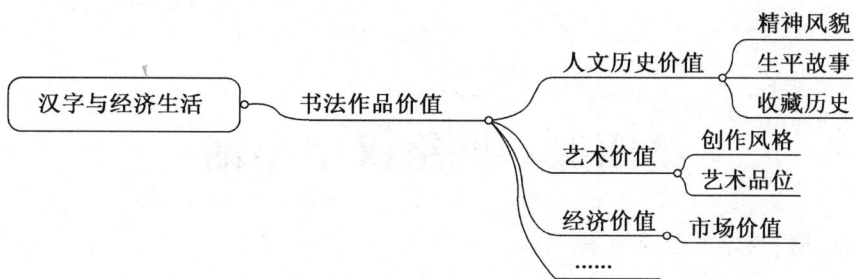

```
                                              ┌── 精神风貌
                              ┌─ 人文历史价值 ──┤── 生平故事
                              │                └── 收藏历史
汉字与经济生活 ── 书法作品价值 ──┼─ 艺术价值 ──┬── 创作风格
                              │             └── 艺术品位
                              ├─ 经济价值 ── 市场价值
                              └── ……
```

（设计者：徐文姝　高　琦　郭晓露）

第四课　网络汉字小铺

领　　域：汉字与经济社会

概　　念：网络汉字小铺

主题事件：我学哥哥做"威客"

一、教学背景

"我学哥哥做'威客'"是"汉字与经济社会"的第四环节内容。学生已经对汉字的特点有了一定的了解，并且通过"办超市""参加书法作品拍卖"对汉字的经济价值，以及汉字与社会生活的关系有了一定的理解和感知。本课的学习是借"威客"任务，继续引导学生关注汉字的经济价值，和在社会生活中的作用。

汉字商品是指包含汉字并且以其为主要卖点的商品，汉字 logo 就是其中一种。它是指以汉字作为设计要素和造型的基础标志，从本身的形、意出发进行合理的空间布局，借用符号化、图像化的精练之形传达特定的含义和信息，具有深刻的文化意蕴。本节课通过让学生了解哥哥接"威客"任务单、设计汉字 logo 的过程，进一步了解汉字"形意结合"的特点和图像化的意蕴，发挥创造力和想象力，利用汉字的这一特点设计汉字 logo，感受汉字的经济价值和在社会生活中的作用。

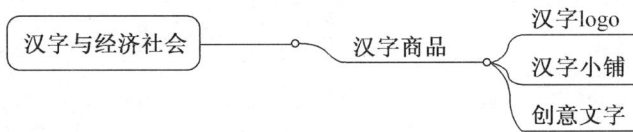

```
                                                      汉字logo
   ┌─────────────┐
   │ 汉字与经济社会 │────○──── 汉字商品 ─○────── 汉字小铺
   └─────────────┘
                                                      创意文字
```

"威客"是 the key of wisdom 的缩写，是指那些通过互联网把自己的智慧、知识、能力、经验转换成实际收益的人，他们在互联网上通过解决科学、技术、工作、生活、学习中的问题从而让知识、智慧、经验、技能体现经济价值。

二、学生学习力达成度

我想：课前学生想知道生活中有哪些汉字商品，"威客"是什么；课中学生想知道怎样做"威客"，帮淘宝网店"汉字小铺"接任务，怎样设计汉字商品；课后学生想自己设计汉字商品。

我会：学生会观察汉字商品的特点，搜集人们对汉字商品的评价和态度，分析汉字 logo 的设计理念和创意所在,尝试设计汉字 logo。

我知:学生知道"威客"这一概念,认识生活中的汉字商品,了解各类汉字商品在生活中所发挥的重要作用,体会汉字商品的文化价值、汉字美化生活的作用,以及汉字在社会生活中的经济价值和作用。

三、教学内容及重难点

1. 让学生知道"威客"是什么,以及怎样通过做"威客"接任务为淘宝网店"汉字小铺"设计汉字商品。

2. 教师要引导学生观察发现汉字商品的特点,并自己创造设计符合"汉字小铺"特点的个性 logo,这也是本课的教学难点所在。

3. 教师要引导学生关注每一个探究的结果,充分发挥学生的主观能动性,并激发学生进一步探究的愿望,使其掌握发现规律和特点的方法。

4. 教师要结合学生的实践、交流结果,引导学生用自己的语言总结、概括出汉字商品的特点,以及在社会生活中的作用。

5. 教师要引导学生感受汉字的文化魅力,热爱汉字。

四、教学方法

图片资料展示、PPT 展示、观察学习、体验学习、探究学习、尝试操作、讨论学习、反思学习。

五、教学时数

1 课时。

六、教师课前准备

PPT、资料、图片、彩纸、铅笔、画笔、卡纸、剪刀等。

七、学生课前准备

准备好彩纸、铅笔、画笔、卡纸、剪刀等工具。

我感受:观察生活中的汉字商品街道上的汉字 logo,感受汉字在社会生活中的作用。

我了解:查找资料,搜集网络上的汉字商品。

我思考:

1. "威客"是什么? 怎样做"威客"?

2. 怎么设计汉字商品?

3. 汉字商品有什么用处?

八、教学过程设计

【教学过程设计总体思路】

本节课以学生做"威客"接任务这一实践活动为主要线索,第一步让学生通过观察一些有关"威客"的网页充分认识"威客"这一特殊行业到底是做什么的,激发学生争做"威客"接任务的兴趣。在接任务之前,先带领学生到"汉字小铺"中去逛一逛,充分了解"汉字小铺"中的个性产品,对"汉字小铺"有所认识,让学生体会汉字美化生活的作用。第二步,让学生尝试"威客"职业并接任务,尝试前先让学生明确此次"威客"的任务是为"汉字小铺"设计个性 logo。然后给学生看一些经典的、有创意的 logo 设计,在看的同时让学生体会到这些 logo 作品中的创意汉字独具魅力,激活学生的创意想象和设计欲望。接着就让学生为"汉字小铺"设计 logo,通过亲身体验感受汉字美化生活的作用和意义。第三步,让学生交流和反思自己的设计意图是什么,并思考"汉字小铺"中还可以引进哪些商品,并通过思维导图启发学生探究汉字美化生活还可以往哪些方面发展,进一步体会汉字在美化生活方面做出的巨大贡献。

学生通过观察、研究汉字商品,尝试设计汉字 logo,了解汉字商品的特点,体会汉字商品的价值,激发对汉字的后续研究的兴趣和动力,做好经验积累。

【教学空间与布置】

1. 活动教室应为每位学生配备电脑,可以上网浏览,搜集资料。

2. 座椅可以摆放成小组形式,工具放在中间,便于取用。

(一)选择主题事件,创设情境——我学哥哥做"威客"

1. 教师:同学们,哥哥大学毕业后,自主创业,成了一名"威客"。他经常用汉字做 logo。(展示学生用书插图)

2. 板书:"威客""汉字 logo"。

这个板块主要是通过主题活动的创设,激发学生了解威客、了解汉字 logo 的兴趣,知道这节课主要是为了研究关于汉字 logo 设计的知识。

(二)学生的探索与体验

情境一:什么是"威客"?

1. 教师播放课件,展示图片。

2. 教师:同学们,你们听说过"威客"这个词吗? 你们知道什么是"威客"吗?(同学回答)

3. 教师:究竟什么是"威客"呢? 请同学们自己阅读学生用书上的"小贴士"了解一下。

4. 教师:今天,老师也带你们去网上认识认识威客。你们看!(点击展示网站 http://www.vikecn.com/)这是"威客中国"网站,它是中国领先的威客网站。瞧,在这个网站上每天都会发布很多威客任务,有的是为新一系欢乐购吉祥物进行形象设计,有的是为某公司设计一个创意 logo,还有的是征集某个产品的商标,很多很多。到目前为止在这个网上已发布了好几万个任务啦! 只要接下任务,你制作的作品让发布者满意,就可以赢得报酬了!(师边介绍网站边说)

5. 教师展示课件中的网站图片。

6. 教师:瞧,这就是各种各样的任务单。

你们想接个任务试试吗? 这可能将成为你们靠智慧和努力赚取的第一笔报酬哦! 那你们觉得,自己可以接怎样的任务呢?

7. 学生交流。

8. 教师:正巧,最近淘宝上一个有名的网店叫"汉字小铺",它也在"任务中国"这一网站上发布了"威客"任务单,今天这节课咱们就一起去做"威客"吧!

请你们阅读学生用书上的"威客任务单",了解一下你们今天的任务。

9. 学生阅读任务单。

这个板块主要是通过阅读材料,观看图片,点击网页,让学生感受"威客",认识"威客",并学习根据自己的能力接任务。

情境二:"汉字小铺"里有什么?

1. 教师:别急,在接任务之前啊,咱们先去淘宝网店"汉字小铺"逛一逛,看看这家网店到底有些什么好玩又新奇的东西。

2. 教师展示课件中的图片:

(1) 汉字杯子;

(2) 汉字文化衫;

(3) 汉字挂件;

(4) 汉字积木;

(5) 汉字个性车牌;

(6) 汉字个性车贴;

(7) 汉字印章。

3. 教师:同学们,逛完了"汉字小铺"你想说什么呢? 你最喜欢小铺中的什么商品呢? 讨论讨论吧!

4. 学生交流。

5. 教师总结:你们说得太好了! 的确,"汉字小铺"里的商品各式各样,印在商品上的汉字更是生动有趣,正因为有这些美化生活的汉字商品,这些原本普通的物品充满了趣味,我们的生活也变得更加的丰富多彩。

这个板块通过让学生认识网络小铺,感受汉字商品的特点和魅力,体验汉字商品在人们社会生活中的地位和作用,为后续的研究和探索奠定基础。

情境三：怎样设计汉字 logo？

1. 教师：同学们，逛完了"汉字小铺"，现在你们对这家网店一定有所了解了吧！下面我们就要开始接任务喽！马上你们就要做设计师了，可是究竟怎么设计汉字 logo 呢？

2. 学生交流想法。

3. 大家说的都有道理，请你们看看学生用书，欣赏别人设计的汉字 logo，看看能不能从中受到一些启发。

4. 学生讨论。

5. 将所卖的商品与汉字的造型结合起来，让汉字又漂亮、又醒目，还让别人一见到 logo 就能猜到它卖的是什么，这是个好主意。

6. 教师课件播放创意汉字。

7. 教师：还有一些创意汉字呢！这些汉字又是怎样表达创意的呢？挑一个你最喜欢的说说。

8. 学生讨论。

9. 教师：看完了这些有灵感了吗？拿出工具开始动手动脑设计吧！等一会将进行"创意大比拼"。

10. 学生拿出工具动手设计。

11. 教师：谁设计好了，先来说说你的设计意图，为什么要这样设计呢？

12. 教师选择一位学生上台展示说明。

13. 教师：请大家将自己的作品在小组内交流说说设计意图，然后每一组推选出一名汉字设计最具创意的、最符合"汉字小铺"特点、颜色搭配最棒的作品在全班进行展示。

14. 学生小组合作交流。

15. 教师组织全班交流，评比出"最具创意奖""优秀设计奖"等。

16. 教师总结：今天咱们为"汉字小铺"设计了个性 logo，第一回做"威客"接任务你有什么感受？

17. 学生交流。

这个板块主要是通过交流讨论、观察比较，发现汉字 logo 设计的规律和特点，并且利用这些特点发挥创意，自己创造设计符合"汉字小铺"特点的个性 logo。

（三）学生的课后延伸

1. 教师：我想，有了这个 logo，"汉字小铺"生意定会节节高升，你们觉得除了这些商品，小铺中还可以引进哪些汉字商品呢？

2. 学生交流。

3. 师：你们真会思考！其实，在我们日常生活中，汉字几乎无处不在，汉字离不开生活，生活更离不开汉字！

这个板块主要通过拓展延伸，感受汉字商品的魅力，感受汉字在经济社会中的价值和地位，提高学生的研究积极性，促使学生更加热爱汉字，激发研究汉字的兴趣。

提供研究课题

1. 汉字商品还可以应用在哪些方面？

2. 怎样根据不同的需求设计汉字 logo？

……

引导学生课后拓展的思维导图

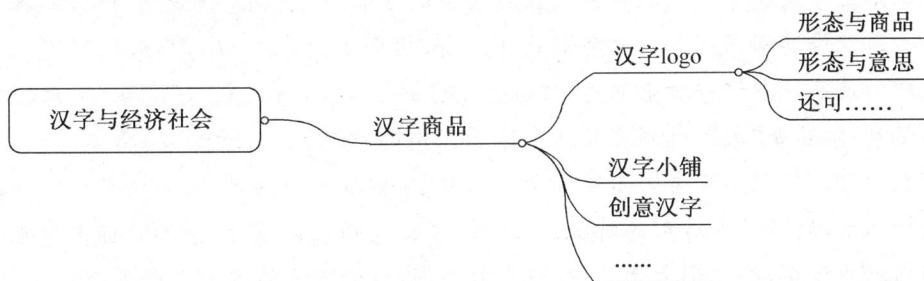

```
                                              汉字logo ── 形态与商品
                                                         形态与意思
                                                         还可……
汉字与经济社会 ── 汉字商品 ──
                                              汉字小铺
                                              创意汉字
                                              ……
```

参考资料

依据汉字自身特点，设计汉字 logo

从吕胜中先生在《意匠文字》一书中所归纳的一些文字图形创作方法，就可以明显地看出这种潜在的思维模式，如将虚拟实、笔中适形、因圆就方、借口共用等。这种"类"的思维模式，在汉字标志的设计中，也表现出来。"同质同构""异质同构""形义同构"等设计手法无法避免"类"的思维模式的影响。如中国铁路的标志（见图1）即将"工人"两个汉字进行艺术加工处理，合二为一，构成火车头和铁轨断面的形象。设计运用了典型的异质同构的设计手法，属于形的聚类。

图 1

六书是古人根据汉字的形体对汉字所做的分类。由于汉字标志是以汉字的形体为重要因素进行设计的，所以六书这种对汉字形体的区别的方法，影响到汉字标志的设计。

"六书"这个词最早见于《周礼·地宫》，但当时并未具体说明六书的内容。汉代学者把六书解释为关于汉字构造的六种基本原则。许慎在《说文解字》中为六书做了注释，用今天的话来解释就为，

象形：用最简单的线条描摹客观事物的形状，使人一看就能把字形与具体事物联系起来。

指事：利用特殊性符号标记某一客观事物，表示某一概念的方法。

会意：在象形、指示的基础上创造合体字的方法，把意义可配合的两个或两个以上的独体象形或指事字结合起来，表示一个新意义。

形声：也是在象形、指事的基础上创造合体字的方法，它的特点是标类注音。

转注：意义上相同或相近的字彼此互相解释。

假借：语言上的有些词有音无字，借用同音字来表示。

这六种方法，除了转注和假借由于意义的不明，解释的分歧较大以外，其余的四种都成为汉字结体的主要方法。在今天的标志设计中，六书仍发挥作用。

象形文字反映了古人从观察到表现对象的过程中，具有整理表象和加工取舍的创造力。从像其形而求其神的字形处理来看，蕴含着追求神似而非形似和不似之似为表现的最高境界这一古老的美学思想。"象形"二字妙在"象"字，"象"字意指对现实的抽象，既然是"象"，就须在整体上保持识别的准确性，至于细节、局部的处理，取舍有别。"象"字也指观者的心理感受，而"形"字则指事物的外貌，为使受众对事物得出准确判断，则必须表达形的特征。许多汉字标志用此法设计，象形的标志一般不太强调内涵的深邃，而是形大于义，或以形取胜，设计的重点在于形式的处理。

如中国大酒店标志（见图2）以富有中国传统特色的大红灯笼为外轮廓，中间造型不仅构成了灯笼的骨架，使灯笼造型完整，而且巧妙地构成了一个篆书"中"字。

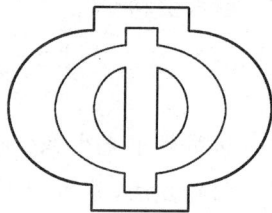

图2

指事字不像象形字那么直观，需要经过观察、分析、了解其特点，才能知其义。

指事的关键在"指"，但是若无"事"的辅助，则不能使人可识可见。所以指事的方法主要用抽象符号——点、横与象征的"事"结合在一起。

会意造字是想把范围大、内容繁杂的意思用一个字表达出来，也称象意。会意的手法更注重表达事物的逻辑性和哲理性，因而需要建立在人们共识的基础之上。

会意标志则借用陈述、比喻、象征、推理等手法启发受众的联想思维，力求保证信息传达和识别的准确性。设计者首先应对设计要求有充分的理解，并能从错综复杂的表面现象中分离出有价值的要素，找到事物的本质，把普通而一般的概念提升到理性认识的高度，形成比较集中的意念，从而使概念转化为可视的形象。

如国际华人设计师联合委员会标志（见图3）以"华"的繁体进行意象化处理形成，其成功之处在于似与不似之间已远远超出了单字的含义而得以升华，多"人"组成"华"字，形象地表达了华人在当今世界已构筑众志成城、不可战胜的炎黄

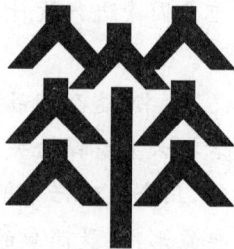

图3

群体，以及携手联盟的精神风貌。

　　形声是最便捷的造字法，由于形声字形声相辅，各表义音，是有形有音的文字，使人便于认识和读记。在标志设计中，形声标志的形即图形，声即字、词音，彼此间相依共存。大多数的汉字标志都为形声标志。

　　形声标志一般以字为主，以图为辅，如，92 国际拍卖会标志（见图 4），是一个拍字，辅以一把木槌。

图 4

（设计者：许方玉　郭晓露）

第五课　汉字邮票

领　　域:汉字与经济社会
概　　念:汉字邮票
主题事件:逛邮票市场

一、教学背景

"逛邮票市场"是"汉字与经济社会"的第五环节内容。学生已经对汉字在人们社会生活中的地位有了一定的了解,并且通过"办超市""参加书法作品拍卖""当'威客'"的实践,对汉字的经济价值,以及汉字与社会生活的关系有了比以前更加深入的理解和感知。本课的学习是让学生了解和感知邮票这种含有汉字元素的收藏品,在逛邮票市场、尝试做集邮册页、分析邮票价值的过程,继续引导学生关注汉字的经济价值,和在社会生活中的作用。

邮票(postage stamp)是邮政机关发行,供寄递邮件贴用的邮资凭证。邮件的发送者将邮票贴在信件上,再由邮局盖章销值,以用于在邮件被寄出前,证明寄邮人已支付费用。邮票的发行由国家或地区管理,其方寸空间,常体现一个国家或地区的历史、科技、经济、文化、风土人情、自然风貌等特色,这让邮票除了邮政价值之外还有收藏价值。收藏邮票的爱好叫集邮。中国最早的邮票是清朝的大龙邮票。本节课通过让学生逛邮票市场,亲手制作邮票册页,判断邮票价值的过程,了解邮票的知识,学会解读邮票上的汉字,发现邮票的收藏价值,感受它的经济价值和在社会生活中的作用。

二、学生学习力达成度

我想:课前学生想知道邮票是什么,有什么作用,是什么样子;课中学生想了解邮票市场,怎样集邮,怎样判断邮票价值;课后学生想自己逛邮票市场,自己集邮。

我会:学生会通过观察发现邮票的特点,解读邮票上汉字提供的信息,分析邮票的价值所在,尝试挑选邮票收藏品。

我知:学生知道邮票的有关知识,邮票的价值和种类,了解邮票在人们生活中曾经发挥的重要作用,体会邮票的文化价值,间接体会汉字在社会生活中的经济价值和作用。

三、教学内容及重难点

1. 让学生知道邮票是什么,以及怎样逛邮票市场,怎样集邮。

2. 教师要引导学生观察发现邮票的特点,并自己尝试集邮和判断邮票价值,这也是本课的教学难点所在。

3. 教师要引导学生关注每一个探究的结果,充分发挥学生的主观能动性,并激发学生进一步探究的愿望,掌握发现规律和特点的方法。

4. 教师要结合学生的实践、交流结果,引导学生用自己的语言总结、概括出邮票的特点,以及在社会生活中的作用。

5. 教师要引导学生感受邮票中汉字的文化魅力,热爱汉字。

四、教学方法

图片资料展示、PPT 展示、观察学习、体验学习、探究学习、尝试操作、讨论学习、反思学习。

五、教学时数

1 课时。

六、教师课前准备

PPT、资料、图片、集邮册、手套、小镊子、邮票等。

七、学生课前准备

我感受:观察生活中的邮票,尝试买邮票。

我了解:向身边的人了解、查找资料,搜集邮票和有关邮票的知识。

我思考:

1. 邮票是什么? 它有什么用处?

2. 邮票有哪些种类? 怎么区分?

八、教学过程设计

【教学过程设计总体思路】

本节课以学生逛邮票市场这一实践活动为主要线索,第一步让学生通过阅读有关"邮票"的网页,激发学生了解邮票价值的愿望。然后带领学生到邮票市场中去逛一逛,充分了解各种珍品邮票以及其价值,对邮票的价值有所认识。第二步让学生尝试完成一次"集邮"的过程,选择有价值的邮票,并且收藏在邮册中,让学生亲身体验邮票的魅力和价值。第三步让学生交流和反思对邮票的认识,并思考汉字元素的收藏品还有哪些,并通过思维导图启发学生探究对邮票的了解还可以往哪些方面发展,进一步体会邮票的特殊价值,为学生对汉字的后续研究激发兴趣和动力,做好经验积累。

【教学空间与布置】

1. 活动教室应为每位学生配备电脑,可以上网浏览,搜集资料。

2. 座椅可以摆放成小组形式,集中放置于教室一边,另一半教室桌子摆放成长条形,上面放置汉字邮票的图片和标价。

3. 讲台上摆放集邮册、手套、小镊子、邮票若干。

(一)选择主题事件,创设情境——我要逛邮票市场啦

1. 教师:同学们,2013年,曾有一则新闻引起了大家的注意。(PPT展示)

虽然距离蛇年新春还有一个多月的时间,但是各国的蛇年邮票已经迫不及待地与集邮者见面。"太像不成艺,不像没有戏。"生肖邮票的设计发行,贵在神似与神韵,使生肖这一可爱动物的形象,增加一些神秘色彩,留出更多耐人寻味的想象空间,这在蛇年邮票的发行中也可见一斑。

2012年11月12日,日本邮政发行蛇年生肖邮票,全套邮票2枚。日本生肖邮票的素材大多来自于各地的传统乡土玩偶,此次选取了来自长野县的奈良井土铃"福袋巳"以及福冈县的蛇形玩偶。此套邮票另有面值加3日元附损额的抽奖形式邮票。11月21日,日本邮政又发行了生肖蛇年《干支文字切手》邮票,癸巳年文字书法小全张内一共有写有"蛇""癸巳""巳"等各类汉字邮票10枚,书法形态各异,充满中国古文化气息。

邮票王国列支敦士登也在11月12日发行了蛇年生肖邮票,此次发行的蛇年生肖邮票延续壬辰年龙年生肖邮票的风格,以红色底色为主色调,采用中国传统的剪纸镂空元素,使用了最新激光切割技术,更特别的是此次小版张中运用了中国传统故事《白蛇传》元素。

越南于2012年12月1日发行蛇年生肖邮票,全套2枚,同时发行无齿邮票一套2枚。12月3日,韩国邮政开始发行2013年贺年生肖蛇年邮票,全套邮票2枚,另有邮票小全张,此套邮票名称为"新年的问候",邮票以卡通形式展现,以雪花为元素,邮票充满冬天的气息。一枚展现卡通蛇,一枚展现在雪中身着韩国传统服饰踢毽子的儿童,这与之前此轮生肖邮票只有一种图案有着很大的区别,也引起了一些集邮者的关注。

菲律宾邮政也在12月发行2013年新年蛇年生肖邮票,全套邮票2枚,一枚展现眼镜蛇头部特写,一枚展现蛇身整体。

2013年刚开始,新加坡邮政就于2013年1月4日发行2013年蛇年生肖邮票,全套邮票三枚,面值分别为1类邮票当地邮资面值邮票以及新加坡元65分、1.1元。邮票以蛇形配以代表吉祥寓意的汉字,以送上新年的祝福。文字内容分别为"福"

"瑞""福满乾坤"。此外另有包含"福""瑞"两枚邮票的小全张发行。

欧美国家也纷纷加快发行的频率,法国国家邮政总局在连续八年发行鸡年、狗年、猪年、鼠年、牛年、虎年、兔年和龙年农历中国生肖纪念邮票之后,2013 年 1 月 5 日将推出第 9 套生肖邮票蛇年生肖邮票。这枚蛇年生肖邮票同样由华裔设计师李中耀设计,邮票延续此前法国邮政生肖邮票的设计风格,邮票采用了一条金蛇,并于邮票上方用喜庆的红字写有中法文双语"蛇年",邮票面值 0.63 欧元。

2. 教师:读了这则新闻,你有什么想法?

3. 学生交流。

4. 教师:今天,我们就一起去逛逛邮票市场。

板书:邮票市场。

这个板块主要是通过主题活动情境的创设,激发学生了解邮票、了解邮票上的汉字的兴趣,知道这节课主要是为了研究汉字邮票知识。

(二)学生的探索与体验

情境一:什么是"汉字邮票"?

1. 教师播放课件,展示图片。

2. 教师:同学们,你们对邮票有什么了解?(同学回答)

3. 学生阅读学本 109 页。

4. 教师:这几张邮票又有什么共同点?

5. 学生交流。

6. 教师:今天,老师就带你们去逛逛邮票市场!

这个板块主要是通过联系学生的已知,从学生对邮票的了解,过渡到"汉字邮票",激发学生了解研究汉字邮票的兴趣。

情境二:"汉字邮票"有哪些价值?

1. 教师:瞧,那边就是邮票市场了,我们一起去看看,这个邮票市场都有哪些让人印象深刻的东西。

2. 教师带领学生参观教室另一边儿"邮票市场"。

教师:先来看看这张告示。(PPT 展示"文字邮票"资料)从这张告示中,你了解到哪些信息?

3. 学生交流。

4. 教师:一张小小的邮票,为什么有这么大的价值呢? 我们去逛逛吧。

第一组:文珍邮

邮票简介：

1967 年 11 月 29 日,林彪为中国人民解放军海军首次学习毛主席著作积极分子代表大会题词:"大海航行靠舵手,干革命靠毛泽东思想。"这张邮票的正常厂铭是金色的,面值 8 分钱,目前市场价值 500 元。右边的红厂铭是组外品,非常珍贵,要上万元一枚。

第二组:错版邮

邮票简介：

《全国山河一片红》邮票

1966 年,为了庆祝全中国(除台湾省外)各省、市、自治区全部成立革命委员会,中国邮电部准备于 1968 年 11 月 25 日发行《全国山河一片红》邮票一套,但因地图不准确而取消发行。然而有一小部分邮票没能及时收回,并有少量已提前出售,在中外集邮者中间流传,被视为珍品。这套邮票取名"全国山河一片红",意指全国(除台湾省外)各地都成立革命委员会,红色象征革命。这套邮票只有 1 枚,图案上工农兵手举红宝书和枪,头顶上是中国地图,象征 1966 年由毛泽东发动的向党内走资派夺权的斗争已在全中国(除台湾省外)范围内取得胜利。

1996 年 10 月 19 日中国嘉德'96 秋季拍卖会,一件《全国山河一片红》直双连,原胶,上品,底价 21 万～23 万元(人民币),以 30.25 万元(人民币)成交。1997 年 4 月 20 日中国嘉德'97 春季拍卖会,一件《全国山河一片红》邮票四方连,带右边纸,原胶,上品,底价 58 万～60 万元(人民币),以 74.8 万元(人民币)成交。1997 年 10 月 1 日在广州举办的中国邮票博览会首次展出了全新 50 枚一整版《全国山河一片红》邮票,这版堪称"国宝"级的珍邮,市场价在 1 000 万元(人民币)以上。

邮票简介：

发行志号为纪 20 的《伟大的苏联十月革命 35 周年》纪念邮票(错版票),该票全套 4 枚。本应于 1953 年 10 月 5 日发行,但因名称有误而收回,外流数千枚,现拍卖价新票一套 15 万元左右。

邮票简介：

位列"民国邮票四珍"之首的"宫门倒"，成交价 195.5 万港元。

中华民国邮政于 1913 年 5 月 5 日(民国 2 年)正式发行了一套双色套印的普通邮票。1919 年增发时,面值 2 元的一种由于印刷工人忙中出错,将其中一个版放倒了,所以印出来的邮票中心图案牌楼是倒印的,俗称"宫门倒印"票。据考证,这种"宫门倒印"错体票仅流出 48 枚,十分罕见,被列为"民国四珍"之一,被誉为"后四宝"之首,为中国邮票中的珍罕之品。

第三组：生肖邮

邮票简介：

一版 1980 年 T46 庚申年猴邮票 80 枚大全张 5 日亮相 2011 苏州邮票(品)专场拍卖会,并以 120 万元成交,刷新了整版猴票最高成交纪录。

在同日参加拍卖的 52 个标的中,有许多珍品,包括世界第一枚邮票——1840 年黑便士。庚申猴的市场热度可谓是一马当先,庚申猴的第一轮生肖全套 16 方联拍出了 20.5 万元的高价,就连单枚庚申猴邮票成交价也达到了 1 万元,远远超过 1840 年黑便士的成交价 2 900 元。

此次参加拍卖的整版庚申猴,带四周完整边纸,挺版未折,原胶未贴,堪称上品。当年每枚邮票发行价仅 0.08 元,每版 80 枚仅 6.4 元,此次整版猴票成交价格达到 120 万元,是发行价的 18.75 万倍。

第四组：珍品普通邮

邮票简介：

《天安门图案(第五版)》邮票面额分别为 1 万元、5 万元、20 万元 3 种邮票,该套邮票共 6 枚,总面值 41 万元(旧人民币,折合新人民币约 41 元)。

对于不少邮票爱好者来说,收藏重点无疑会放在纪念邮票和特种邮票上。但事实上,用于日常通信的普通邮票也具有收藏价值。尤其是那些早年发行且目前已停止发行的普通邮票,如今的市场价甚至比不少专供邮迷收藏的纪、特邮票的价格还要高。

邮票简介：

　　1961 年发行的"普 11"——《革命圣地图案（第一版）》，最近也以高出其面值 222 倍的价格成交。

　　一些邮票爱好者发现，由于二十世纪八九十年代国内通信量大，国家早已停止发行的早期普通邮票已经在不知不觉中被大量消耗掉了，再加上早期普通邮票的面值种类多，而且多数为大套票，需要历经几年才能发行完一个系列，所以要集齐各种版式的普通邮票并不容易。

　　一位资深邮迷表示，在集邮圈内，能集全各种纪念、特种邮票的邮迷不少，但能收集到完整一套普通邮票的人却几乎没有。

第五组：他国汉字邮

法国红十字邮票，上面的汉字你找到了吗？

巴西的生肖邮票，连续两年都有，不知道是不是十二生肖都有呢？

5. 教师：同学们，逛到这儿，你对邮票市场、邮票价格有什么了解呢？讨论讨论吧！

6. 学生交流。

7. 教师总结：你们说得太好了！的确，邮票的种类各式各样，印在邮票上的汉字更是生动有趣，这些曾经被人们津津乐道的收藏品，虽然现在已经淡出了人们的视线，但是其中的魅力还是很吸引人的。

这个板块通过让学生逛邮票市场，认识邮票，感受邮票的价值和魅力，体验邮票在人们社会生活中的地位和作用，为后续的研究和探索奠定基础。

情境三：怎样收藏邮票？

1. 教师：同学们，逛完了邮票市场，现在你们一定也想做一个集邮爱好者。阅读学本 109 页的"小贴士"，开始做个新手集邮爱好者。

2. 学生阅读"小贴士"。

3. 教师：想不想尝试呢？分组完成邮册一页。

4. 学生尝试完成邮册。

5. 小组展示，交流：有什么感受？或有什么需要提醒大家注意的地方？

6. 教师：那么，哪些邮票是值得收藏的呢？请大家阅读学本 110 页、112 页，和同桌交流交流。

7. 学生阅读,同桌交流。

8. 学生分组讨论:学本 111 页、112 页的邮票值得收藏吗？ 为什么？ 选择一组,借助电脑查阅资料,选择一张你们认为最有收藏价值的邮票完成表格:

我推荐的最有收藏价值的邮票

发行年度	邮票种类	收藏价值	价值趋势

9. 学生分组讨论。

10. 学生展示交流。

11. 教师:谁设计好了,先来说说你的设计意图,为什么要这样设计呢？

12. 教师组织全班交流,评比出"最有眼光""最合作团结"等。

13. 教师总结:今天逛了邮票市场,做了一回集邮爱好者,你们有什么感受？

14. 学生交流。

这个板块主要是通过交流讨论、观察比较,发现邮票上数字、汉字的作用,邮票的价值判定方法,并且利用这些,学习理性分析邮票的价值。

(三) 学生的课后延伸

1. 教师:同学们,你觉得还有哪些邮票也让你怦然心动？

2. 学生交流。

3. 教师:你们真会思考！ 其实不仅仅是邮票收藏,还有纸币收藏、邮政明信片收藏、书票收藏……生活中很多东西都有收藏价值,在这些收藏品中的汉字,对其收藏价值更是意义重大,学会解读它们,才能学会收藏。

这个板块主要通过拓展延伸,学生感受汉字收藏品中的魅力,感受汉字收藏品在经济社会中的价值和地位,提高学生的研究积极性,促使学生更加热爱汉字,激发研究汉字的兴趣。

提供研究课题

1. 邮票市场南京有吗？ 在什么地方？

2. 还有哪些决定邮票收藏价格的因素？

……

引导学生课后拓展的思维导图

```
汉字与经济生活 —— 汉字邮票 —— 汉文化邮票
                            特殊时期邮票
                            他国汉字邮票
                            ……
```

参考资料

初学者必知邮票收藏知识

工具/原料：放大镜、荧光灯。

步骤一：认识邮票图案，指邮票票面，一般由与邮票发行目的相关的图案、国名、面值、说明文字及边饰等组成。世界各国的早期邮票图案都比较简单。随着社会的发展，当今世界各国都把自己国家在政治、经济、国防、科学技术、文化艺术、历史地理、自然风光，及珍贵的动物、植物等方面最有代表性的内容作为邮票图案。全世界已经发行 30 多万种邮票，图案的内容包罗万象。集邮者通过收集研究邮票图案能获得丰富的百科知识。因此，邮票图案是集邮者研究的主要对象。

步骤二：认识邮票上的国名，指印在邮票票面上的国家或地区的名称。一般都以文字、缩写字母来表示国名。如：日本邮便、中国人民邮政。美国采用缩写字母 USA、前苏联采用缩写字母 CCCP 来表示国名。还有些国家用特殊符号来表示，如英国早期邮票采用英王头像作标志，英国现行的纪念邮票印有英女王头像以代替国名。识别邮票上的国名，可以了解有关国家的地理、历史、语言文字等方面的知识。

步骤三：了解邮票面值，指印在邮票票面上的邮资金额及货币单位。世界各国大多以表示邮票面值的阿拉伯数字和本国货币单位组成邮票面值。如美国普通信函邮资为 22 美分，邮票面值即由阿拉伯数字 22 和 C 组成。中国人民邮政普通信函邮资为 8 分，邮票面值由阿拉伯数字 8 和分组成。也有一些国家发行无面值邮票，如军用邮票、公事邮票等。我国 1938 年晋察冀边区发行的抗战军人纪念邮票和 1943 年淮南区发行的"平""机""快"及"稿"字邮票都属于无面值免资邮票。美国自 1978 年至 1985 年间陆续发行一组无面值邮票，票面上印有"A""B""C""D"字样，分别代表面值 15、18、20、22 美分。这是因为美国邮政部门要市调整信函邮资，但在印制邮票时，新的信函邮资未最后确定，不能往邮票上印新面值；但若在邮资确定后再印，邮票又无法供应。

步骤四：了解邮票上的齿孔，为了方便撕开，在整张邮票的各枚之间用打孔器打出孔洞，分撕后，单枚邮票边缘凹进的半圆形部分称孔，凸出的部分称齿，合称为齿孔。英国黑便士邮票问世时没有齿孔，使用起来很不方便，必须用剪刀一枚一枚剪开。直到 1854 年英国才出现打齿孔的邮票。根据齿孔的形态，齿孔分为：光齿、毛齿、盲齿和漏齿。光齿是在邮票打孔后,齿孔中的圆形纸屑完全脱落,孔洞边缘光洁,称光齿。毛齿:齿孔中纸屑未完全脱落,孔洞边缘不光洁,呈毛状,称毛齿。盲齿:在邮票打孔后,只有印痕,齿孔中的纸屑没有脱落,孔未通透,称盲齿。漏齿:应该打孔而漏打齿孔的,称漏齿。齿孔度数,是表示齿孔的量度,测量方法是把邮票放在量齿尺上,看在 2 厘米的长度内有几个齿和几个孔。

步骤五:认识邮票的版铭,在整张邮票纸边上印有邮票编号、版号、张号、色标、设计者和印刷厂名等,统称版铭。版铭是研究邮票的重要资料,因此,很多集邮者都喜欢收集带版铭的邮票。如:我国 1981 后 4 月 29 日发行的 J63《中华人民共和国邮票展览·日本》邮票,在整张纸边上印有鸡、金鱼、风筝、天坛、蝴蝶等各种图案以及印有邮票名称、设计者、印刷厂名、版号、张号、色标等等。

步骤六:认识邮票上的水印。邮票是预付邮资的凭证,为了防止伪造,在造纸过程中,用特殊方法加压在纸里的一种标记,称水印。水印是一种无色标志,多为简单图案。在一整张邮票上,只有一个水印图案叫全张水印。水印图案在全张邮票中重复出现叫复式水印,水印的图案多种多样,如皇冠、太阳、月亮、太极图,等等。英国于 1840 年 5 月 6 日发行的黑便士邮票上就是以皇冠为图案的水印。1885 年我国大清邮政发行的小龙邮票和 1898 年发行的蟠龙邮票以太极图为图案的水印。邮票上的水印很容易识别,在阳光或灯光下仔细看邮票背面就能发现。

步骤七:认识邮票上的志号。新中国成立后,中国人民邮政发行的纪念邮票和特种邮票,在票面底部印有邮票发行序号和年代,称志号。如 1952 年 7 月 7 日发行的《抗日战争十五周年纪念》邮票,在邮票底部左边印有"纪 16.4 - 1""纪 16"表示这套邮票是纪念邮票的第 16 套;"4 - 1"表示这套邮票有 4 枚,这是第一枚。邮票底部右边印有"(78)1952","(78)"表示该枚邮票在纪念邮票里的总编号,"1952"是这套邮票的印制年代。我国使用"纪"字头发行邮票,是从 1949 年 10 月 8 日的纪 1《庆祝中国人民政治协商会议第一届全体会议》开始,到 1967 年 3 月 10 日纪 124《向 32111 英雄钻井队学习》邮票止。其间共发行"纪"字头的纪念邮票 124 套。

步骤八:辨别邮票品相。集邮的人都非常讲究邮票品相。所谓邮票品相,就是邮票的相貌。衡量一枚邮票的品相有以下几点。新票:票面完整,没有破损,没有折痕,图案端正,颜色鲜艳,不褪色变色;齿孔完整,不缺角;背胶完好。旧票:票面完好,不揭薄,邮戳清晰,邮戳销于邮票一角(约占票面的 1/4 左右),这样的邮票为上品;邮戳轻印不损害票面美观为中品;邮戳重油影响图案美观为下品;如果是研究邮戳,以全戳为好,要能看见邮戳上的地名、年、月、日、时,这主要由收藏的目的来定。在收集邮票时要注意邮票品相,不要用手抓取,用手抓取邮票易折角断齿。

步骤九:逛邮品市场。去市场买票尽量多个人一起去,看见人多了邮商就不敢乱忽悠,他们也怕遇内行。拿票出来时业内人士都说"给我拿好的"而不是"拿全品",

说拿全品的，一般得不到太好的效果。

多套比较是挑选邮票的小窍门，在市场里买票一定要挑，否则就失去了到市场的意义，多套同样的邮票放在一起出来，从中挑选好品相的比较简单。一般邮商自己也会把票分类，原胶的放一起，二胶的放一起，一本册子里其他邮票有问题，那么你也要提高警惕。邮票一般通过齿孔连接，购买时多需撕票，这时千万不能着急自己上手，一定要让邮商来撕。因为如果他撕坏了你可以不要，你撕坏了就一定得买。

（设计者：郭晓露　谷　力）

第八单元　汉字学习

第一课　会徽设计

领　　域:汉字学习
概　　念:会徽设计
主题事件:亲子运动会会徽我设计

一、教学背景

"设计亲子运动会会徽"是"汉字学习"的第一环节内容。通过前面的学习,学生已经对汉字的特点有了一定的了解。本课的学习是让学生了解和感知汉字学习在实际生活中的重要意义。本课的学习为后面的汉字学习做好了动机的激发。

会徽设计是指为了重大会议、体育盛会设计的,专属于这一主题活动的会徽。会徽在设计上要体现会议的主旨、举办地、举办时间、举办国(地区、单位)等。从早期复杂的招贴画式会徽到今天简约抽象的艺术性徽记,城市与民族的特性都深深地烙印在会徽上面,这其中,汉字以其形意结合的特点,成为非常适宜的会标设计图式。本节课通过让学生参与亲子运动会的会徽设计,感受到汉字的学习与传承在现代生活中的重大意义和价值,使汉字的学习避免流于形式,促发学生对汉字文化学习的深度思考。

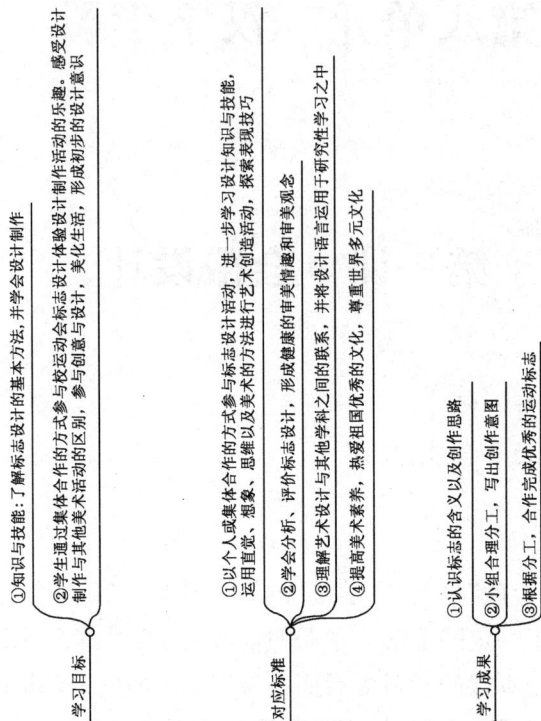

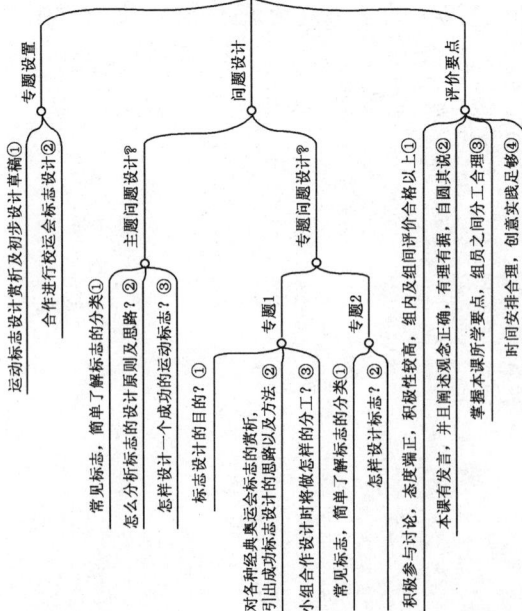

凝练的视觉符号 运动标志设计

学习目标
①知识与技能：了解标志设计的基本方法，并学会设计制作
②学生通过集体合作的方式参与校运会标志运动会标志设计体验设计制作活动的乐趣，感受设计制作与其他美术活动的区别，参与创意与设计，美化生活，形成初步的设计意识

对应标准
①以个人或集体合作的方式参与标志设计活动，进一步学习设计知识与技能，运用直觉、想象、思维以及美术的方法进行艺术创造活动，探索表现技巧
②学会分析、评价标志设计，形成健康的审美情趣和美观念
③理解艺术设计与其他学科之间的联系，并将设计语言运用于研究性学习之中
④提高审美素养，热爱祖国优秀的文化，尊重世界多元文化

学习成果
①认识标志的含义以及创作思路
②小组合理分工，写出创作意图
③根据分工，合作完成优秀的运动标志

专题设置
运动标志设计赏析及初步设计草稿①
合作进行校运会标志设计②

问题设计

常见标志，简单了解标志的分类①
怎么分析标志的设计原则及思路？②
怎样设计一个成功的运动标志？③
标志设计的目的？① —— 主题问题设计？

对各种经典类会运标志会赏析，引出成功标志设计的思路以及方法①
小组合作设计时将做怎样的分工？②
常见标志，简单了解标志的分类① —— 专题问题设计？
怎样设计标志？② —— 专题1 专题2

评价要点
积极参与讨论，态度端正，积极性较高，组内及组间评价合格以上①
本课有发言，并且阐述观念正确，有理有据，自圆其说②
掌握本课所学要点，组员之间分工合理③
时间安排正确，创意实践足够④

二、学生学习力达成度

我想：课前学生想知道会徽是什么，设计会徽需要做什么；课中学生想知道怎样解读会徽，怎样设计会徽；课后学生想自己了解更多的会徽，了解它们的含义。

我会：学生会通过集体合作的方式参与亲子运动会标志设计，体验设计制作活动的乐趣，能够说出自己的设计的含义和优点，思考汉字学习在社会生活中的价值和作用。

我知：学生知道"会徽"这一概念，认识常见的会徽，了解会徽设计的内涵，感受汉字学习与传承的重要性。

三、教学内容及重难点

1. 让学生知道"会徽"是什么，以及怎样认识和了解各种各样"会徽"的含义。

2. 教师要引导学生以个人或集体合作的方式参与标志设计活动，进一步学习汉字的特点，运用直觉、想象、思维以及美术的方法进行艺术创造活动，探索表现汉字形义结合特色的技巧。这也是本课的教学难点所在。

3. 教师要引导学生关注每一个探究的结果，充分发挥学生的主观能动性，并激发学生进一步探究的愿望，掌握徽标设计的规律与方法。

4. 教师要结合学生的实践、交流结果，引导学生用自己的语言总结、概括出汉字学习的重要作用。

5. 教师要引导学生感受汉字的文化魅力，热爱汉字。

四、教学方法

图片资料展示、PPT展示、观察学习、体验学习、探究学习、尝试操作、讨论学习、反思学习。

五、教学时数

1课时。

六、教师课前准备

PPT、资料、图片、互联网文本及视频资源、上色工具、剪贴工具、纸（画纸、卡纸）。

七、学生课前准备

准备好文具。

我感受：对会徽有一定的了解，感受文字形态在社会生活中的作用。

我了解：查找资料，搜集各种运动会会徽的资料。

我思考：

1. 运动会会徽是什么样子的？

2. 怎样设计运动会会徽？

八、教学过程设计

【教学过程设计总体思路】

本节课以学生"设计运动会会徽"这一实践活动为主要线索，第一步，通过奥运歌曲、奥运宣传片对学生的启发，让学生充分认识到会徽设计与汉字之间的密切联系，引导学生通过欣赏成功的标志设计作品，分析设计师的设计思维过程，加深对标志设计中汉字特点的理解，逐步了解标志设计时利用汉字特点的方式方法，了解标志的设计要求、标志的艺术表现方式。第二步，通过活动"亲子运动会标志设计竞标"的方式展开，学生集体设计创作徽标，解说徽标，加深对汉字文化和汉字特点的理解，开阔视野，激发学生学习汉字的热情。第三步，学生通过观察、研究亲子运动会会徽，深度思考、体会汉字特色和汉字在社会生活中的价值，为学生对汉字的后续研究激发兴趣和动力，建构价值意义。

【教学空间与布置】

1. 活动教室应为每位学生配备电脑，可以上网浏览，搜集资料。

2. 座椅可以摆放成小组形式，绘画工具和教师提供的资料放在中间，便于阅读。

（一）选择主题事件，创设情境——亲子运动会会徽我设计

1. 教师快步走进教室，拿出通知，宣布：同学们，有一个紧急通知，学校将举办亲子运动会，需要设计醒目有趣的会徽。大家有兴趣吗？

2. 学生交流。

3. 教师引导：需要做哪些准备呢？

4. 学生交流。

这个板块主要是通过主题活动的创设，激发学生了解会徽、设计会徽的兴趣，知道这节课主要是为了参与设计运动会会徽。

（二）学生的探索与体验

情境一：什么是"会徽"？

1. 教师播放视频，通过多媒体课件向学生展示 2008 年奥运会开幕式环节之一——展示奥运五环标志的场景。

2. 教师：同学们，你们对 2008 年的奥运会留下了什么深刻印象？

3. 学生回答。

4. 教师：毫无疑问，2008 年北京奥运会的成功举办让世界人民看到我们中国人团结的力量，同时北京申奥的历程是非常艰辛的，花费了大量的人力、物力和财力，当然也得益于大量的宣传造势。

（PPT 展示：申奥宣传片，北京申奥标志）

5. 小组讨论分析：① 申奥标志的构成元素；② 申奥标志的寓意。

6. 学生讨论回答教师总结：会标简单明了，颜色鲜艳，主题鲜明。

7. 教师：现在你们可以说说，什么是会徽？

8. 学生交流。

（PPT 展示定义：一种视觉识别符号，有强烈的标识性，使人过目难忘。）

9. 教师小结：申奥标志的广泛运用给人带来整体的视觉美感与震撼，为奥运会的顺利承办起到了不可忽视的作用。

10. 欣赏奥运会、中国移动和中国银行徽标。

11. 教师：这些徽标有什么含义和特点？

12. 学生交流。

13. 教师小结：徽标往往是文字（数字、汉字）和图案（抽象、具象）的综合。

这个板块主要是通过创设情境，观看图片，让学生了解"会徽"，认识会徽的价值，并激发设计会徽的兴趣。

情境二：怎样设计"会徽"？

1. 教师引导学生观察（学本 113 页）：这是 2014 年在南京举行的青奥会的会标，多漂亮，多有意义啊。你能不能说说它的含义呢？

2. 学生交流。

3. 教师：你们有什么发现？

4. 学生交流。

教师小结：青奥会标也是用文字（数字、汉字）和图案（抽象、具象）综合（文字与图案）起来表达一个主题。

5. 教师：同学们，要想设计一款优秀的汉字会标，得有个样式让我们学习学习，这个会标就很好，大家看——中国印。

请同学们来说一说，在这个会标中，你发现了什么？

6. 学生根据学本 114 页的提示自行探索，小组交流。

7. 教师小结：汉字本身就是符号，是一个庞大的符号系统，每一个汉字都有它表示的意思，这是我们汉字所特有的，其他的文字都没有这种功能。

8. 教师：就一个汉字就能作为会标了吗？要想让它成为会标，奥运会徽的设计师们还做了哪些思考？

9. 学生交流。（可能提出要有一定的变化，要有其他的含义，要把特定的含义融入进这个汉字中）

如：印章是中国的特色，把汉字做成印文的样子；奥运会以人为本，把字做成人的

样子;是在北京进行的,用"京"这个字,等等。

10. 教师小结:同学们观察真仔细,想法也很符合当时的情况,对这个会标分析地恰到好处。

在设计会标的过程中,我们应该充分发挥汉字的符号功能,根据实际的情况,把我们想表达的意义融入进去,再进行变化和美化,这样我们就能设计出漂亮又有意义的会标了。大家想不想尝试一下?

这个板块主要是通过观察图片,小组探究,通过思考和探索发现设计会徽的方法,以及会徽设计与汉字特点的关系,为"设计亲子运动会会徽"奠定基础。

情境三:怎样设计亲子运动会会徽?

1. 教师组织小组学生讨论,选定用什么字来做会标,用这个字的意义是什么。

2. 学生小组讨论确定想表达的其他意义有什么,注意不要多,要有重点。

3. 小组同学尝试思考用怎样的变化来表达所要展现的意义。

4. 小组整理出相对完整的会标设计方案。

5. 会标设计方案完成之后请同学上台来介绍给大家听。

6. 其他同学听后可以鼓掌、评价、建议。

7. 小组根据同学的建议和自己的新发现、新思考修改设计方案。

8. 小组同学根据自己的方案进行设计,可以小组共同设计一个大的会标,也可以每个人按照方案设计一个会标,并且允许在一定范围内有自己的不同和创新。

9. 组织学生进行方案交流展示,展示的过程中请同学简单讲解自己的会标含义,有创新的设计请重点说明。

10. 组织学生进行"我心目中的会标"设计评选。用无记名投票的方法选出最佳设计奖,并颁奖。

这个板块通过让学生结合学校特色、运动会主题,来设计亲子运动会会徽,在这一活动中体会汉字的特色和汉字的学习在实际生活中的作用,为后续的拓展性思考奠定基础。

(三)学生的课后延伸

1. 教师:同学们,进行了亲子运动会会徽的设计,你有什么体验和感受?

2. 学生交流。

3. 学生完成学本 115 页的"我归纳"。

4. 教师:在日常生活中,除了看到这些正常的符号汉字之外,大家有没有看到过一些特殊的符号汉字,表示一些特殊的意义呢?

5. 学生交流。

6. 欣赏学本 116 页的图式,自己设计一个艺术字。

7. 介绍自己的艺术字和自己的想法。

这个板块主要通过拓展延伸,让学生感受汉字的特点和汉字学习的重要价值,感受汉字在中国文化中的重要意义,提高学生的研究积极性,促使学生更加热爱汉字,激发研究汉字的兴趣。

提供研究课题

1. 汉字的符号还表现在哪些地方?

2. 怎样在设计中更好地运用汉字元素?

3. 给自己设计一个汉字符号。

……

引导学生课后拓展的思维导图

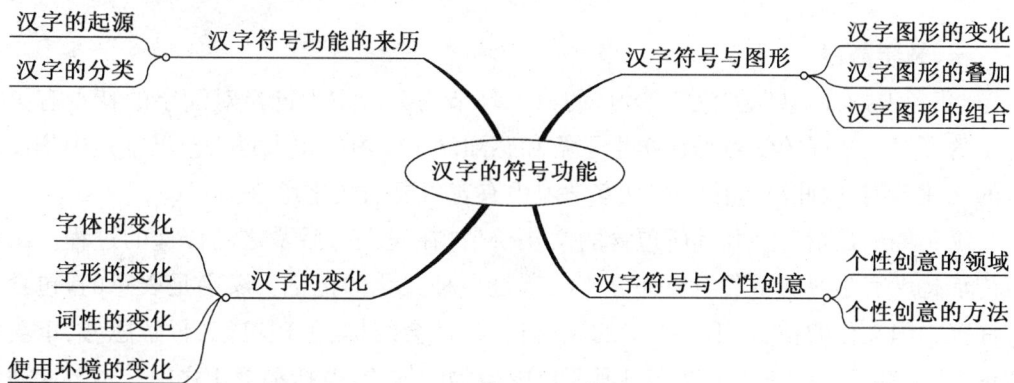

汉字的起源
汉字的分类 ── 汉字符号功能的来历

汉字符号与图形 ── 汉字图形的变化 / 汉字图形的叠加 / 汉字图形的组合

汉字的符号功能

字体的变化 / 字形的变化 / 词性的变化 / 使用环境的变化 ── 汉字的变化

汉字符号与个性创意 ── 个性创意的领域 / 个性创意的方法

(设计者:高　琦　郭晓露)

第二课　汉字传承

领　　域：汉字学习
概　　念：汉字传承
主题事件：我考古，安阳墓

一、教学背景

"我考古，安阳墓"是"汉字学习"的第二环节内容。学生已经对汉字的特点有了一定的了解。本课的学习是让学生了解和感知汉字学习的重大意义。汉字是中华民族的文化基因，因此汉字传承在汉字学习中有着重要的文化意蕴。

汉字传承是指汉字及其所包含的文化价值，在先人与后辈之间传递的过程。汉字传承是汉字学习的重要组成部分。汉字是一种文化的记忆。汉字是表意的，包含着许多中国文化的核心，千百年来的风俗礼仪、社会结构、伦理道德、哲学思考、审美意识，几乎都隐藏在一个个汉字对所要反映事物的描绘、概括和美化之中。本节课通过让学生参与安阳古墓的考古发现与文献对照，使学生进一步感受到汉字的学习与传承的重大意义和价值，避免汉字的学习流于形式，促发学生对汉字文化意义传承的深度思考。

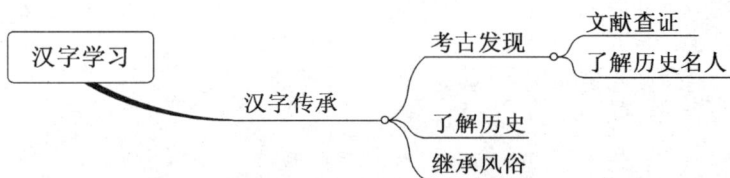

考古是根据古代人类通过各种活动遗留下来的物质资料，研究人类古代社会历史的一种研究方式。

安阳墓即安阳高陵，位于河南安阳市安丰乡西高穴村，在曹操王都邺北城西12公里处。2009年12月27日，国家文物局认定，经考古发现位于河南省安阳市安丰乡西高穴村南的高陵，其实就是曹操墓。但是对于这一结论，至今仍有质疑和讨论。结论将通过进一步考古发现和文献对比考证。

二、学生学习力达成度

我想：课前学生想知道安阳墓是什么人的墓穴，考古需要做一些什么；课中学生想知道怎样通过考古发现,与文献对比确认安阳墓的主人是不是曹操;课后学生想自己阅读关于曹操的文字资料,更加了解这位古代枭雄。

我会:学生会观察安阳墓葬的环境、陪葬等特点,搜集古代文献中对曹操墓的描述,分析安阳墓为曹操墓的可能,说出自己的考古发现与文献对比结论,思考汉字学习在中国文化历史传承中的价值和作用。

我知:学生知道"考古"这一概念,认识安阳墓,了解曹操以及曹操墓的资料,感受汉字学习与传承的重要性。

三、教学内容及重难点

1. 让学生知道"考古"是什么,通过考古发现,与文献对比确认安阳墓的主人是不是曹操。

2. 教师要引导学生观察安阳墓的特点,阅读古代文献,并自己参与考古发现与文献对比,尝试讨论安阳墓是不是曹操墓,这也是本课的教学难点所在。

3. 教师要引导学生关注每一个探究的结果,充分发挥学生的主观能动性,并激发学生进一步探究的愿望,掌握考古发现的规律与方法。

4. 教师要结合学生的实践、交流结果,引导学生用自己的语言总结、概括出汉字传承的重要作用。

5. 教师要引导学生感受汉字的文化魅力,热爱汉字。

四、教学方法

图片资料展示、PPT 展示、观察学习、体验学习、探究学习、尝试操作、讨论学习、反思学习。

五、教学时数

1 课时。

六、教师课前准备

PPT、资料、图片、词典。

七、学生课前准备

准备好文具。

我感受:了解考古发现是什么,对曹操有一定的了解,感受文字资料在社会生活中的作用。

我了解:查找资料,搜集安阳墓资料和曹操的资料。

我思考:

1. 怎样考古?

2. 安阳墓是什么样的? 人们为什么要争论不休?

八、教学过程设计

【教学过程设计总体思路】

本节课以学生考古确认安阳墓这一实践活动为主要线索,第一步让学生通过观察一些安阳墓的资料充分认识"考古"——这一特殊研究到底是做什么的,激发学生参与考古的兴趣。在考古发现之前,先带领学生充分了解考古所需要的准备,对考证安阳墓有所认识,让学生体会文献考证的作用。第二步让学生尝试通过考古发现与文献对照,考证安阳墓的真伪,通过亲身体验感受汉字传承学习的作用和意义。第三步让学生交流和反思汉字传承的意义,并参与汉字拼音化的讨论,通过思维导图启发学生探究汉字传承还有哪些意义和价值,进一步体会汉字在文化传承方面做出的巨大贡献。

学生通过观察,研究安阳古墓,阅读古代文献,考证安阳墓的真伪,深度思考体会汉字传承的价值,为学生对汉字的后续研究激发兴趣和动力、建构价值意义。

【教学空间与布置】

1. 活动教室应为每位学生配备电脑,可以上网浏览,搜集资料。

2. 座椅可以摆放成小组形式,词典和教师提供的资料放在中间,便于阅读。

(一)选择主题事件,创设情境——我考古,安阳墓

1. 教师:同学们,2009年,河南省宣称在安阳市附近发现一处大墓,有专家称可能是曹操墓。

2. 课件播放声音:欢迎来到安阳,参与安阳古墓的发掘与考古,帮助我们早日确定安阳墓是不是曹操墓。

3. 板书:"我考古,安阳墓"。

这个板块主要是通过主题活动的创设,激发学生了解考古、了解安阳墓的兴趣,知道这节课主要是为了参与安阳墓考证的研究和学习。

(二)学生的探索与体验

情境一:什么是"考古"?

1. 教师播放课件,展示图片。

2. 教师:同学们,你们知道这些人在干什么吗?(同学回答)

3. 教师:究竟什么是"考古"呢?考古需要做些什么?

4. 学生讨论交流。

5. 教师:今天,我们也要来过考古的瘾,确认一下这个充满争议的安阳墓是不是曹操墓。

这个板块主要是通过创设情境,观察图片,让学生了解考古,认识考古的价值,并激发考古的兴趣。

情境二:安阳墓是什么样的?

1. 教师:别急,在考古之前啊,咱们先去安阳古墓看一看,搜集一下外部资料,为考古做做准备。

2. 请同学们仔细观察安阳古墓的图片。

3. 学生阅读学生用书《玩转汉字》上的安阳墓图片。

4. 小组交流图片观察结果。

5. 教师:那么要参与考证安阳墓,我们需要做些什么准备呢? 先来看看"我准备",一起开启我们的专业考古之旅吧。

6. 小组阅读讨论"我准备"。

7. 教师:现在,让我们开启安阳古墓的考古之旅。老师带你们更仔细地看看安阳墓。

(1)安阳古墓外景(PPT 展示图片);

(2)安阳古墓墓室;

(3)安阳墓墓葬。

8. 教师课件播放图片。

9. 教师:我们还可以去相关网页看看。点击网址:http://www.ayccgl.com/。

10. 教师:同学们,观察了安阳墓。你有什么发现? 和同学们一起商量商量,在"我发现"中勾选。

11. 学生交流。

12. 教师:那么,安阳墓究竟是不是曹操墓呢? 你们觉得可以怎么证明?

13. 学生讨论。

14. 教师:是的,要是能让曹操自己说说,就好了。幸好古代留下的文献资料中,曹操对自己的墓穴是有过要求的。请同学们阅读"我探究",仔细读读这些文献。

15. 小组讨论考古发现和文献对照的探究结果。

16. 教师:现在,把你的考证结果和理由填在"想一想"中。

17. 学生填写"想一想"。

18. 指定学生汇报。

19. 教师:这次考古研究,你感触最深的是什么?

20. 学生交流汇报。

这个板块通过让学生自己尝试参与考证安阳古墓,体会文献对考古研究的帮助,体验汉字学习传承的重要价值和作用,为后续的研究和探索奠定基础。

情境三:曹操是谁呢?

1. 教师:同学们,参与了安阳古墓的考古,你还想知道什么?

2. 学生交流对曹操的了解。

3. 教师:你们又是怎样知道曹操这个人的呢?

4. 教师小结:设想一下,假如没有汉字,会怎么样呢? 尽情地想象,无论好坏都可以说说。

5. 学生热烈交流。

这个板块通过让学生交流对曹操的了解,体会汉字对历史和文化的传承作用,为后续的拓展性思考奠定基础。

(三)学生的课后延伸

1. 教师:同学们,参与了安阳古墓的考古,现在你们对汉字的传承一定有所感受了吧? 近几年,不断有人提出汉字需要改革。那么,汉字改革究竟可行不可行? 你有什么想法?

2. 学生交流想法。

3. 大家说的都有道理,请你们看看学生用书,和同学们议一议,了解越南的文字改革,看看能不能从中受到一些启发。

4. 学生讨论。

5. 教师:经历了曹操墓的考古过程,了解了越南的文字改革,你对汉字又有了什么新的认识?

6. 学生讨论。

7. 教师:把你的宝贵认识记录下来,写在"我思考"中。

8. 指定学生交流"我思考"。

9. 教师:针对现代人提笔忘字,会说不会写汉字的现状,有人提出要"保卫汉字";也有人认为汉字比较复杂,难记,提出应该消灭汉字,汉字要拼音化。对此你有什么看法?

10. 学生讨论。

11. 教师:把你的想法写下来,还可以设计一句标语表达你的想法。

12. 教师选择四、五位学生上台展示说明。

13. 教师总结:今天咱们经历了安阳墓考古和保卫汉字的辩论,你有什么感受?

14. 学生交流。

15. 师:你们真会思考! 其实,在我们日常生活中,所有的汉民族文化都有汉字传承的影子在里面。你们要好好研究,无论是风俗还是生肖,无论是中国人的思维方式,还是对好和坏的价值判断,都离不开汉字。

这个板块主要通过拓展延伸,感受汉字传承的价值,感受汉字在中国文化中的重要意义,提高学生的研究积极性,促使学生更加热爱汉字,激发研究汉字的兴趣。

提供研究课题

1. 汉字的传承还表现在哪些地方?

2. 怎样使研究更加科学,避免主观判断?

……

引导学生课后拓展的思维导图

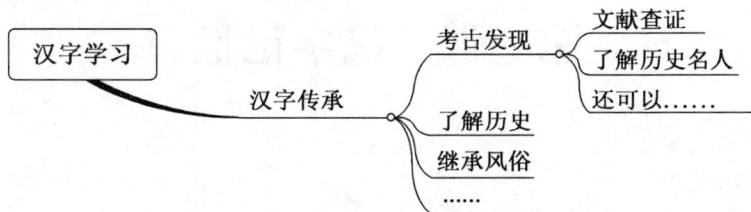

通过实践,我们知道,要让学生重视汉字的传承,就需要让学生深切感受到汉字在传承中的重要价值。而要让学生感受到这一点,则需要让学生真正经历实践,在实践中发现汉字传承的意义。首先,教师要让学生真正参与到学习中来,要大胆创新,从学生兴趣和角度出发,选择让学生乐于参与和尝试的活动,引导学生真正去体验汉字的内涵。其次,教师要做个有心人,关心社会,关心身边的事物,对周围的信息处处留心,探究汉字资源,为学生的汉字研究注入"新鲜血液"。最后,教师要想方设法给予学生实践和探究思考的机会,给予学生合作学习的机会,给予学生感受探究汉字乐趣的机会,让学生真正"玩转汉字"。

(设计者:郭晓露)

第三课　汉字记忆

领　　域：汉字学习
概　　念：汉字记忆
主题事件：汉字记忆大王

一、教学背景

"汉字记忆大王"是"汉字学习"的第三个内容。通过前面的学习,学生已经对汉字的特点、汉字的传承有了一定的了解。本课的学习是让学生了解和感知汉字的特点与汉字记忆方法的关系,了解汉字学习的一般方法——联想记忆。通过对汉字记忆方法的了解,让学生感知汉字的特点,体验到汉字记忆和学习的重大意义和价值,使汉字的学习避免流于形式,促发学生对汉字文化学习的深度思考。

记忆方法是指让过去的事物留在脑海里的方法,将学习过的事物在脑中保留一定时间,通过再认和回忆等对记忆的信息提取的形式,有明确的目的或任务、凭借意志努力记忆某种材料的方法。

汉字记忆的方法,是根据汉字的形象特点,利用记忆的规律记住汉字的学习策略。主要应用的是形象记忆的方法。

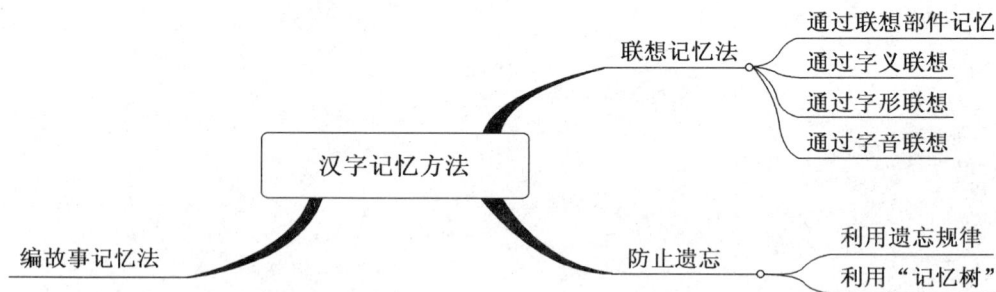

二、学生学习力达成度

我想：学生课前想知道汉字记忆方法是什么,有哪些汉字记忆方法;学生课中想知道,联想记忆在汉字记忆中的重要作用;学生课后想知道汉字还有那些记忆方法。

我会：学生会通过参与活动、实践体验、小组讨论、图示记忆进一步感受汉字的记忆方法与汉字本身的联系,能运用一两种汉字记忆的方法。这也是本节课的重点。

我知:学生在思考和讨论的基础上知道当前汉字记忆的方法和汉字学习的联系,知道记忆的一般规律。

三、教学内容及重难点

1. 让学生知道汉字记忆是有方法的,这些方法是什么,汉字记忆方法有什么意义和价值。

2. 教师要引导学生通过不同的活动参与和体验,让学生体会汉字记忆方法的重要作用。在对比和思考中,探究汉字的特点和记忆方法的关系,体会汉字的表意功能。

3. 教师要引导学生关注每一个探究的结果,充分发挥学生的主观能动性,并激发学生进一步探究的愿望,掌握发现规律和特点的方法。

4. 教师要结合学生的实践、交流结果,引导学生用自己的语言总结、概括出汉字记忆方法的特点,以及它对社会生活的影响。

5. 教师要引导学生自觉担负起维护汉字文化、牢记汉字的责任。

四、教学方法

PPT、课堂讲授、语音呈现、视频呈现、体验学习、探究学习。

五、教学时数

1 课时。

六、教师课前准备

PPT、资料、图片、视频。

七、学生课前准备

我感受:回忆自己学习汉字时的记忆方法,初步了解汉字记忆的方法。

我了解:查找关于汉字记忆的方法。

我思考:

1. 记忆方法有哪些?

2. 我的汉字记忆方法有哪些?

3. 怎样减少遗忘?

八、教学过程设计

【教学过程设计总体思路】

本节课以"汉字记忆大王"为主要事件,让学生实践、探索并应用汉字的记忆方法,感受汉字的特点给记忆带来的帮助。启发学生用科学的方法记忆汉字,用科学的方法学习汉字。

【教学空间与布置】

活动教室中,学生以小组形式围坐。

(一)选择主题事件——汉字记忆大王选拔啦

1. 教师:(展示《汉字听写大会》片头)同学们,《中国汉字听写大会》节目最近可是非常热门的节目。你们看过吗?

2. 教师播放一期汉字听写大会节目(最好是本地的)。

3. 教师:这次大会就要到我们学校来选拔选手了。因此我们要选出"汉字记忆大王"来参加比赛。先测一测,一分钟时间,你能迅速写出来么?(学本第121页"测一测")

4. 宣布比赛结果。

5. 采访没有及时写出来的同学:为什么没有能及时写出来呢?

6. 小结:2013年,零点指标数据针对北京、上海、广州、淮安、金华、盐城等12个城市进行的"中国人书法"系列调查结果显示:几乎所有受访者(94.1%)都曾遇到提笔忘字的情形,其中26.8%经常出现提笔忘字的情况。看来,汉字的记忆是很重要的,也是很多人都需要的。今天,我们一边比赛,一边学习,看看谁是汉字记忆的达人。

这个板块主要是通过主题情境的营造,激发学生了解"汉字记忆"的方法、了解汉字特点的兴趣,知道这节课主要是为了研究汉字的记忆方法。

(二)学生的探索与体验

情境一:编故事,也能记住汉字吗?

1. 教师(展示学本121页"我尝试"):谁来读读这些汉字?

2. 记忆大挑战:面对这一串汉字,你能记住吗? 我们来看看,5分钟以内,你能记住多少?

3. 指定学生尝试,大家一起帮忙。

4. 教师:其实,有一种方法能够一下子全部记住。请大家自己学习自己尝试。(自学学本121页"小贴士")

5. 5分钟即时记忆挑战开始。指名尝试。

6. 教师:如果能够在头脑中形成画面会更好玩,也更容易记住呢。给你的同桌讲讲这个故事吧。

7. 教师:记忆大挑战再一次开始。(PPT展示,将你看到的汉字记住,然后按顺序写下来。第一组:气、活、更;第二组:何、四、神;第三组:受、墓、太、再。)

8. 表扬三组全部写对的同学。采访:你是怎么记住的?

9. 终极挑战开始。(PPT展示,将你看到的汉字记住,然后按顺序写下来。包、曾、除、李、吃、片、委、忽、找、容、念、局。)

10. 表扬全部写对的同学。采访:你是怎么记住的?

11. 教师:这种记忆方法是完美的大脑最喜欢的方法。(展示图片)

12. 教师:除了故事记忆法,你还有什么汉字记忆的方法呢?给大家一些提示,请大家阅读学本122页,然后整理一下,写出自己的策略。

13. 学生自学,整理和交流。

这个板块是让学生初步感受和了解汉字学习中的记忆方法,进一步了解汉字的表意功能,激发学生实践、探究汉字记忆方法的兴趣。

情境二:联想,在汉字记忆中真的很神奇吗?

1. 教师:有一本书,叫作《一想就明白的会意字》。你听了书名,有什么联想?

2. 学生交流。

3. 教师:疑问、猜测、联系自己的经历,这都是联系。在汉字的记忆方法中,也很有用。(PPT展示)

4. 教师:看了图,你有什么启发?

5. 教师小结:其实不光是会意字,很多汉字都可以利用联想来记忆。

6. 学生自由尝试学习学本123—124页,写一写,记一记。

7. 即时记忆大挑战:听写"𰻝"这个汉字。

8. 采访记住的同学:怎么记住的?

9. 教师展示"饕餮":这两个字也很复杂,你能记住么?

10. 指名尝试。大家尝试记住它们。

11. 即时记忆大挑战:听写"安、裕、即、既、鼎、鼻、虎"。

12. 采访记住的同学:怎么记住的?

13. 教师展示"魍魉""纨绔""囹圄":谁能读出来?

14. 采访记住的同学:怎么记住的?

15. 即时记忆大挑战:听写"魍魉""纨绔""囹圄"。

16. 采访写对的同学:怎么记住的?

17. 即时记忆大挑战:听写"𰻝"这个汉字。

18. 统计现在记住的同学,采访:怎么记住的?

19. 教师:这些同学的记忆方法给了你什么启示?

20. 学生交流。

21. 教师小结:联想记忆法是不是真的很有效呢?我们来试试。

22. 展示:驸马、峨眉山、鳌虾、踌躇满志、巾帼须眉,先认读,再记住。

23. 即时记忆大挑战:听写"驸马、峨眉山、鳌虾、踌躇满志、巾帼须眉"。

24. 统计全部写对的同学,采访:怎么记住的?

25. 教师:终极挑战开始了。展示一份记忆材料,思考:怎么才能记住这些汉字?

龙的九个儿子:老大,赑屃(bì xì);老二,螭吻/鸱尾(chī wěn/chī wěi);老三,蒲牢(pú láo);老四,狴犴(bì'àn);老五,饕餮(tāo tiè);老六,趴蝮(bā fù);老七,睚眦(yá zì);老八,狻猊(suān'ní)("猊"就是古人口中的狮子);老九,椒图(jiāo tú)。

26. 和小组同学分享你的联想和观察,尝试记住这些名字。

27. 即时记忆大挑战:认读龙子的名字。赑屃、螭吻/鸱尾、蒲牢、狴犴、饕餮、趴蝮、睚眦、狻猊、椒图。

28. 指名尝试。采访全部记住的同学:是怎么记住的?

29. 即时记忆大挑战:写出龙子的名字,能写几个写几个。

30. 采访写出来的同学:为什么能写出来,怎么记住的?

31. 教师小结:把几种联想记忆的方法结合起来用,效果会更好。希望同学们都成为"汉字记忆大王"。

这个板块是让学生在实际运用中理解和运用汉字学习中的记忆方法,进一步了解汉字的表意功能,激发学生实践、探究汉字记忆方法的兴趣。

情境三:怎样和遗忘做斗争?

1. 教师:可是我们的大脑有一个致命的缺点,记住的东西还是会被遗忘。你发现哪些方法可以让你和遗忘做斗争,记得很久也不忘记呢?

2. 学生交流。

3. 教师:这是科学家研究出来的遗忘规律图。(PPT展示)从中,你有什么发现?

时间间隔	记忆量
刚刚记忆完华	100%
20分钟之后	58.2%
1小时之后	44.2%
8～9个小时后	35.8%
1天后	33.7%
2天后	27.8%
6天后	25.4%
一个月后	21.1%

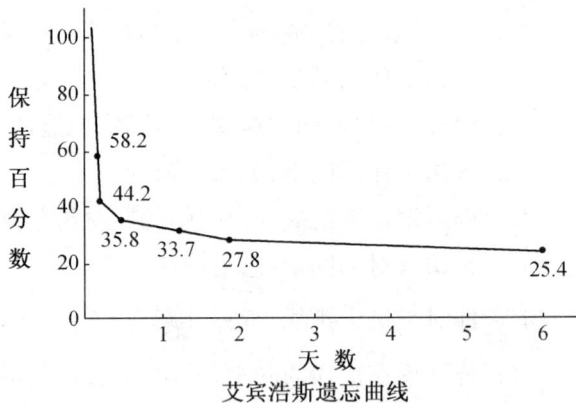

艾宾浩斯遗忘曲线

4. 学生交流。

5. 教师:阅读学本124页,你有什么收获?

6. 学生交流。

7. 教师:还有这些方法也可以帮助你。

记住每次成功的感觉
对自己说"肯定能行"　改善脑活性
激发灵感
变换视角看问题
一想到就说出来

闭上眼睛吃饭
用手指分辨硬币　唤醒身体
戴上耳机上下楼梯
放开嗓子大声朗读

训练记忆力的习惯

每天快走20分钟
一天十次"手指操"　越运动
脑子越好
尝试全新的运动

用左手端茶杯
寻求脑刺激　每天23:00前睡觉，5:00起床

训练记忆力的习惯

甜食让你变聪明
吃早餐能活化大脑　补充脑营养
多咀嚼可以提高成绩

积极锻炼左右脑
在陌生的地方散步
判断自己是右脑型，还是左脑型
用直觉做决断

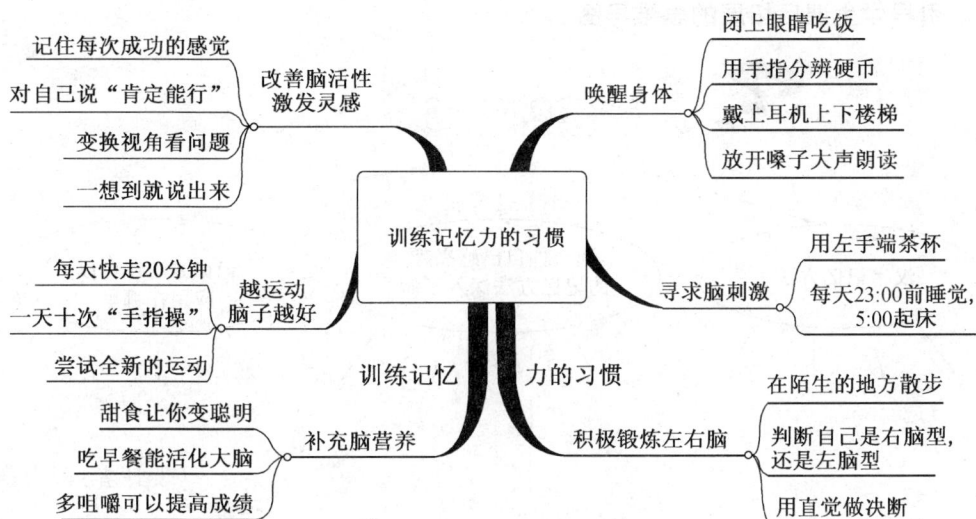

8. 教师：现在你还记得哪些方法呢？尝试把这张图画出来吧。

9. 学生尝试画图。

10. 教师：你有什么发现？

11. 学生交流。

12. 教师小结：我们的大脑对图片的记忆比较喜欢。在学习过程中，就可以用这样的方法。这叫"记忆树"。

13. 小组合作画出今天学习的"汉字记忆方法记忆树"。

14. 小组展示，说明。

15. 教师：现在，你有什么感受？

16. 学生交流。

这个板块是让学生在实际运用中理解和运用对抗遗忘的记忆方法，进一步了解记忆的方法，激发学生实践、探究汉字记忆方法的兴趣。

（三）学生的课后延伸

1. 教师：你还知道哪些汉字记忆的方法呢？

2. 学生交流。

3. 教师：课后，你可以选择一种进行深入的了解哦。

这个板块主要通过拓展延伸，让学生感受多样的汉字记忆方法，提高学生研究汉字记忆方法的积极性，促使学生主动记忆和学习汉字。

提供研究课题

1. 你是怎么运用汉字记忆方法的？准备怎么和家人朋友分享？

2. 哪些记忆方法在其他地方也用得上？你打算怎么用？

......

引导学生课后拓展的思维导图

我还想知道。。。。。。

汉字记忆方法

选一种自己感兴趣的记忆方法深入了解

记忆方法还可以应用在哪里

（设计者：郭晓露）

第四课　方言保护

领　　域:汉字学习

概　　念:方言保护

主题事件:举办方言文艺晚会

一、教学背景

　　"方言文艺晚会"是"汉字学习"的最后一个内容。通过前面的学习,学生已经对汉字的特点、汉字的传承、汉字的记忆方法有了一定的了解。本课的学习是让学生了解和感知汉字的学习还需要重视的另一个重要方面——方言。通过对方言的了解,学生感知汉语文化的丰富性和多样性,体验到汉字的学习与传承的重大意义和价值,使汉字的学习避免流于形式,促发学生对汉字文化学习的深度思考。

　　汉语方言俗称地方话,只通行于一定的地域,他不是独立于民族语言之外的另一种语言,而只是局部地区使用的语言。因为汉族社会在发展过程中出现过程度不同的分化和统一,因而汉语逐渐产生了方言。现代汉语各方言大都是经历了漫长的演变过程而逐渐形成的。方言之间的差异表现在语音、词汇、语法各个方面,语音方面尤为突出。方言虽然只在一定的地域内通行,但本身却也有一种完整的系统——包括语音结构系统、词汇结构系统和语法结构系统,能够满足本地区社会交际的需要。

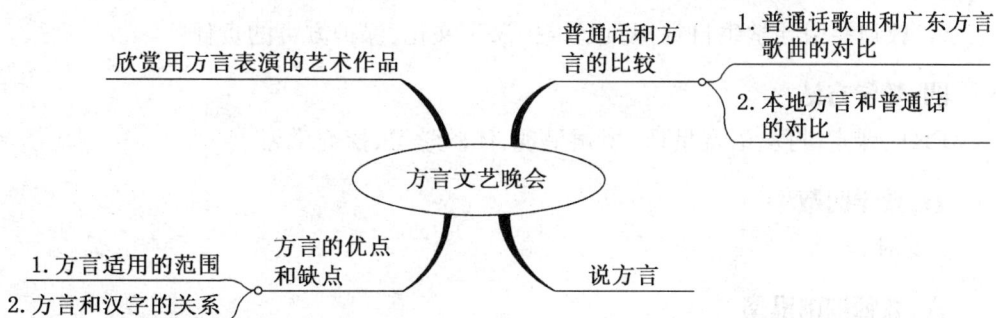

　　在汉字产生的殷商时代,汉语就已经有了明显的方言分歧。要使不同的方言由相同的文字来书写,汉字从一开始就需要保持在和表意相关的语素文字阶段。现代汉语方言的分歧仍然很大,汉字对书写不同的方言仍然是最有效的,只有汉字书写,才能使历史、文化得到良好和统一的传承。虽然学生通过一些影视作品,以及从平时生活的对话中,对方言已经有了一些比较表象的认识,但是对方言在人们生活中所起的重要作用和存在的价值,以及跟汉字之间的关系还不是很了解。因此本节课主要让学生从熟悉的本地方言入手,通过不同的艺术表现形式,从中发现一些与汉字相对应的关系,增加学生对方言的认识,感受不同地区方言独特的语言魅力。

二、学生学习力达成度

我想:学生课前想知道"方言"是什么,有哪些方言;学生课中想知道本地方言表述习惯,了解汉语独特的地域性特征以及人们在何种情况下喜欢使用方言;学生课后想知道汉字和方言之间的联系和区别。

我会:学生会通过合作、交流和欣赏进一步感受汉字在不同的地区的方言中表现形式是有所不同的,能说1、2句其他地区的方言,能欣赏一些独特的方言艺术表演。这也是本节课的重点。

我知:学生在思考和讨论的基础上知道当前方言电影、方言小品、方言节目等会流行的原因,指导方言存在的价值。

三、教学内容及重难点

1. 让学生知道"方言"是什么,汉语方言有什么意义和价值。

2. 教师要引导学生,通过不同的艺术表现形式让学生体会不同地区方言在人们生活中同样有着不可取代的重要作用。在对比和思考中,探究同一汉字在不同方言里的读音是不同的,体会汉字和方言的联系和区别。

3. 教师要引导学生关注每一个探究的结果,充分发挥学生的主观能动性,并激发学生进一步探究的愿望,掌握发现规律和特点的方法。

4. 教师要结合学生的实践、交流结果,引导学生用自己的语言总结、概括出方言的特点,以及它对社会生活的影响。

5. 教师要引导学生自觉担负起维护汉字文化、保护方言的责任。

四、教学方法

PPT、课堂讲授、语音呈现、视频呈现、体验学习、探究学习。

五、教学时数

1课时。

六、教师课前准备

PPT、资料、图片、视频。

七、学生课前准备

准备好铅笔,课前拍摄一些生活中的方言使用情况。

我感受:观察生活中的方言使用,初步了解汉语方言的面貌。

我了解:查找关于方言的表演艺术,并学着模仿。

我思考:

1. 方言是什么? 汉语有哪些方言?

2. 这些方言有什么不同? 为什么会产生方言?

3. 方言需要保护吗?

八、教学过程设计

【教学过程设计总体思路】

本节课以"方言文艺晚会直播"为主要事件,让学生观察并了解本地方言和汉字的联系和区别,明确方言在人们生活中的重要作用。启发学生去收集带有浓郁地域方言特色的艺术表现形式,加深学生对方言的了解。

【教学空间与布置】

1. 活动教室布置为中间空出,四周有桌椅的空旷区域。

2. 座椅可以摆放在四周,准备一些资料和电脑(一组一台)。

(一)选择主题事件——方言文艺晚会开播啦

1. 教师展示动画图片,背景人声:各位观众,大家好! 欢迎大家来到方言文艺晚会演播现场,在这场晚会中大家即将欣赏到具有浓郁方言特色的文艺作品,可以说会给大家带来一种全新的听觉和视觉感受。好,准备好了吗,节目即将开始了哦! 首先让我们先来欣赏一首歌曲,你们可要仔细听哦!

2. 展示本地方言歌曲视频,例如:南京方言歌曲《喝混沌》。http://www.tudou. com/programs/view/vzGlMNx1U—E.

教师现场随机采访:

(1) 这首歌好玩吗? 你们能听懂吗?

(2) 这是用哪儿的方言演唱的歌曲? 听完后你有什么感受?

(3) 为什么你们觉得很有意思或者很好玩呢?

(4) 平时我们听到的其他用普通话演唱的歌曲会不会让你有这样的感受呢?

3. 主持人小结:也就是说这里最主要的原因是这首歌是用我们本地的方言演唱的,让我们感觉很亲切,跟平时我们用普通话唱歌是有所不同的。

这个板块主要是通过主题情境的营造,激发学生了解"方言"、了解方言面貌的兴趣,知道这节课主要是为了研究汉语中的方言现象。

(二)学生的探索与体验

情境一:汉语普通话和方言有什么不同呢?

1. 教师:下面让我们一起进入"你点我播"的环节,听说我们要举办方言文艺晚会,很多艺人都觉得很有意思,想要来为大家表演节目,今天我们就请来了2位很有名的歌手,看看他们是谁?

展示:刘欢,张学友的头像图片。

分别播放歌曲片段:刘欢的歌曲(普通话) http://v. ku6. com/show/ g0eGvsTvZYVMxi_V. html;张学友的歌曲(广东方言) http://v. ku6. com/show/ 2DH2PjRu5QXbNvE1. html.

2. 对比思考:刘欢唱的歌你们能听懂吗? 他是用什么语言唱的? 那张学友的呢?

3. 学生交流。

4. 教师:你发现方言和我们平时使用的普通话有什么不同呢? 下面就来个"头脑风暴",各小组拿一张 A4 纸列出不同,看哪一个小组写得多、写得好。

5. 学生小组"头脑风暴"。

6. 学生小组汇报交流。

7. 教师:发音不同,有时候意思也不相同,在使用的时候,甚至可能会出像语言排列等语法的不同。

8. 学生自学学本 125 页的"小贴士",完成 126 页"我了解"。

9. 学生交流"我了解"。

这个板块是让学生初步感受和了解生活中的方言现象,进一步了解方言,激发学生实践、探究方言面貌的兴趣。

"听不懂"的读音

粤语保留许多古发音,例如粤语中"我"和"饿"两字有舌根鼻音声母 ng-。

在声调方面,粤语完整保留中古汉语平、上、去、入各分阴阳的调类格局,是保留古汉语入声最为完整的语言,对于朗诵及研究中国古诗词等文学作品,起着重要的作用。

粤语包括-p、-t、-k 等韵尾,没有北方方言所具有的卷舌音、儿化、轻声等现象。

没有 zh、ch、sh 和 z、c、s 的变化

但是　　　但系

"变了样"的词语

谁　　　　边个
他的　　　佢嘅
看看　　　睇睇
受不了　　顶唔顺
本事大　　犀利

在粤语中"呢"表示"这","唔"表示"不","虾"表示"欺负","边"表示"哪",等等。这都是"古越语"底层词的遗留。

"有点怪"的结构

怪不得　　　"唔怪之得"或"怪唔之得"
我先走了　　我走先
公鸡　　　　"鸡公"
粤语中有许多修饰成分倒置现象。

情境二:方言有什么价值呢?

1. 教师:不光是你们,如果没有汉字注释的话,我想大部分人都是听不懂的,他是用粤语也就是广东方言唱的,那么是不是因为大家都听不懂就应该取消用方言表演这样的形式呢?

2. 学生交流。

3. 组织小游戏：对比本地方言和普通话。

为了让大家都能参与到我们晚会中间来，我们特地设置了一个全民参与的小游戏，考验大家对本地方言和普通话的对比听说能力，想玩吗？

例如，对比南京话和普通话，展示两组词句：

A：没有　一会儿　睡着了　你吃过饭了吗？　不知道　碗　干吗

B：韶　拾达　哪快　喝人巴拉　多大事啊　挨滴嘛　来斯　恩正

介绍游戏规则：

① 2人一组尝试练习。

② A组词句先用普通话说，再用南京话说。B组词句先用南京话说，再用普通话进行释意。

最先完成的小组以及完成较好的小组将会获得晚会提供的小奖品。

学生分组活动后汇报交流。

4. 教师：当然并不是所有的方言都可以用文字表示出来。（老师再举2个无法用文字写出来的本地方言字词。）

5. 学生模仿。

6. 读读127页的"我尝试"和"我实践"，和同桌一起玩玩"方言的游戏"。

7. 教师：新的挑战来了。用文字展示一句话，例如：今天天气很好，你准备去哪儿玩？

让不同地区的学生互相教一教、学一学用方言怎么说。（选举1、2个比较有代表性的即可）

8. 教师：通过这样的对比，你有什么想说的吗？

9. 教师小结：其实我们通常看到一个汉字时可以很容易把它转化为我们自己说的方言，而我们的方言中并不是所有的字词都可以用汉字表示出来的，这就是方言虽然便于沟通却不方便字面书写保留的原因。可是方言它也有自己独特的魅力，在特定的场合和情景中我们更喜欢用方言进行交流，显得更为亲切和自如，而从这些生动自然的方言交流中，我们更能看出不同地区人们的生活习惯和交流习惯的不同，这也是件很有意思的事。

这个板块是游戏环节，主要是让学生体验方言，在趣味活动中感受方言的亲切、方言在社会生活中的作用。

情境三：方言需要保护吗？

1. 教师：汉语有九大方言区，各方言区有自己的方言，有时候就会闹笑话。展示方言笑话：

> • 方言笑话（1）

有一次，潮汕地区某官员以火锅设宴，招待上面来的高级嘉宾，他举起筷子在滚烫得冒烟的火锅里一边搅拌，一边笑容可掬地说："大家别客气，滚了（煮开）就吃，吃了再滚（煮开）。"

> • 方言笑话（2）

有一回，粤西某领导到部队去感谢解放军对少年宫的支持，他非常热情地发表演讲："亲爱的南海烂队（南海舰队）的指战员们，你们好，感谢你们给少年宫赠送了退役的烂艇（舰艇）……"在场的官兵面面相觑，那明明是一艘好船哪！

2. 教师：读了这两个笑话，你有什么想法呢？

3. 学生交流。

4. 教师：普通话和方言，真的只能你死我活吗？

5. 学生交流。

6. 教师小结：汉语现象是世界上最丰富的语言现象之一。有很多方言甚至还成了文化瑰宝。下面我们就来欣赏几段。

（1）豫剧《花木兰》唱段；

（2）黄梅戏《牛郎织女》唱段；

（3）东北二人转《刘老根大舞台》；

（4）电影《金陵十三钗》片段。

7. 教师：在这些方言艺术形式中，你最喜欢哪一种？或者除了这些，你最喜欢哪一种方言艺术？

8. 学生交流。

9. 学生自由填写学本 128 页的"我探索"。

10. 学生交流。

这个板块，主要是帮助学生理清"方言"的价值和意义，让学生正确理解方言的艺术形式和社会价值，为更好地进行后期的拓展学习奠定基础。

（三）学生的课后延伸

1. 教师：你还知道哪些方言艺术呢？

2. 学生交流。

3. 教师：课后，你可以选择一种做深入的了解哦。

这个板块主要通过拓展延伸，让学生感受方言艺术的多样，提高学生研究方言和方言艺术的积极性，促使学生主动承担保护方言的责任。

提供研究课题

1. 南京特有的方言艺术是白局，你了解哪些关于它的知识？你能收集一些这方面的资料吗？

2. 你的家乡有哪些独特的方言艺术形式？选一种方言深入了解当地人的表达习惯和生活习惯。

……

引导学生课后拓展的思维导图

我还想知道。◦ ◦ ◦ ◦ ◦

各地方言艺术

选一种自己感兴趣的方言深入了解当地人的生活习惯和表达习惯

方言的形成、分类以及划分的依据

（设计者：刁京京　郭晓露）

第九单元　汉字与人

第一课　"二　王"

领　　域：汉字与人
概　　念："二王"
主题事件：我与"二王"交朋友

一、教学背景

中国书法博大精深，中国古代有很多著名的书法家，其中成就最高的莫过于晋代的王羲之，而他的儿子王献之继承了王氏书法，又有所突破，在中国书法史上与其父亲并称"二王"。学生对"二王"早有耳闻，但了解并不全面。学生在前面章节了解了汉字的起源、汉字的演变等诸多知识后，再了解著名书法家，可以对中国汉字有更全面、更深入的了解。

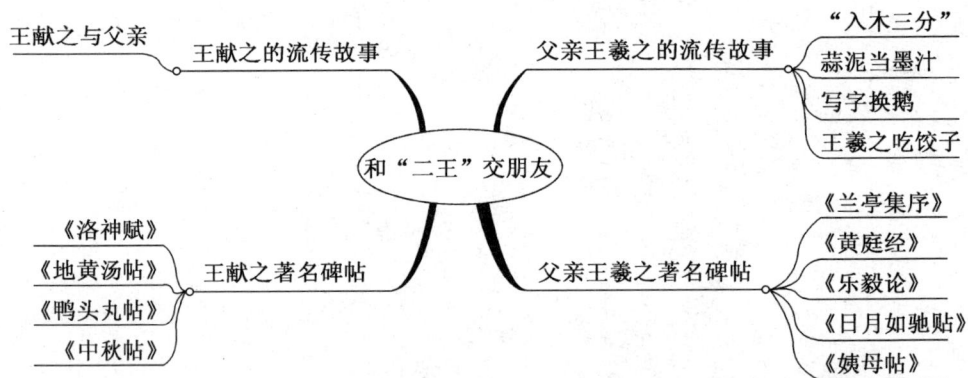

王献之与父亲 —— 王献之的流传故事 —— 父亲王羲之的流传故事 —— "入木三分" / 蒜泥当墨汁 / 写字换鹅 / 王羲之吃饺子

和"二王"交朋友

《洛神赋》 / 《地黄汤帖》 / 《鸭头丸帖》 / 《中秋帖》 —— 王献之著名碑帖

父亲王羲之著名碑帖 —— 《兰亭集序》 / 《黄庭经》 / 《乐毅论》 / 《日月如驰贴》 / 《姨母帖》

二、学生学习力达成度

我想：通过对王献之的了解，及对其作品的欣赏，对认识中国古代著名的书法家及各种风格迥异的书法风格产生探究兴趣和欲望。

我会：以会观察、会动手、会欣赏、会思考为主，在课堂上通过创设情境、动手体验、欣赏交流、小组合作、探究学习，体会到王献之练习书法的专注、执着，对书法家产生敬佩之情，愿意向他们学习。

我知：了解王献之书法作品的特点，了解王献之在书法艺术上的贡献，明白王献之的成就来自于他的勤学苦练。

三、教学重难点

重点:通过小组交流、观察思考,懂得欣赏书法家的各种书体,激发对古代书法家及各种优美书体探究的欲望。

难点:认识到书法家对中国古代书法的贡献,同时也能体会到书法家练习书法的坚持与执着。

四、教学方法

图片欣赏、自主体验、讨论交流、反思评价、互动探究。

五、教学时数

1 课时。

六、教学准备

1. 资料搜集。

2. 王献之书法的图片。

3. 笔墨准备。

七、教学过程设计

【教学过程设计总体思路】

第一步,通过设谜激趣,学生认识王献之,产生亲和力。之后学生读一读王献之练字的小故事,结合动手体验,感受到古代书法家练习书法的执着,明白王献之的成就来自于他的勤学苦练;第二步,学生欣赏王献之不同风格、不同书体的作品,通过观察、比较,对中国古代不同风格的汉字产生兴趣,有探究欲望,同时感受到王献之对中国书法的贡献,产生敬佩之情;第三步,借王献之引出其父亲王羲之,通过欣赏王羲之作品,引发对王羲之书法的探究欲望,知道"二王"的美誉由此而来,从而进一步感受到中国古代汉字的神奇,激发研究汉字的兴趣。

(一)悬疑导入,认识王献之

1. 引出王献之

今天老师穿越时空,给同学们带来了一个人,猜猜他是谁?(古典优雅的音乐响起,随着音乐,教师进行提示语的旁白,一步步启发,让学生猜出谜底)

教师提示:

他生活在东晋时代……

他是一名著名的书法家……

他和当时的大书法家王羲之并称"二王"……

他是王羲之的儿子……

（在教师一步一步的提示下,学生一点一点地猜出这位书法家的名字——王献之）

2. 初步认识王献之

（1）对,他就是东晋时期著名的书法家——王献之老先生,你们想不想和他交个朋友呢?

（2）阅读教材上王献之的图像和资料,你对他有着什么样的印象?

（3）哈哈,看来大家都很敬仰他呀。听说有这么多21世纪的小朋友还知道他、喜欢他,他很高兴呢!（点击课件,动画打招呼）那你们呢,你想怎么和他打招呼呢?

（二）设置情境,趣味尝试

1. 与王献之交朋友

你们知道,王献之为什么愿意和我一起来见见小朋友,和大家交朋友吗?（教师故作神秘,停顿片刻）因为呀,他听说你们正在研究汉字呢,他这个擅长写汉字的大书法家怎么能不来呢? 初次见面,王老先生很想考考大家呢! 大家愿意接受挑战吗?

2. 读一读王献之的小故事,深入了解王献之

（1）和爱读书的人交往,要以书会友;和善书法的人交朋友,当然要以字会友啦。王献之老先生,来者是客,您出题吧。

（2）课件展示"太"。王老先生,您可真有意思啊。小朋友们,王老先生出这个字可是别有用意的哦。大家看看教材上的小故事就知道啦。

（3）我感受

（故事内容:王献之练字很刻苦,苦练了5年后,一次,他把一大堆写好的字给父亲看,希望听到几句父亲的表扬。谁知,王羲之一张张掀过,一个劲地摇头。掀到一个"大"字,父亲现出了较满意的表情,随手在"大"字下填了一个点,然后把字稿全部退还给献之。小献之心中仍然不服,又将全部习字抱给母亲看,并说:"我练了5年,并且是完全按照父亲的字样练的。您仔细看看,我和父亲的字还有什么不同?"母亲果然认真地看了3天,最后指着王羲之在"大"字下加的那个点儿,说:"吾儿磨尽三缸水,唯有一点似羲之。"母亲又鼓励他说:"孩子,只要功夫深,就没有过不去的河、翻不过的山。你只要像这几年一样坚持不懈地练下去,就一定会达到目的!"小献之深受感动,又锲而不舍地练下去。）

（4）小朋友们,读了这个故事,你对我们这位大朋友又有了什么了解啊?

3. 我体验

（1）如果你是王献之,你此刻会做什么呢?

（2）嗯,现在咱们也来试试吧。

（3）学生们拿出笔纸,开始写"太"字。

（4）来,把你的字展示在黑板上,咱们来选选我们班级里的小王献之吧。

（三）我观察，我思考

1. 我们班有这么多的小王献之，王老先生，您一定很高兴吧，是不是？（动画微笑点头）

2. 王老先生给我们鼓励啦！大家也给自己鼓鼓掌吧。

3. 王老先生，您小时候就能写这么好的字，后来又写出了哪些您比较满意的字呢？

阅读教材上的小楷作品《洛神赋十三行》，同学们看了有什么感受？

4. 王老先生的大作可不止楷书一种呢！还想看看吗？

阅读教材上行书《鸭头丸帖》，草书《地黄汤帖》，比较一下，这两幅字有什么不同？和刚才看的楷书又有什么不同？

5. 王老先生，听说您后来还自己独创了一种书体，是不是啊？（动画点头）你真是太了不起了，能给我们大家见识见识吗？

阅读教材"一笔书"《中秋帖》。你看出这幅作品有什么特点了吗？（这是一种狂草书体，又叫"一笔书"，它笔势连续不断，宛如滔滔江河，一泻千里）

6. 今天，我们向王献之老先生学习，练写了"太"字，还欣赏了王献之的四种不同书体的作品，你有什么感受？还有什么想对王老先生说的？

（四）兴趣拓展

1. 今天王献之还从东晋给我们带来了礼物。

阅读教材"王献之的话"：我的书法虽说和父亲的书法并称"二王"，但我觉得父亲的书法仍在我之上。我带了几幅父亲王羲之的作品给大家欣赏。（看教材"我探究"部分）

2. 学生欣赏王羲之作品：《兰亭集序》《黄庭经》《乐毅论》《丧乱帖》《日月如驰帖》。

3. 哇！到底是父亲的作品，就是多呀。看了有什么感受？

4. 王献之说：同学们感兴趣的话，可以去了解了解我父亲王羲之，他有很多有趣的故事哟，比如《蒜泥当墨汁》《吃饺子的故事》《写字换鹅的故事》，还有成语故事呢，《入木三分》《东床快婿》讲的都是父亲王羲之，一定让大家大开眼界。

大家课后开展个故事会，一起来讲一讲父亲王羲之的故事吧！

引导学生课后拓展的思维导图

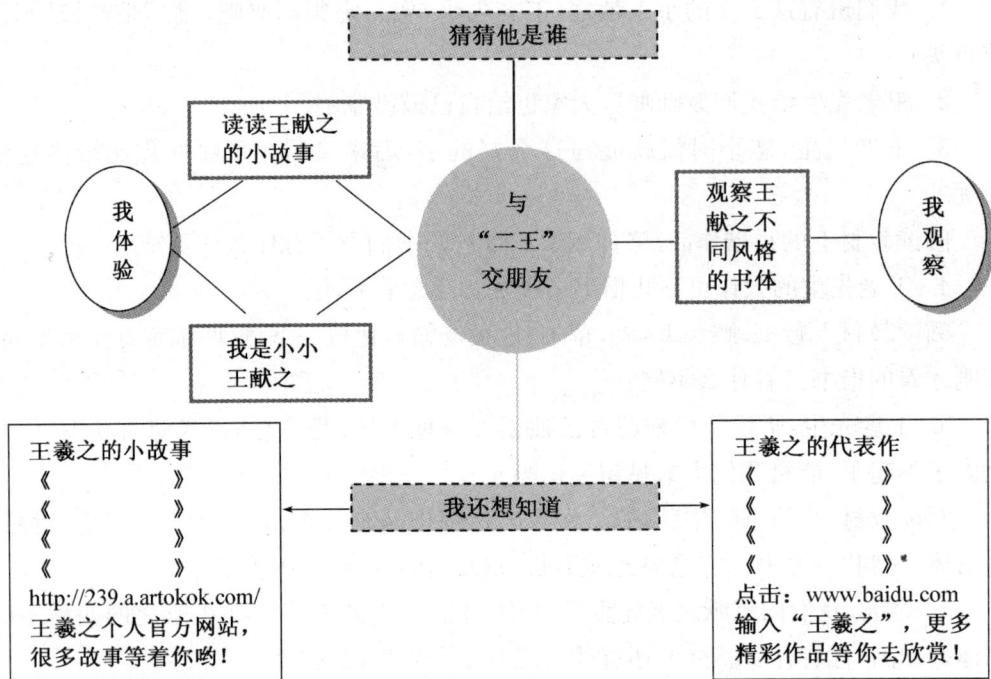

猜猜他是谁

读读王献之
的小故事

与
"二王"
交朋友

观察王
献之不
同风格
的书体

我观察

我体验

我是小小
王献之

王羲之的小故事
《　　　　　》
《　　　　　》
《　　　　　》
《　　　　　》
http://239.a.artokok.com/
王羲之个人官方网站,
很多故事等着你哟!

我还想知道

王羲之的代表作
《　　　　　》
《　　　　　》
《　　　　　》
《　　　　　》
点击:www.baidu.com
输入"王羲之",更多
精彩作品等你去欣赏!

(设计者:陈　静　赵会平)

第二课　唐宋书法家

领　　域:汉字与人

概　　念:唐宋书法家

主题事件:唐宋书法家大集合

一、教学背景

在之前学习中,学生已经了解了唐代以前一些著名书法家,如王羲之父子等,本课着眼于唐宋书法家的书法艺术,设计"三星智力快车"的竞赛抢答活动,让学生在竞赛过程中了解唐宋著名书法家,以及他们的书法特点。

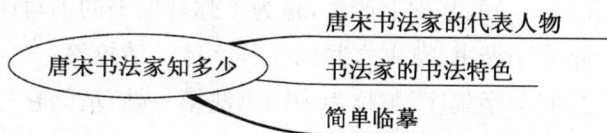

```
                              唐宋书法家的代表人物
         唐宋书法家知多少       书法家的书法特色
                              简单临摹
```

二、学生学习力达度

我想:通过观看视频、鉴赏作品,感受"字如其人"以及汉字与书法家的关系。

我会:以会观察、会思考、会探究为主,在课堂中通过自主参与、小组合作、竞赛、探究学习,欣赏唐宋书法家的代表作品,形成良好的鉴赏、审美能力。

我知:唐宋书法家代表人物有哪些?

三、教学重点与难点

教学重点:了解唐宋书法家的代表人物,知道楷书、行书、草书的不同特点。

教学难点:通过观看视频以及书法作品,体会唐宋书法家不同的书法艺术特点。

四、教学课时

1课时。

五、教学准备

视频《翰墨春秋——宋四家》;

班上分成四个小组,每组自定组名,确定一个口号。

六、教学过程设计

【教学过程设计总体思路】

本节课以"三星智力快车"竞赛活动为主线,激发学生了解唐宋书法家及其作品的兴趣,第一步是热身活动,初步了解行书与楷书、草书的不同点;第二步,通过观看视频及鉴赏作品,了解唐宋书法家以及他们各自作品的特点,培养审美与鉴赏能力;第三步,才艺展示,在实践中体会楷书、行书的用笔特点以及欣赏草书的美。

情境一:我抢答,认识唐宋著名书法家

大家好,欢迎大家搭乘今天的智力快车,我是"方琼姐姐"。今天我们将要比赛的项目是唐宋书法家知多少。每个小组大声喊出你们的口号……

东晋时期的王羲之父子在书法史上那可是赫赫有名,唐宋时期也涌现了很多著名书法家,请看大屏幕,你能对号入座吗?八幅图和八个书法家全部连对的小组,加100分。小组有3分钟的集思广益时间,开始!(之后公布正确答案)

刚才算是热身活动,正式抢答马上开始!

第1题:颜真卿、柳公权、赵孟頫、欧阳询被称为( )四大家。

第2题:行书在( )的基础上产生,是为了弥补楷书的书写速度太慢和草书的难于辨认而产生。是介于楷书、草书之间的一种字体。请抢答。

第3题:王羲之的《兰亭集序》被称为中国书法第一帖,请问它是用哪一种书法字体写成的?

A. 楷书　　　　B. 行书　　　　C. 草书

第4题:"行书"的"行"是( )的意思。行书的"行"就是"行走"的意思,因此它不像草书那样潦草,也不像楷书那样端正。请看(PPT展示图片)。

情境二:我观察,了解唐宋著名书法家及其作品

唐宋时期是一个文人阶层地位优越、文化艺术活跃繁荣的时期,作为文人、士大夫抒情表意最便捷的方式,书法艺术在宋代获得了普遍而且显著的推崇,宋代文人在简易实用的行书方面更是高手如云,新奇迭出。盛时泰《苍润轩碑跋》中说:"宋世称能书者,四家独胜。然四家之中,苏蕴藉,黄流丽,米峭拔,而蔡公又独以浑厚居其上。"

第1题:请问苏、黄、米、蔡分别是指? 开始抢答!

不知道也不要紧,我们来看段视频:《翰墨春秋——宋四家》(7分36秒)仔细看,和第二道抢答题也有关系哦!

现在你知道了么?

宋代的书法艺术在中国书法史上占有重要的地位,其最主要的实践者是北宋的苏轼、黄庭坚、米芾、蔡襄四人。

第2题:根据刚才的视频介绍,和配合展示的四人行书作品图片,说说他们的行书作品分别有哪些特点?

第3题:通过我们刚才的欣赏,你觉得行书的用笔有什么特点?说出一点即可加100分,分数低的小组可要加油啦!开始!

(主要有:1.点画以露锋入纸的写法居多;2.以欹侧代替平整;3.以简省的笔画代替繁复的点画;4.以勾、挑、牵丝来加强点画的呼应;5.以圆转代替方折)

第4题:这四个人不但书法了得,而且能诗能文,任选一人,背诵一首他的诗歌,开始!

情境三:我比较,融会贯通

第1题:请看大屏幕,这是几幅唐代书法家的楷书作品,你认识吗?请抢答!

第2题:草书也是汉字的一种字体,自由是它的天性,比较一下,楷书、行书、草书有什么不同?

情境四:我实践,才艺展示

通过以上的竞赛活动,相信我们学生已经对唐宋书法家有了一定的了解,下面就是我们最后一关——才艺展示。每个小组发挥自己的特长,任意模仿"春"的不同字体写法,才艺展示过后"方琼姐姐"会请现场的几位嘉宾给你们打分,明白了么?

嘉宾打分。

好了,现在为止我们所有的题目都已完成,来看看每组得分……三星智力快车□□小学站的冠军是第□□小组,恭喜他们!这是我们站冠军的奖牌,再一次恭喜你们!唐宋书法家的书法艺术博大精深,希望同学们继续关注有关唐宋书法家的知识,再会!

引导学生课后拓展的思维导图

米芾:峭拔　　　　　　　　　苏东坡:蕴藉

　　　　　　"宋四家"与行书

蔡襄:浑厚　　　　　　　　　黄庭坚:流丽

(设计者:赵会平)

197

第三课　汉字普及

领　　域:汉字与人
概　　念:汉字普及
主题事件:我做扫盲小达人

一、教学背景

本节课是第九单元"汉字与人"中第四个课时。前三个课时从一个角度带领学生认识,汉字发展史上汉字与著名书法家之间互相依存、相互促进的关系,而本课则从另一个角度引导学生体会文盲对汉字发展的阻碍,以及汉字发展中扫盲的必要。

学生在课前,可能对文盲的含义不是十分理解。本课创设各种情境,让学生在创设的"扫盲达人招聘会"("扫盲达人"特指帮助人们迅速摆脱"文盲"帽子的符合新世纪发展的新人类)的活动中,了解什么是文盲,体验作为一个文盲在新世纪生活中的种种不便,体会扫盲的重要性,知道扫盲对于促进汉字发展的积极意义,从而参加扫盲活动,乐于做一个扫盲达人。

```
                              什么是文盲?

   我是扫盲小达人          文盲的苦恼

                              扫盲之路:开设扫盲班
```

二、学生学习力达成度

我想:通过课堂上的情境创设、小品表演、图画展示、游戏竞猜等方式,进行小组合作的探究式学习。

我会:乐于参加扫盲,做一名真正的扫盲达人。

我知:通过实践活动,了解文盲在现实生活中遇到的种种不方便,明白扫盲的重要性,以及对汉字的发展所起到的积极促进作用。

三、教学重点与难点

教学重点:通过活动,知道什么是文盲,体会扫盲的时代意义。

教学难点:乐于参加扫盲,坚持不懈地做一名真正的扫盲达人。

四、教学方法

调查问卷、视频展示、观察学习、体验学习、探究学习、讨论交流、反思学习。

五、教学时数

1课时。

六、教学准备

课前准备小品表演"丁丁的苦恼"、丁丁的人物图片若干、扫盲达人招聘启事一张、关于扫盲的图片若干、扫盲达人图标若干、教学课件一个。

七、教学过程设计

【教学过程设计总体思路】

本课围绕主人公丁丁和奶奶进行一系列的情景创设,了解中国扫盲历程,明白扫盲工作的具体措施,思考扫盲对汉字发展所起到的积极意义。活动分为三块:一、"丁丁的苦恼",看小品,引出了丁丁奶奶因为不识字闹的种种笑话。二、"丁丁扫盲班",读读图片配合讲解,简要了解扫盲的具体历程;通过小组合作交流的形式,演一演,说一说文盲在当今现实生活中的种种不便,感受到扫盲的重要。三、"丁丁招聘会",完成闯关游戏"我来读""我会选""我能说",对扫盲有初步的了解,乐于进行扫盲的社会实践。

情境一:文盲的苦恼

1. 师:今天,我们班将迎来一位和我们年纪相仿的小朋友,他的名字叫丁丁。请你来和他打个招呼吧!

学生自由和丁丁打招呼。

2. 播放一段英国达人的视频录像。

3. 师:丁丁一直是个乐观的孩子,可是最近,他遇到了一件头疼的事儿,是什么事呢?请他自己来说说吧!（观看小品表演）

丁丁讲故事

我有一个非常疼爱我的奶奶。奶奶以前一直住在乡下老家,爷爷过世后,爸爸妈妈把奶奶接到身边孝敬她。可是因为奶奶不识字,生活中闹了不少笑话。

在生活中,好多话奶奶不是说错就是说颠倒。上一周,她弟弟突然得病,在县医院初诊为脑梗塞。爸爸妈妈问她检查结果,她说:"检查出来了,医生说脑塞梗。"

因为不识字,家里的不少家用电器她不会用。前天,奶奶想用全自动洗衣机洗衣服,可是捣鼓了半天,说明书看不懂,就是用不起来,最后满满的一缸衣服还是用手洗的。

最搞笑的是一天晚上吃饭,饭桌上,丁丁对爸爸说:"爸爸,我们家的电脑这两天速度特别慢,怎么搞的?"爸爸说:"可能是中毒了。"奶奶一听就急了:"什么中毒了,那赶紧送医院,迟了就要危险了。"最后,解释了半天才勉强明白了。

因为不识字,家人很苦恼,奶奶更苦恼,这两天天天闹着要回老家。

4. 从上面的故事中,你理解文盲的意思吗?什么样的人被称为文盲?学生先在小组内交流,然后大组汇报。

5. 师:你们说,丁丁应该怎样帮助像奶奶这样的文盲?(学生自由回答)

情境二:多种妙招,让文盲识字

> **小贴士**
>
> 扫盲的历史
>
> (1) 60多年来,中国的成人文盲率大幅下降,已由新中国成立之初的80%降到2002年的8.72%。2003年,联合国教科文组织统计局公布的全球过去十年扫盲最新统计数据表明:在所统计的40个国家中,中国在扫盲教育方面取得的成绩最大。现在,全球还有青年文盲1.33亿,主要在中东和北非。
>
> (2) 1966年,联合国教科文组织第十四次大会决定,把每年的9月8日定为国际扫盲日(图片见《玩转汉字》学生用书第137页)。
>
> (3) 为了提高广大农村妇女的文化水平,解放农村生产力,提高劳动妇女的社会地位,许多地方开设了妇女扫盲班。
>
> (4) 发动识字的人教不识字的人,使一切识字的人,包括工人、农民、市镇居民中识字的人、学校教员、高小以上学校的学生、国家机关和人民团体的工作人员都加入到扫盲教师队伍里。

1. 师:听了你们的介绍,丁丁决定利用假期,开展一个"丁丁扫盲班",帮助奶奶学会汉字,适应城里的生活。这不,丁丁扫盲班正式开班了,我们一起去看看吧。

有请扫盲班的班主任,人称"扫盲达人"的丁丁老师上台!

2. 师:接下来,丁丁扫盲班要讲什么内容呢? 请你给丁丁提一些合理化建议?

学生分组讨论,依据奶奶的情况提各种合理化建议。

3. 妙招大集合

(1) 贴字条:家里所有的物品,如杯子、冰箱、盒子……都贴上相应的汉字,在浓厚的汉字氛围里强化识字;

(2) 学有所用:利用已学会的汉字试着给家人写留言条、读报等,让识字的动力更强;

(3) 电视字幕学汉字:现在电视节目中一般会有字幕,不要放过这个机会,通过字幕学汉字。

情境三:丁丁招聘会

1. 师:相信在丁丁这位"扫盲小达人"的帮助下,他的奶奶一定能很快适应城市的生活,逐渐脱掉文盲的帽子。丁丁觉得光帮助奶奶远远不够,他决定在社区里开一个招聘会,邀请更多的同学和他一起做"扫盲达人",帮助身边的人。我们一同去瞧瞧。

(1) 丁丁:今天,我们社区也要召开一个达人招聘会。不过他不是什么英国达人、英语达人什么的,是什么呢? 请大声读读。

(展示:扫盲达人,大家一起读一读)

(2) 丁丁:同学们,你们知道什么是"扫盲达人"吗? 扫盲达人招聘有什么具体要求呢? 请再读读要求。

(展示招聘启事,学生自由读,说说读明白了什么? 自己想怎么做一个扫盲达人?)

扫盲达人招聘启事

　　为了扫除身边的文盲,特向大家诚聘"扫盲达人"若干名。要求:不限年龄,不限性别,有意愿帮助身边的人读书看报,适应现代生活,贡献一份力量的人,都可以报名。一经获准,将获得"扫盲达人"的荣誉称号。

招聘人:丁丁

2015 年 8 月 15 日

2. 师:恭喜大家,你们将成为一名真正的"扫盲达人"。请面对国旗庄严宣誓:

我是新时代的小学生,今天我面对国旗庄严宣誓,做一名真正的"扫盲达人",为祖国的汉字发展贡献自己的一份力量。宣誓人:×××小学×××。

3. 师:想要做一名真正的"扫盲达人",你接下来将做些什么呢?

（学生自由回答）

4. 同学们,时代在前进,社会在发展,联合国赋予了"文盲"新的定义,不会上网使用电脑都将成为"文盲",我们的工作任重道远,让我们一同努力吧!

引导学生课后拓展的思维导图

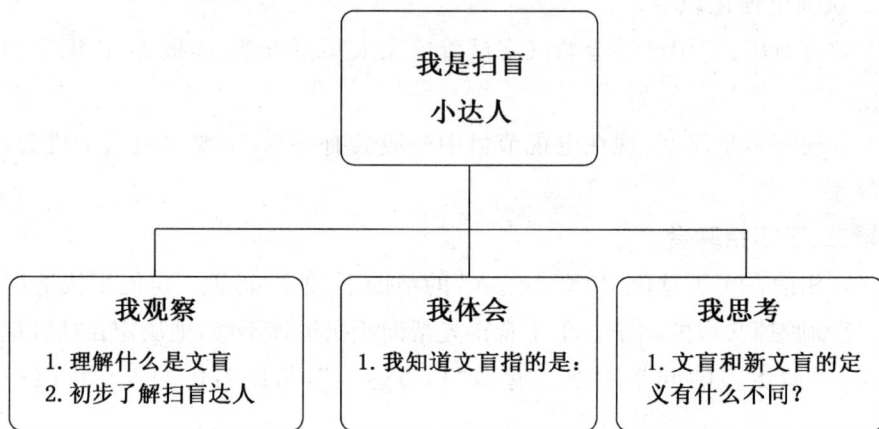

```
                    ┌─────────────┐
                    │   我是扫盲    │
                    │    小达人     │
                    └──────┬──────┘
          ┌────────────────┼────────────────┐
  ┌───────┴───────┐ ┌──────┴──────┐ ┌───────┴───────┐
  │    我观察       │ │   我体会      │ │    我思考       │
  │ 1.理解什么是文盲 │ │ 1.我知道文盲  │ │ 1.文盲和新文盲的定 │
  │ 2.初步了解扫盲达人│ │   指的是:    │ │   义有什么不同?   │
  └───────────────┘ └─────────────┘ └───────────────┘
```

（设计者:翟 莉 赵会平）

第四课 汉字的性格

领　　域：汉字与人

概　　念：汉字的性格

主题事件：人人争当小侦探！

一、教学背景

中国古代对于书法是极为重视的,书法作品和书法论著相当多。笔迹特征与心理特征的分析论述也多见于书法的著作之中。人的性格有刚毅和温柔之异,手有聪与钝之别,故其笔迹必然不同。本节课重点引导学生从汉字书法的笔迹中探究出"字如其人"的性格特点。学生在有关汉字研究的前期,通过汉字研究的小报活动,对汉字的起源、汉字的演变及汉字的结构有了一定的认识与了解。学生通过观察、分析、探究等活动,了解笔迹与性格的关系,从而感受汉字研究的乐趣,拓宽学生汉字研究的视野,为学生将来的研究学习打下一定的基础。

```
                            古人：字如其人
  人人争当小侦探          "字如其人"在现在社会的应用
                          "字如其人"对我们的启示
```

二、学生学习力达成度

我想：学生通过体验、探究、比较、讨论,感受笔迹与性格的关系,从而引导学生理解"字如其人"这句话的道理,激发学生对字迹与性格侦察学习的兴趣,从而产生强烈的拓展探究学习愿望。

我会：学会学习,运用不同方法(我会观察、会思考、会想象、会探究)解决问题。学生能够通过分析自己的字迹来认识自己的性格特点,并了解自己的性格特点。

我知：学生通过对字的笔迹特点的了解,通过自己对字迹的观察,发现不同的字迹体现的性格特点各不相同。引导学生将汉字与人的研究水平从具体的经验观察上升到抽象的概念分析水平。

三、教学重难点

通过字迹的分析研究,引导学生通过探究、比较、讨论等方法,发现字迹与性格的关系。

通过对自己字迹的分析,从中了解自己的性格特点,激发学生探究学习的兴趣。

四、教学方法

图片呈现、游戏体验、探究学习、讨论学习。

五、教学时数

1课时。

六、教学准备

写字图片、学生作业本、表情图、字迹与性格对照。

七、教学过程设计

【教学过程设计总体思路】

本节课以"人人争当小侦探"为主要活动线索,第一步让学生在观察书法家以及同学作业本的字迹活动中,在观察字迹的情境中猜一猜写字的人的性格特点,然后进行讨论、交流,得出初步的结论,从而激发学生对字迹与性格关系研究的兴趣。

第二步,探究思考与自我检测。为了进一步帮助学生扩大探究学习的角度,通过观看卡通人物的表情来判断字迹与性格,并鼓励学生从自己的字迹中检测自己的性格特点。

第三步,探究拓展。在探究学习的基础上引导学生进一步去思考、讨论与交流,引出练习书法可以帮助人们"修心养性",让学生认识还可以从字迹的力度、距离、长短等方面判断人的心理问题,激发学生今后继续探究学习的欲望。

(一) 我观察,我发现

1. 导语:

(1) 同学们,古人云:"字如其人。"是说通过字迹可以看一个人性格。这话虽非绝对正确,但的确有其存在的道理。今天我们首先来看看几位古代著名书法家的照片,说说自己对三位书法家的印象(PPT展示图片)。

(2) 请大家再看一看他们的简介,然后进行比较,说一说他们三位的性格特征有什么不一样?

(阅读书法家简介:http://pipqiu. spaces. live. com/? _c11_BlogPart_blogpart =blogview&_c=BlogPart&partqs=amonth%3d3%26ayear%3d2006.)

(3) 欣赏几位古代大书法家的作品,然后猜一猜他们的性格特点。

(背景音乐:古琴演奏。依次展示颜体、欧体、张旭的行草图片,学生欣赏思考,分小组各选一个书法家讨论交流,各组选派代表进行全班分享。)

(4) 通过以上对三位书法家字体的观察分析,我们了解了三位书法家的书法风格。另外我们还可以清晰地判断出他们各自不同的性格特点。

2. 接下来我们再看自己班上同学的作业本,看看不同类型的人字迹有什么异同?

　　a. 优秀类的作业本。字迹工整、漂亮。

　　b. 良好类。字虽然不是很漂亮,但是书写的态度十分认真。

　　c. 稍差类。书写不规范,字迹马虎,且本面较脏。

　　(1) 下面我们就来共同讨论不同类的书写者,他们有着怎样的想法?

　　(2) 同学们说得真好! 当一个人长期地用某一种态度来处理事情时,最后便成了某人做事的性格特征。

　　(3) 是啊,通过刚才的游戏活动,我们发现一个有趣的结论:从一个人的字迹中可以了解他的性格特点。(学生阅读《写字与性格的关系》)

(二) 我思考,我检测

故事导入:学生听教师讲述《烟盒纸成了破案关键》的笔迹侦探故事。

我思考

1. 这个故事说明一个什么道理?

笔迹就像指纹一样,一份笔迹对应着一个人,不同人有着不同的笔迹。在侦查破案、法官断案以及我们的日常生活中,笔迹常常会发挥意想不到的神奇作用。

2. 接下来我们通过共同研究几张卡通人物的图片(PPT展示图片),看看不同人物的笔迹分别是怎样的? 他们的性格特点又有什么不同呢?

3. 同学们,你们在观察这些人物的不同表情时,请说说他们的字迹可能有什么特点? 并说说理由。

4. 请说说他们的性格特点是怎样的?(学生阅读"我思考"部分)

5. 最后,请大家找一找,看看哪幅图片上的表情更符合你的性格特点,并请你进行简单的叙述,再请大家给予评价。

我检测

1. 同学们,通过刚才的活动体验与分享,你认为自己的字迹有什么特点? 你的性格又是怎样的?

2. 下面我们进行一次游戏体验。以小组为单位,请每位同学拿出平时所写的字条,请小组侦探员分析你和其他组员的字迹和性格特点,然后将字迹和性格的分析结果告诉你,请你加以确认。(配上轻音乐)

3. 同学们,今天你们的表现真棒! 你们通过利用自己的"火眼金睛"和敏锐思维,不仅准确地分析了别人字迹和性格特点,而且还对自己的性格特点进行针对性的检测,有怎样的感受?

4. 小结:也许我们平时并没有十分仔细研究过自己的性格特点,但是,今天字迹与性格侦察活动的开展,能够帮助我们更清楚地了解自己的性格特点,以便在今后的学习和生活中能够取长补短,以利于我们更好地成长。

（三）我侦察，我探究

1. 同学们，通过以上一系列的游戏活动，我们发现字迹与性格之间的有趣关系。另外，练习写字还可以给我们带来哪些帮助？请大家分小组进行讨论，然后再分析讨论的结果。

2. 同学们说得真好！练习写字最大的好处莫过于"修心养性"。

那么何为"修心养性"？修心：使心灵纯洁；养性：使本性不受损害。通过自我反省体察，身心达到完美的境界。（阅读"修心养性"）

3. 当然，我们知道字是可以越练越好的。那么，随着练字效果的变化，人的性格是否也会发生变化呢？同学们可以从我们的生活中去搜集信息，继续研究。（学生用书补充相关继续研究的资料）

引导学生课后拓展的思维导图

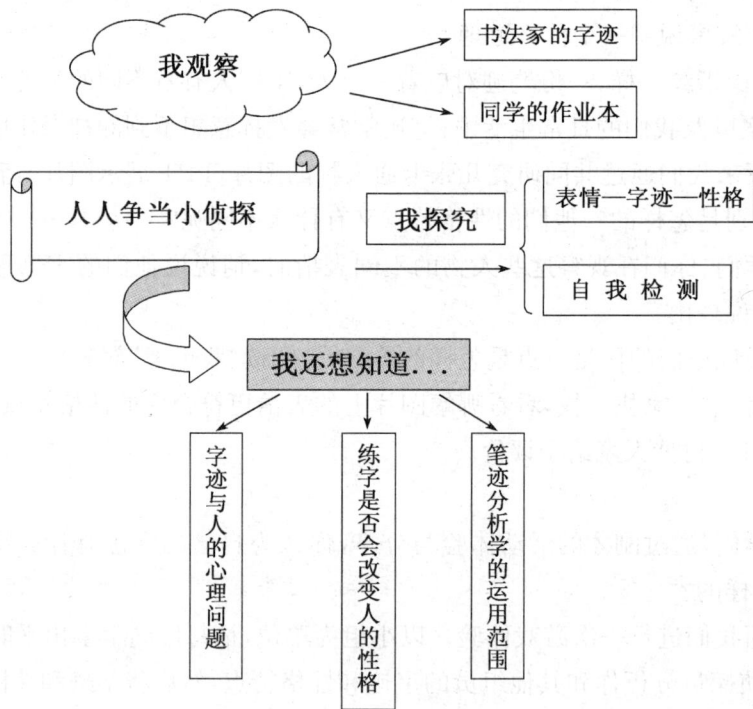

（设计者：石光翠　赵会平）

第十单元　汉字概念的整理与总结

单元说明

　　"汉字概念的整理与总结",作为整个汉字主题概念学习的结束,本单元将用 1 课时的时间引导学生在回顾课程九大领域、三十六个子概念的学习内容与过程的基础上,尝试用简洁的表格或图示等形式,帮助学生建立清晰的汉字概念框架。通过回顾汉字给中华民族历史、文化、艺术、经济、科技等带来的文明促进作用即汉字所产生或引发的社会生活和职业生活,进一步理清汉字概念,培养学生的综合思维能力,使他们逐步形成将经验上升到概念的整理与概括能力,最终学会生活,学会学习。

　　在教学过程中,教师要充分利用学生已掌握的汉字子概念结构框架及感性材料,以小组为单位,采用学习成果展示的形式,为学生营造一个自主、开放的学习成果展示舞台。教师要让学生小组在课堂上独立完成概念学习成果整理报告,在充分思考和合作的基础上,实现生生之间交流的层次性和高效性。这样,对概念本身的概括与整理才会更加有效,实现本单元的学习功能。教师在课堂上要注意设疑、引疑,在组织学生注意倾听其他小组汇报的同时,抓住汇报过程中的关键点,引发学生思考,完善自己的思考与表达,为正确、科学表述概念做好牵引工作。教师不仅要引导学生回顾整理汉字概念,还要回顾汉字概念学习的过程,借助回忆相关主题事件,体会和思考职业人生及相关学问,产生对未来职业生活的向往,并愿意为自己的梦想努力做好各项准备。汉字概念主题学习结束,教师还可以引导学生采用同样的方式探寻新的概念主题,并在后续学习中,给学生提供尝试表达的机会,使概念学习的方法与习惯延续到每一个学习内容中。

　　本教学模块的课堂教学,应更加关注学生的表达,强调让学生在小组合作中整理与学习。教师应让学生亲历概念建构的过程,引导学生采用一切有效手段表达自己及小组成员的感受和思想。同时,还要争取家长的支持与帮助,给学生小组提供充分的时间和资源保障,以实现学习效率的最大化。

课程生长树

汉字的整体概念结构图

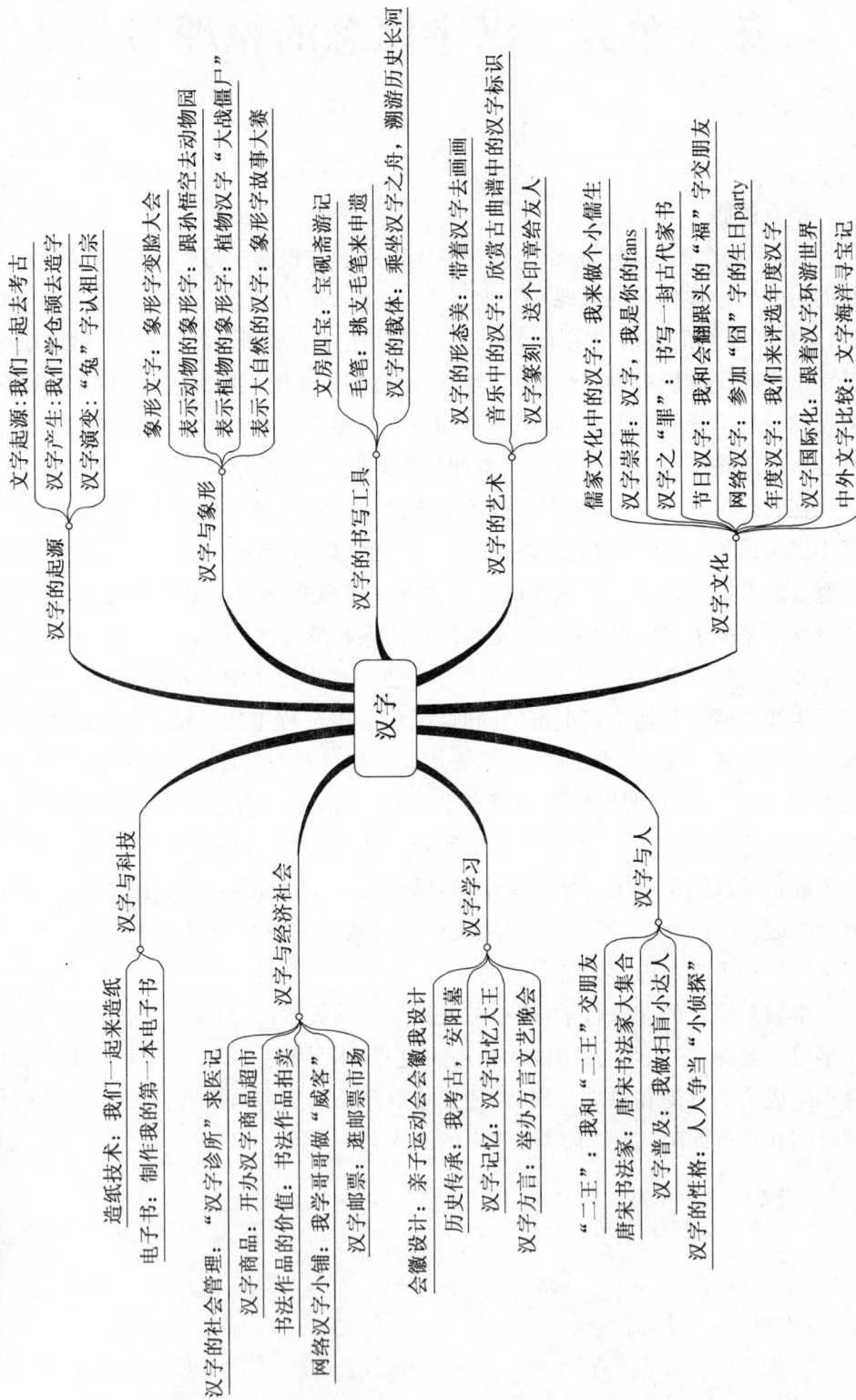

中心：**汉字**

汉字的起源
- 文字起源：我们一起去考古
- 汉字产生：我们学仓颉去造字
- 汉字演变："兔"字认祖归宗

汉字与象形
- 象形文字：象形文变脸大会
- 表示动物的象形字：跟孙悟空去动物园
- 表示植物的象形字：植物汉字"大战僵尸"
- 表示大自然的汉字：象形字故事大赛

汉字的书写工具
- 文房四宝：宝砚斋游记
- 毛笔：挑末毛笔来申遗
- 汉字的载体：乘坐汉字之舟，溯游历史长河

汉字的艺术
- 汉字的形态美：带着汉字去画画
- 音乐中的汉字：欣赏古曲谱中的汉字标识
- 汉字篆刻：送个印章给友人

汉字文化
- 儒家文化中的汉字：我来做个儒生
- 汉字崇拜：汉字，我是你的fans
- 汉字之"罪"：书写一封古代家书
- 节日汉字：我和会翻跟头的"福"字交朋友
- 网络汉字：参加"囧"字的生日party
- 年度汉字：我们来评选年度汉字
- 汉字国际化：跟着汉字环游世界
- 中外文字比较：汉字海洋寻宝记

汉字与科技
- 造纸技术：我们一起来造纸
- 电子书：制作我的第一本电子书

汉字与经济社会
- 汉字的社会管理：汉字"诊所"来医记
- 汉字商品：开办汉字商品超市
- 书法作品的价值：书法作品拍卖
- 网络汉字小铺：我学哥哥做"威客"
- 汉字邮票：连邮票市场

汉字学习
- 会徽设计：亲子运动会会徽我设计
- 历史传承：我考古，安阳墓
- 汉字记忆：汉字记忆大王
- 汉字方言：举办方言文艺晚会

汉字与人
- "二王"：我和"二王"交朋友
- 唐末书法家：唐末书法家大集合
- 汉字普及：我做扫盲小达人
- 汉字的性格：人人争当"小侦探"

汉字概念的回顾与整理
- 汉字的起源
- 汉字与象形
- 汉字的书写工具
- 汉字的艺术
- 汉字文化
- 汉字与科技
- 汉字与经济社会
- 汉字学习
- 汉字与人

汉字概念的综合

汉字学习事件的回顾与思考
- 我们一起去考古
  - 职业人生：文字考古发现者
  - 相关学问：文字的起源、古代文明发现
- 宝砚斋游记
  - 职业人生：淘宝店铺经营者
  - 相关学问：砚台的发展史、美学
- 开办汉字商品超市
  - 职业人生：
  - 相关学问：
- 我学哥哥做"威客"
  - 职业人生：
  - 相关学问：
- 我考古，安阳墓
  - 职业人生：
  - 相关学问：
- 我做扫盲小达人
  - 职业人生：
  - 相关学问：
- 人人争当"小侦探"
  - 职业人生：
  - 相关学问：
- ……

汉字概念的综合

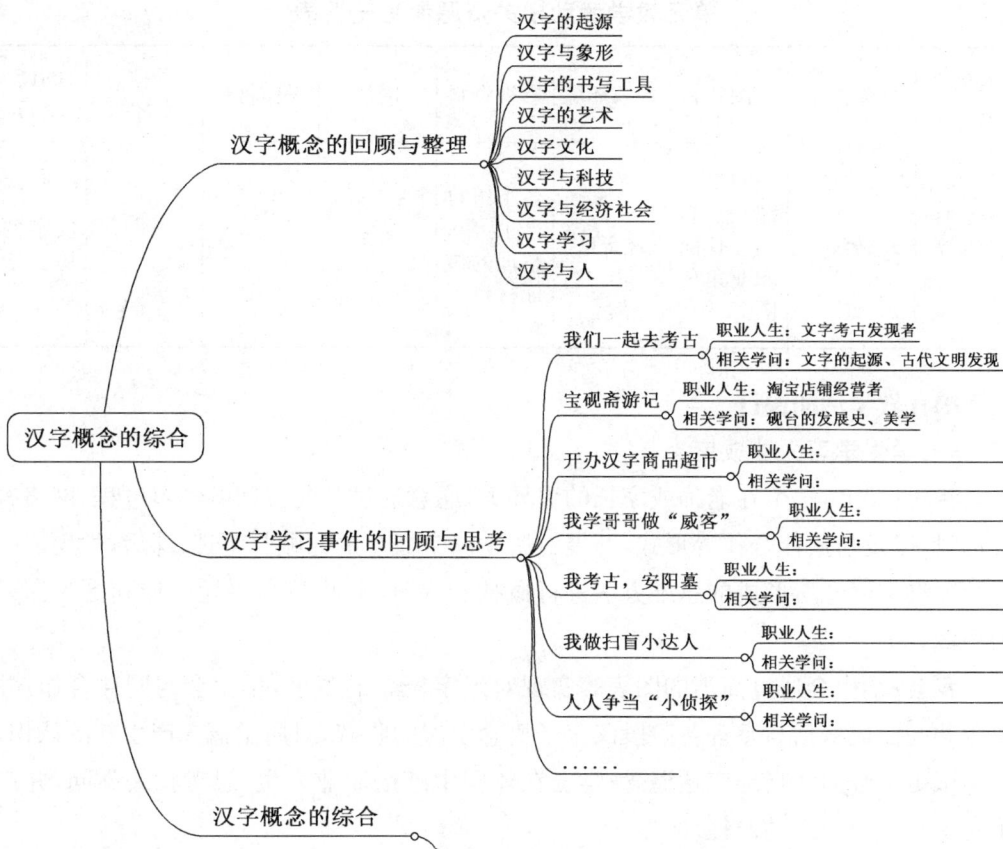

汉字的概念内涵

汉字是中华文明的产物，它是中华文化的载体，是汉语的书面交流工具，与中国人乃至全人类生活密切相关。从外形上看，汉字是方块字，拥有各种书体，是一种艺术形式，表现书写者独特的个性和追求；从文化的角度看，汉字是一种文化工具，通过它表征着各个时代中国人的价值追求和独特的生活方式；从功能上看，汉字具有历史价值、艺术价值、文化价值、社会价值和经济价值；从社会影响上看，汉字文化不仅塑造着一代代中国人，而且还在影响全世界，将成为各国人民交流的文字之一……小学生从小认识汉字、写好汉字、阅读汉文书籍、活动中体会汉字的功能、领悟汉字的文化等，将能更好地塑造顶天立地、有中国灵魂的中国人。

单元教学活动相关资源参考一览表

单元活动名称	学生用书	图片	音乐环境	影视资料	网站	操作材料	新闻、软件	阅读书目
汉字概念的综合	《玩转汉字》	不同汉字图、标志图、不同职业角色图等	轻音乐	各小组自己搜集、整理的佐证材料				汉字的历史等

单元教学活动设计

一、学生学习力达成度

我想:课前,学生在老师或家长的引导下,愿意通过与父母回顾学习过程、网络查找资料,以及与伙伴合作等形式,开展对所学汉字概念的回顾与整理;课后,学生能够对学习汉字概念所形成的思维方法进行概括和提升,并将研究兴趣延伸到更为深入的领域。

我会:学生会通过简洁的图表等实现对汉字概念的整理,学生会与同伴合作,并愿意共同完成概括与整理各阶段汉字子概念学习的收获,对所学概念产生新的认识,并尝试更综合而清晰地表达概念;学会在体验中感悟职业人生、思考相关学问,并产生对未来职业生活的向往。

我知:学生能够知道回顾与整理汉字学习的方法,知道汉字概念与概念之间的关系、概念与领域的关系,理解概念整体结构体系,能够随着整理加深对汉字概念的概括与再次认知。通过事件回忆,知道不同职业需要不同学问的道理。

二、教师教学重点和难点

1. 教师要在课前为学生提供充分的合作整理时间,让学生在自主回忆与小组合作中完成初步的概念梳理与概括,为课堂学习做准备。

2. 教师在课堂上要注意设疑、引疑,在组织学生注意倾听其他小组汇报的同时,抓住汇报过程中的关键点,引发学生思考,完善自己的思考与表达,为正确、科学表述概念做好牵引工作。

3. 教师要引导学生关注学习过程,通过学习事件回忆引发思考,将 36 个主题事件与 36 种职业人生、36 门知识学问联系起来,深刻对职业的认知,让学生产生对未来职业生活的向往,并愿意为自己的理想努力做好各项准备。

4. 教师要关注学生的语言表达,引导学生清晰、完整地表达出自己对汉字概念的再认识,以及概念形成的规律描述。

5. 汉字概念主题学习结束,教师还可以引导学生采用事件经历和体验的方式探寻新的概念,使这种通过体验、概括方式认识概念本质的方法与习惯延续到每一项学习过程中。

三、教学方法

小组合作、成果展示、讨论交流、提问互动。

四、课时安排

1课时。

五、教师课前准备

1. 汉字书法、汉字文化图片;

2. 应用汉字的各种图片;

3. 文房四宝;

4. 不同职业人物图片。

六、学生课前准备

1. **我感受:** 从头到尾阅读《玩转汉字》学生用书,回顾一下汉字课程的学习过程,想一想自己有什么收获?

2. **我了解:** 通过与伙伴合作、网络资源学习,深入了解汉字概念,并尝向父母表达。

3. **我思考:**

(1) 我们是通过什么方式来学习汉字概念的?

(2) 为什么要分九个领域来了解汉字概念?

(3) 在学习过程中,我们使用最多的是哪种概念整理方式? 它有什么好处?

(4) 你能用一句话表达对汉字概念的理解吗?

七、教学过程设计

【教学过程设计总体思路】

概念主题式综合实践活动课程需要学生养成自觉回顾与整理的习惯,为了更好地让学生拥有这方面的能力,我们特意在课程学习结束时安排了一节概念整理与总结的学习内容。安排这一内容的目的是,教会学生如何尝试通过小组合作的形式独立完成对学习内容的回顾与概括,做好研究成果报告,并在课堂的小组汇报与交流中借鉴他人、完善自我,实现对汉字概念的整体认知及概念学习方法的总结和提升。本课从针对汉字课程学习的自我回顾开始,帮助学生形成回忆、总结的习惯;再通过主题事件回忆,引发思考,将36个事件与36种职业人生、36门学问结合起来,辩证地看待社会职业,产生职业愿望;接着,教师要和学生一起在分享他人学习成果的同时,提出自己的评价意见,在修正他人的同时修正自我,完善自我对汉字概念的再认识过程,为其他领域概念的学习做好方法准备;最后,教师要引导学生回忆整节课的学习过程,用自己最真挚的语言表达自己的学习感言。

【教学空间与布置】

教学地点安排在信息技术电脑网络教室里,保证一个小组两台电脑、网络通畅。在四周张贴历史上各个时期的汉字书法图片、汉字功能图,摆放一些文房四宝供学生课堂使用。

(一)学生的回顾与整理

1. 我回顾:通过前面的学习,我们知道了一些与汉字相关的概念,下面,请大家打开书,从头到尾看一遍,回顾一下,汉字概念分几个领域,每个领域有哪些内容?

请学生以小组为单位,完成对汉字概念的回顾与整理,并在小组中互相说一说自己的收获,再独立完成概念图。

我们的整理报告

小组名称		组长		组员	
整理方法					
整理过程分工					
整理收获					
我们的思考					

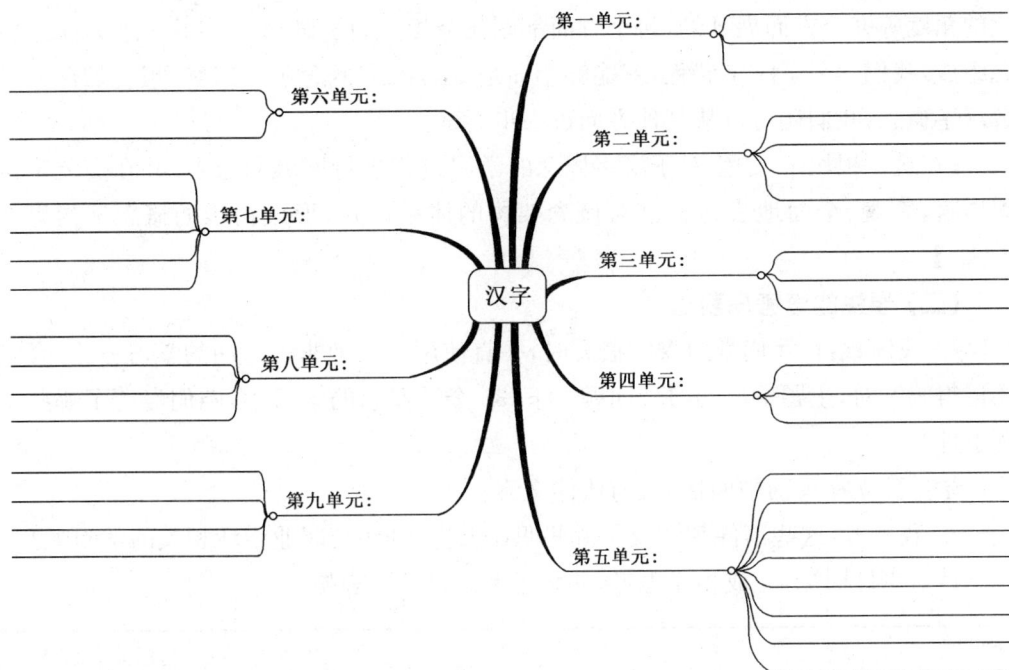

2. 我思考：每一单元学的是什么？

教师引导思考问题：

（1）学习了第一单元汉字的起源，你印象最深的是什么内容？你觉得汉字对中华文明的促进体现在哪里？

（2）学习了第二单元汉字与象形，你觉得汉字构造的特点与象形有什么关系？

（3）学习了第三单元汉字的书写工具，你觉得笔墨纸砚对汉字文化的传播有着怎样的积极作用？

（4）学习了第四单元汉字的艺术，你认为人们主要通过什么样的艺术形式来表达对汉字的热爱？

（5）学习了第五单元汉字文化，说一说为什么在不同时代汉字会有不同的文化功能？

（6）学习了第六单元汉字与科技，你能说说科技在哪些方面帮助了汉字应用和推广？

（7）学习了第七单元汉字与经济社会，你能说一说汉字具有哪些社会和经济功能？

（8）学习了第八单元汉字学习，你能总结出汉字学习的一些规律吗？

（9）学习了第九单元汉字与人，你了解了哪些职业？从事这些职业的人都是怎样应用汉字的？本书中，你还知道哪些职业是与汉字有关的？

3. 我整理:汉字概念是从历史的角度、社会关系与管理的角度、经济的角度、文化的角度等九个方面展开的,每个方面都有几个相关的子概念,一共由三十六个子概念组成,我们学习了汉字课程,就能够全面地了解汉字概念了。当然,想更加深入了解汉字概念,我们还可以从其他方面进一步尝试。

【在这一板块中,学生对于汉字概念的学习过程进行回顾与思考,并在交流中组织语言,客观、全面地表达自己对概念架构的体系认知,形成初步的概念架构思考方法。】

(二)学生的思考与表达

1. 我回顾:在我们学习汉字概念时,一直使用了一种非常生动的学习方式,大家还记得吗? 对,主题事件学习。回顾一下,36 个子概念的学习中,咱们经历了哪些主题事件?

学生独立在头脑中回忆,再与伙伴交流。

2. 我思考:这些事件都涉及了哪些职业人生、哪些与职业生活相关的学问呢?

针对事件回忆,完成相应思考,并将思考结果填入表格。

序号	概念	事件	职业人生	相关学问
1	文字起源	我们一起去考古	文字考古研究者	考古学、文字学
2	汉字产生	我们学仓颉去造字	古文字、甲骨文研究者	历史学、甲骨文等
3	汉字演变	"兔"字认祖归宗		
4	象形文字			
5	表示动物的象形字			
6	表示植物的象形字			
7	表示大自然的汉字			
8	文房四宝			
9	毛笔			
10	汉字的载体			
11	汉字的形态美			
12	音乐中的汉字			
13	汉字篆刻			
14	儒家文化中的汉字			
15	汉字崇拜			
16	汉字之"罪"			

序号	概念	事件	职业人生	相关学问
17	节日汉字			
18	网络汉字			
19	年度汉字			
20	汉字国际化			
21	中外文字比较			
22	造纸技术			
23	电子书			
24	汉字的社会管理			
25	汉字商品			
26	书法作品的价值			
27	网络汉字小铺			
28	汉字邮票			
29	会徽设计			
30	历史传承			
31	汉字记忆			
32	汉字方言			
33	"二王"			
34	唐宋书法家			
35	汉字普及			
36	汉字的性格			

教师引导思考问题:

以"我学哥哥做威客"这一事件为例。

回忆:学习汉字的经济、社会价值时,我们经历了一个怎样的事件? 在这个事件中我们见习了哪种职业人生? (威客)这个职业需要具备哪些知识、学问? (想成为一个好的威客,不仅要有很好的电脑、网络技术基础,还要对汉字非常熟悉,要充分了解网络商业经营的技术和能力。)

3. 我表达:回忆了学习过程,同学们对不同的职业人生都有了深刻的认识。俗话说"三百六十行,行行出状元",职业有很多种,劳动也有很多种,每一种职业都有它的价值和魅力,你未来打算选择何种职业? 说说你的理由。为了实现你的理想,你会怎么做? 现在就开始努力吧。

阅读资料:

三十六行分别指:肉肆行、宫粉行、成衣行、玉石行、球宝行、丝绸行、麻行、首饰行、纸行、海味行、鲜鱼行、文房用具行、茶行、竹木行、酒米行、铁器行、顾绣行、针线行、汤店行、药肆行、扎作行、仵作行、巫行、驿传行、陶土行、棺木行、皮革行、故旧行、酱料行、柴行、网罟行、花纱行、杂耍行、彩兴行、鼓乐行和花果行。

我国职业分 8 个大类,66 个中类,413 个小类。8 个大类分别是:第一大类,国家机关、党群组织、企业、事业单位负责人;第二大类,专业技术人员;第三大类,办事人员和有关人员;第四大类,商业、服务业人员;第五大类,农、林、牧、渔、水利业生产人员;第六大类,生产、运输设备操作人员及有关人员;第七大类,军人;第八大类,不便分类的其他从业人员。

【思考与表达板块是这一节课的重点板块,本板块让学生进入到汉字概念的学习过程回顾中,通过对事件的回忆引发思考,36 个事件对应 36 种职业人生、36 门相关学问,让学生了解到不同职业有不同的精彩生活,感悟人生的丰富与真实,完善自我认知,未来能根据自己的兴趣和爱好选择相应的职业,展开自己的人生。】

(三) 学生的概括与总结

同学们学完了汉字概念,顺利地完成了对汉字概念的整体描述,相信大家一定收获不小吧! 和伙伴说说自己的收获,再填写学习感言。

当然,有关汉字概念的学习远远不止这三十六个内容,值得大家研究的问题还有很多,相信聪明的你一定还会找到自己感兴趣的领域。这样的研究方式很有趣,如果你对其他概念感兴趣,也可以用这样的方式进行研究。

【在概括总结板块中,引导学生对本次活动进行总结,并在此基础上提出学习期望,引发学生进一步的思考,为后续学生的独立活动奠定基础。】

引导学生课后拓展的思维导图

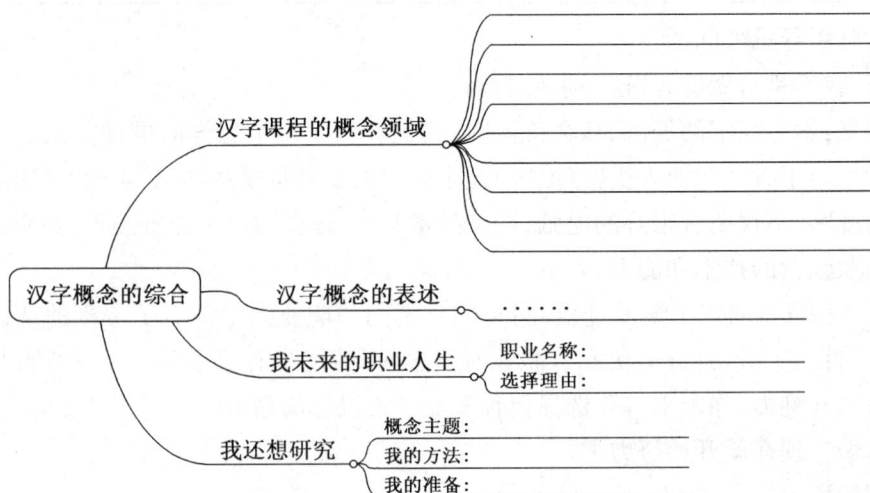

(设计者:谷力　郭晓露)

"汉字的再认识"单元学习情况评价表

姓名： 　　　　　　　小组： 　　　　　　　测评时间：

教学内容	评价项目	学习力达成度	评价
汉字的再认识	学习态度	★★★:满怀兴趣地对待学习任务,积极主动和同伴交流、分享整理概念的快乐,遇到困难能主动想办法或寻求帮助解决,愿意表扬自己和别人的成绩。 ★★:能主动接受学习任务,愿意但不积极与同伴交流和分享整理概念的过程,遇到困难后能在老师和同学的帮助下解决问题,愿意表扬自己的成绩,但不贬低别人的成绩。 ★:对学习任务不反感,不愿意与同伴交流和分享整理概念的过程,遇到困难很容易就放弃,只愿意表扬自己的成绩。	
	经验能力	★★★:能迅速、准确把握关键,发现整个概念架构的规律和特征,善于总结和归纳,并能用自己的方式表达出来。 ★★:在充分的观察与对比中把握概念体系形成的关键所在,能按一定的方法整理、概括,并将自己的想法直观地表达出来。 ★:在他人的提示和帮助下发现规律、完成归纳,初步利用图示表达自己的想法。	
	方法和策略	★★★:善于运用不同的图示、表格等工具整理信息,善于观察、描述、比较,善于总结经验、学以致用。 ★★:能多听、多问、多看、多动手,以优秀的同学做榜样,喜欢观察和对比,在老师和家长的帮助下有意识地总结经验,改善方法。 ★:愿意听和看,不太愿意向优秀的同学学习,不太容易清晰地表述整理过程,不善于总结和反思。	
教师综合评价:			

后　记

　　1999年，原教科所谷力副所长在研究中小学生学习力提升的过程中，开发了概念主题式综合实践活动课程体系，并在全市发起了以概念为核心的综合实践活动课程研发计划，开展相关活动。原珠江路小学，是一所有着深厚文化底蕴的百年老校，也是全国写字实验学校。从教育学生写好字、促进学生综合素质提升出发，学校参与这项课程研发计划。学校选择以"汉字"作为学校校本课程的核心和主题，并确立了课程的名称为"玩转汉字"。

　　2000年，谷力所长连续给我校全体教师做了多场报告，校全体教师在其引领之下共同研发了"玩转汉字"综合实践探究课程。学校课程研发核心小组精心挑选了36个与"汉字"这一概念相关联的内容，梳理成为九大板块，初步建构了课程的模型。

　　每一位教师都参与了课程研发活动，围绕"汉字"这一概念，大家思考、研究，生成智慧，一共开发了36课教学资源。教师们经历了几轮的设计修改，形成了36个课例。2010年9月和2011年1月，我们先后两次进行了部分案例的品鉴和全部案例的课堂验证。

　　该课程使学生探究、了解汉字之源、汉字之美、汉字之法、汉字之趣、汉字与社会、汉字与科学、汉字之运用，引领学生探究汉字的文化，在动手实践、积极思维中提高学习能力，使学生习得研究方法、培养探究兴趣。一节节情境生动有趣、形式丰富多彩的"玩转汉字"概念主题探究课引得孩子们全情投入。每一个孩子学习的智慧和热情都被激活了！

　　2012年，"玩转汉字"校本课程获第一届全国"真爱梦想杯"校本课程设计大赛一等奖。

　　2014年以后，珠江路小学并入南师附小，为了使这一成果能够让更多的孩子受益，时任南京市小学教师培训中心主任的谷力主任和郭晓露等学校编写组的老师们又花了一年多的时间，对原"玩转汉字"的学生用书和教师用书进行了多次修改。

　　2014年，《玩转汉字》学生用书问世。今天，《跟着汉字去旅游》教师用书终于正式出版了。我们对所有参与课程研发的老师，特别是本书编委会郭晓露老师等编委们能够克服重重困难、挤出休息时间、倾心研究表示由衷感谢。愿本书在中华传统文化教学中能发挥更大的作用。

"玩转汉字"课程研发小组
2015 年 9 月 1 日

图书在版编目(CIP)数据

跟着汉字去旅游 / 林虹,郭晓露主编. — 南京：
南京大学出版社,2016.3
(概念主题式综合实践活动课程丛书 / 谷力主编)
ISBN 978 - 7 - 305 - 16521 - 4

Ⅰ.①跟… Ⅱ.①林… ②郭… Ⅲ.①汉字—小学—
课外读物 Ⅳ.①G624.223

中国版本图书馆 CIP 数据核字(2016)第 029249 号

出版发行　南京大学出版社
社　　址　南京市汉口路 22 号　　　　邮　编　210093
出 版 人　金鑫荣
丛 书 名　概念主题式综合实践活动课程丛书
丛书主编　谷　力
书　　名　跟着汉字去旅游
主　　编　林　虹　郭晓露
责任编辑　田　甜　李鸿敏　　　　编辑热线　025 - 83593947
照　　排　南京南琳图文制作有限公司
印　　刷　南京京新印刷厂
开　　本　787×1092　1/16　印张 14.25　字数 279 千
版　　次　2016 年 3 月第 1 版　2016 年 3 月第 1 次印刷
ISBN 978 - 7 - 305 - 16521 - 4
定　　价　48.00 元

网址：http://www.njupco.com
官方微博：http://weibo.com/njupco
官方微信号：njupress
销售咨询热线：(025) 83594756